알고 먹으면 더 맛있는

음식 속
조선
야사

알고 먹으면 더 맛있는

음식 속 조선야사

송영심 지음

지금부터
조선을 살아낸 사람들의 이야기가
맛있는 음식에 담겨 나오는
조선사 주막을 개업합니다

조선 야사가 가득한 주막의 개업식

조선 500여 년의 역사는 대한민국의 현대를 살아가는 우리에게는 고향과 같은 것입니다. 현재 우리가 입고 먹고 쓰는 것들의 대부분이 조선 시대를 관통하여 전통으로 이어져 왔기 때문입니다. 우리의 주식인 쌀밥도 조선 시대에 이루어진 품질 개량과 농사 기술의 혁신에 의해 오늘날의 밥상에 오르게 되었습니다. 우리의 밥상에 오르는 반찬 하나하나에 조선인들의 빛나는 창의력과 슬기, 지혜가 담겨 있지요. 젓가락과 숟가락으로 떠올리는 반찬 하나에 우리가 몰랐던 눈물겹고 비통스러운 조선의 역사 또한 숨겨져 있습니다.

현대인들이 담소를 나누고 대화와 토론이 이루어지는 장소가 카페 또는 음식점이라면, 조선 시대 사람들이 스스럼없이 들러서 이야기를 나누고 못다 이룬 일에 대한 울분이나 해학과 유머를 터트리며 박장대소를 했던 곳은 바로 '주막'입니다. 주막에 들렀다 간 수많은 나그네들이 가슴에 담아두었던 이야기들을 탁주 한 사발에 담아 주모에게 털어 놓기도 했습니다.

예천 삼강주막 1900년경에 지은 삼강주막은 삼강나루의 나들이객의 허기를 채워주고 보부상들의
숙식처 등으로 이용되었다.

출처: 문화재청

주막은 교통의 요지 또는 나루터나 장터, 한양과 같은 큰 고을로 가는 길목에 위치하여 오가는 나그네들에게 먹거리와 술을 팔고 잠자리도 제공하는 곳이었습니다. 그렇다 보니 당시 주막은 장터와 함께 지금의 SNS 역할을 담당했지요. 삼거리로 갈라지는 곳, 사람들을 실어 나르는 나루터, 재를 넘어가야 하는 곳 인근에는 꼭 주막이 있었습니다. 하루를 꼬박 걸어 주막에 도착한 사람들은 다음 날의 여정을 위해 피곤한 다리를 쉬면서 주막에 머물렀습니다. 조선의 캄캄한 밤에는 호랑이가 출몰하는 일이 다반사였기 때문에 해가 저물면 곧장 주막에서 하루를 마감하면서 술잔을 기울이기도 했습니다. 술 한 잔에 살아온 인생 이야기가, 또 가슴 속에 잠들어 있던 억울한 사정이 술기운과 함께 술술 풀어져 나오곤 했지요. 주모는 그들의 이야기를 듣고는 다른 나그네에게 들려주기도 했고, 옆 자리에 있던 나그네에 의해 이야기가 다른 지역으로 퍼져 나가기도 했답니다. 이런 소소한 이야기 외에도 주막에서 은밀히 만나 통치자를 비판하는 내용의 모의와 거사를 논의하는가 하면, 외딴 섬으로 유배 가는 선비들이 국문을 받고 너덜거리는 몸으로 힘든 길을 걸어오다가 잠시 몸을 의탁하기도 했습니다. 다산 정약용이 어릴 때부터 신의를 다지며 존경심을 가졌던 중형 정약전과 함께 천주교를 믿은 이유로 국문을 받고 한 사람은 땅끝 마을 강진으로, 또 한 사람은 흑산도로 유배를 가게 되었을 때 피눈물을 흘리며 이별을 가슴 아파 하던 곳도 바로 주막입니다. 다음은 형제가 유배지가 갈라지는 길목에 있던 나주의 주막 율정에서 마지막 밤을 서로 부둥켜안고 보낸 다음, 헤어질 때의 그 애통한 심정을 표현한 정약용의 시입니다. 그중에서 한 구절을 소개합니다.

일어나서 샛별보니 장차 이별할 일이 참담하네/ 起視明星慘將別

두 눈만 말똥말똥 두 사람 서로 말을 잃어/ 脉脉嘿嘿兩無言

억지로 말을 하려니, 오열만 되고 마네/ 強欲轉喉成嗚咽

흑산도, 머나먼 곳 바다와 하늘만 맞닿은 곳인데/ 黑山超超海連空

어찌하여 형님은 그러한 곳으로 들어 가셔야 하는가/ 君胡爲乎入此中

- 『다산시문집』 제4권, '율정별(栗亭別)' 일부

정약전과 헤어진 정약용이 유배지인 강진에 도착했지만 모두 그를 천주쟁이라고 피하는 바람에 몸을 의탁할 곳을 찾지 못했습니다. 그때에도 주막만큼은 사람들이 모두 등을 돌리는 이 죄인에게 방을 내주어 쉴 곳을 마련해 주었습니다. 정약용은 칼바람이 부는 11월, 한 주막의 노파에게 사정 이야기를 하고 몸을 의탁합니다. 정약용은 이 주막을 '동천여사'라 불렀고, 자신이 머물게 된 방에 '사의재(四宜齋, 생각, 용모, 언어, 행동을 바르게 하는 방)'라는 당호를 붙였지요. 아마도 정약용은 긴긴 겨울밤을 보내며 자신에게 은혜를 베푼 주막집 노파에게 시시때때로 푸념 섞인 이야기를 털어놓았을지도 모릅니다. 노파는 듣는 둥 마는 둥 음식을 해대느라고 바빴겠지만, 가마솥에서 끓어오르는 장국의 연기 속에서 혹은 얼음이 살짝 얼어 있는 동치미의 시원한 국물을 먹으며 풀어낸 그 이야기는 그대로 역사가 되어 조선사의 한 페이지를 장식하는 내용이 되었습니다.

또한 주막은 탐관오리의 부패한 행적을 은밀히 조사하기 위해 파견된 암행어사가 반드시 거처가야 하는 곳이기도 했습니다. 암행어사는 봉서를 펼쳐봄으로써 자신이 감찰해야 하는 곳을 알게 되는데, 대부분 자신의 고향이나 인척과는 전혀 관련 없는 생면부지의 장소일 때가 대부분이었습니다. 개나리 봇짐 속에 마패와 유척을 넣고 길을 떠난 암행어사가 감찰을 앞둔 고을에 들어서기 전에 먼저 들르는 곳이 바로 주막입니다. 어사는 주막에서 서정을 살피거나 모사꾼에 대한 소문을 얻어 들을 수 있었습니다. 박문수, 정약용, 이희갑과 같은 암행어사들이 탐관오리의 부정부패를 척결하기 위해 마패를 들고 출도를 단행하기 전에 그 고을에 도는 눈물겨운 이야기와 억울한 사정을 수집했던 곳이 주막이었지요.

주막에서 술을 먹게 되면 무료 안주가 한 점씩 올라왔습니다. 김치일 때도 있고, 장아찌일 때도 있지요. 주막의 목판에는 여러 안주가 준비되어 있었는데, 마른 안주로는 육포, 어포, 오징어채 등이 있었고 가격이 나가는 안주로는 쇠고기나 돼지고기를 삶은 수육과 너비아니, 떡산적, 생선구이, 술국 등이 준비되어 있었습니다. 나그네의 허기를 달래주는 식사류에는 장국밥이 주를 이루었는데 양지머리를 푹 고아서 국물 맛이 깊은 국밥을 만들어 팔았습니다.

주막이 앉을 자리 없이 가득 찰 때는 과거 시험이 있을 때입니다. 3년에 한 번 시험을 보는 식년시 때에는 서울로 향하는 길목마다 있던 전국의 주막은 개나리 봇짐을 둘러맨 과객들로 가득 찼습니다. 조선 후기에 가뭄과 흉년이 계속될 때는 길에 기아 난민이 넘쳤는데, 한 끼를 해결하기 힘든 유랑민들은 잠시 주막에 들르면서 아이를 버리고 가기도 했습니다. 주막에 버려진 아이를 굶길 수 없어 주모가 아이를 먹이고 있다는 소문이 나면, 그 고을의 부잣집에서 양식을 내어 주기도 하고 아이를 데려가 키우기도 했답니다. 다음은 그런 내용을 보고한 암행어사의 장계를 기록한 실록의 기사입니다.

> ...작년 이래 유랑민이 버린 어린 아이들이 대부분 읍 소재지의 주
> 막에 얹혀 있었는데, 큰 마을과 부유한 집들로서 의식이 약간 넉넉
> 한 사람들이 선뜻 거두어 기르기 때문에 들판에 버려지는 신세를
> 면하였습니다...
>
> - 정조실록, 정조 14년 4월 30일 경진 1번째 기사

이렇게 주막은 생생한 조선의 역사가 거쳐 갔던 곳입니다. 이제 음식과 관련한 조선사 내면의 이야기들을 조선의 주막을 배경으로 하여 나그네와 주모 사이의 가상 대화를 통해 푸짐하고 맛깔나게 차려내어 보도록 하겠습니다.

차
례

들어가며
조선 야사가 가득한 주막의 개업식 _4

제 1 장 정치사가 버무려진 음식

그 어느 곳보다 치열했던 조선의 궁궐에서

• 차림 1 • **조랭이 떡국** _18
마지막 남은 고려 왕족이 이성계에게 보낸 저주의 표식

• 차림 2 • **숙주나물** _30
변절자를 잊지 않기 위해 민중들이 붙인 이름

• 차림 3 • **젓갈** _44
연산군의 어머니를 위한 복수심이 만들어낸 인간 젓갈

• 차림 4 • **인절미** _56
백성을 버리고 도망친 임금에게 바쳐진 백성의 떡

• 차림 5 • **전복구이** _68
과연 누가 인조의 전복구이에 독을 넣었을까

• 차림 6 • **간장 게장** _82
간장 게장을 먹고 세상을 떠난 임금, 경종

• 차림 7 • **탕평채** _96
영조의 탕평책은 탕평채로부터 나온 것일까

제 2 장 시대가 만들어낸 음식

조선의 역사와 함께 흘러가다

· 차림 1 · **북어, 마른 오징어, 관고등어, 굴비** _112
냉장고가 없던 시절, 염장/건조법으로 보관한 수산물

· 차림 2 · **배추김치, 오이소박이** _126
임진왜란 이후 들어온 고추와 함께 탄생한 붉은 김치의 역사

· 차림 3 · **고구마** _136
일본에 보낸 통신사를 통해 들여온 구황작물

· 차림 4 · **감자** _150
서구의 이양선을 타고 온 백성의 음식

· 차림 5 · **자장면** _160
조선의 아픈 근대화 역사를 품고 탄생한 음식

제 3 장 생활사가 우러난 음식

먹고 살기 바빴던 조선 사람들의 일상

· 차림 1 · **설렁탕** _174
백성이 간편하게, 널리 먹을 수 있던 따뜻함

· 차림 2 · **개장국(보신탕)** _186
궁궐에서 주막까지, 조선에서 사랑받았던 보양식

· 차림 3 · **세시 음식(대보름 오곡밥, 화전, 송편, 전약)** _198
농경 사회인 조선의 생활상을 때마다 담은 음식들

· 차림 4 · **삼계탕(백숙)** _212
더위를 열로 이겨내기 위해 먹은 보양식

· 차림 5 · **팥 시루떡, 동지 팥죽** _220
집안의 잡귀를 쫓기 위해 쑤었던 붉은 음식들

제 **4** 장 신분에 따른 삶이 스며든 음식

모두가 같은 사람일 수 없던 시절

·차림 1· **타락죽, 신선로(열구자탕)** _232
조선의 최고 권력자 임금의 수라상에 올라간 음식들

·차림 2· **유밀과(약과)** _244
임금의 음식이었지만 사치를 과시하는 대상이기도 했던 다과

·차림 3· **반갓집 곰탕, 장터 국밥** _254
느릿한 양반의 삶과 한시 바쁜 백성의 삶을 끓여낸 탕반

·차림 4· **곱창과 순대** _266
반갓집에서 먹던 고급 음식이 서민이 즐겨먹는 음식이 된 과정

·차림 5· **빈대떡** _276
본의 아니게 빈민들의 떡이 되다

제 5 장 향토사가 요리한 음식

저마다의 역사가 모여 조선이 되다

· 차림 1 · **평양 냉면, 함흥 냉면** _ 288
북한 지역의 겨울 입맛을 돋운 메밀의 변신

· 차림 2 · **동래 파전** _ 302
비옥한 들과 풍성한 바다를 모두 갖춘 지역의 명물

· 차림 3 · **전주 비빔밥, 콩나물 국밥** _ 310
제대로 섞어 더 고급스러운 전주의 맛

· 차림 4 · **순창 고추장** _ 318
오직 순창에서만 만들 수 있는 명품 장

· 차림 5 · **해주 승기악탕** _ 328
해주를 지켜낸 귀한 손님을 위한 고급 음식

참고문헌 _ 336

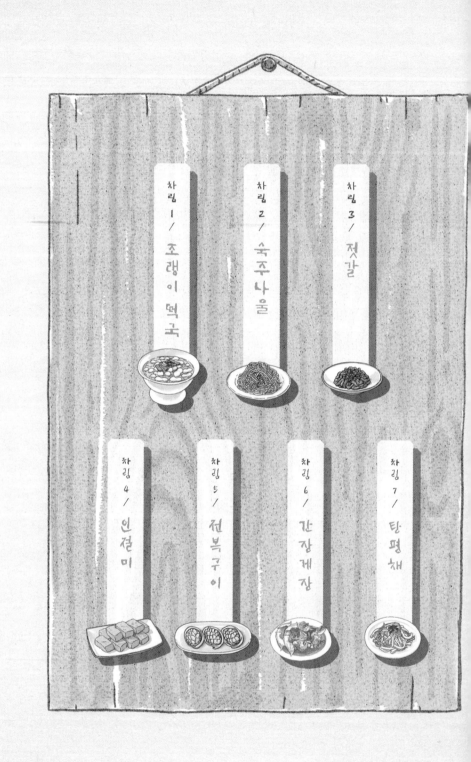

제 1 장

정치사가 버무려진 음식

그 어느 곳보다 치열했던 조선의 궁궐에서

파란만장한 조선 정치의 뒷이야기가 담긴 음식들

주모,
길을 떠나 한량없이 걷다가
떡국도 못 먹었소.
떡국 좀 끓여 주시오.

딱하시군요.
설날에는 꼭 먹어야 하는데...

그런데 주모,
왜 떡국 속에 흰떡이
이렇게 생겼소?

이 마을에서는
떡국을 이렇게 끓여냅니다요.

허허, 그것 참 신기하구려.
무슨 사연이라도 있소?

있습지요.
떡국이 이 모양이 된 사연을
이야기 해 드리지요.

마지막 남은 고려 왕족이 이성계에게 보낸
저주의 표식

설날에 복을 불러오는 음식으로 먹었던 떡국

우리는 언제부터 떡국을 만들어 먹기 시작했을까요? 육당 최남선이 1937년부터 매일신보에 연재했던 내용을 묶어 1948년에 발간한 『조선상식문답(朝鮮相識問答)』에 의하면 그 전통이 매우 오래된 것으로, 상고 시대 새해에 지내는 차례 때 먹던 음복(飮福)에서 유래했다고 합니다. 음복이란 신이 내리는 복을 받는다는 뜻으로 차례 후에 차례를 지냈던 술과 음식들을 나누어 먹는 풍습을 말합니다. 이어서 최남선은 떡국의 의미에 대해 "흰색의 음식으로 새해를 시작함으로써 천지 만물의 부활신생을 의미하는 종교적 뜻이 담겨 있다."고 했습니다. 그는 이어 새해 첫날, 한 해를 시작하고 준비하는 정결한 마음가짐을 위해 순수무구한 흰색을 띠고 있는 떡국을 끓여 먹었다고 분석하고 있습니다.

흥미로운 것은 새해 첫날 먹는 떡국이 조선 시대에는 한 해의 마지막 날인 섣달 그믐날에도, 그것도 한밤에 식구들이 둘러 앉아 먹는 음식이 었다는 것입니다. 이러한 내용은 정조 때 초계문신이었으며 순조 때 예조 참판을 역임했던 김매순이 1819년에 펴낸 『열양세시기(洌陽歲時記)』에 나와 있습니다. 또한 이 책에는 떡국에 들어가는 흰떡을 만드는 방법도 소개되어 있습니다. 그 방법으로 "좋은 입쌀을 가루 내어 가는 체로 쳐둔다. 맑은 물로 반죽하고 골고루 익혀 안반(案盤) 위에 올려놓고 떡메로 마구 친 다음 조금씩 떼어 돌려 비벼 떡을 만든다. 둥글고 긴 것이 마치 문어발 같은데, 이것을 권모(拳模)라고 한다. 먼저 장국을 끓이다가 국물이 펄펄 끓을 때 떡을 동전처럼 가늘게 잘라서 그 속에 집어넣는데, 끈적거리지도 않고 부서지지도 않으면 잘 된 것이다. 그런데 혹 돼지고기,

『**열양세시기**』 한양의 연중행사를 기록한 책이다.
출처: 국립중앙박물관

소고기, 꿩고기, 닭고기 등으로 맛을 내기도 한다." 라고 했습니다. 이때
떡을 길게 뽑는 것은 돈 자루처럼 보이기 위함입니다. 긴 가래떡을 자르
면 돈 모양이 되고, 이러한 돈 모양의 떡국을 먹음으로써 정초부터 재물
이 풍부해지기를 기원했다고 합니다.

　그럼 떡국은 어떤 식으로 끓였을까요? 고려 후기 이래로 떡국의 국물
은 꿩고기로 만들었습니다. 13세기 후반부터 몽골의 영향권에 들게 된
고려로 원나라 풍속이 들어와 매를 이용한 꿩 사냥이 유행했기 때문입니
다. 그러다가 원이 물러가면서 매를 이용한 꿩 사냥도 줄어들게 되어, 꿩
대신 닭을 넣어 떡국을 끓였습니다. 여기에서 우리가 흔히 쓰는 속어 '꿩

대신 닭'이라는 말이 나오게 되었다고 합니다.『열양세시기』보다 30년 후인 헌종 때 홍석모가 편찬한 세시 풍속집인 『동국세시기(東國歲時記)』의 「정월편」에도 이런 내용이 들어 있습니다. "백병(白餠)을 동전처럼 얇게 썰어 장국에 넣고 끓인 다음 소고기와 꿩고기로 맛을 내고 산초가루를 친 것을 떡국이라고 한다." 여기서 산초가루란 특이한 향과 맛이 있는 산초 열매를 말려서 가루로 만든 것을 말합니다. 그런데 지금은 왜 사골이나 소고기로 떡국을 끓일까요? 그것은 현대에 들어 일반 사람들도 소고기를 손쉽게 구할 수 있게 되었기 때문입니다. 더 이상 엽전을 쓰지 않게 되면서 떡 모양도 동전 모양에서 지금처럼 약간 어슷한 모양으로 변형되어 왔습니다.

한편 조선 시대에는 국을 '탕(湯)'이라고 했기 때문에 떡국도 '흰색의 국'이라는 의미로 '백탕(白湯)'이라고 하거나 '떡 병(餠)'자를 써서 '병탕(餠湯)'이라고 했습니다. 말 그대로 병탕이란 '떡으로 끓인 국'이라는 뜻입니다. 또 떡국을 먹으면 한 살이 늘어난다는 의미로 '첨세병(添歲餠)'이라고 부르기도 했습니다. 그래서 떡국은 세찬상에도 놓였습니다. 세찬상이란 새해 첫 날에 세배를 오는 세배객들을 대접하는 음식상을 말합니다. 보통 세찬상에는 떡국과 나박김치, 전, 식혜, 수정과 등이 차려졌습니다.

오늘날 떡국은 비단 설날 뿐 아니라 평상시에도 먹는 음식이 되었습니다. 그런데 궁중연회기록에 의하면 조선 시대에 떡국을 설날이 아니라 잔칫날 밤에 단체 급식으로도 준비한 기록이 남아 있습니다. 흥선대원군 집권기인 1868년 11월 6일에 행해진 조대비(추존 익종 비, 신정왕후 조씨)의 환갑을 경축하는 진찬례(進饌例)가 행해진 밤, 병탕이 만들어져 악기를 연주하는 악공과 춤을 추는 여령들의 주린 배를 채워주었다고 합니다.

그런가 하면 도쿠가와 막부의 새로운 쇼군 도쿠가와 요시무네의 쇼군

승계를 축하하는 사절단 일행으로 1719년 4월부터 1720년 1월까지 일본에 머물렀던 신유한의 사행록인 『해유록(海游錄)』에는 대마도에서 새해를 맞으며 생선회에 양념을 더해 만든 요리와 재료가 없어 어설프게 만든 떡국을 먹으며 고국에 계신 부모님을 그리워하는 내용의 5언시가 담겨 있습니다. 같이 감상해 볼까요?

...눈 가득히 바다가 망망한데 / 滿目海茫茫

...생강 겨자로 생선회에 양념하고 / 薑辛佐魚鱠

잘게 썬 고기로 떡국에 조리했네 / 肉細和餅湯

이것이 고향의 세찬이라 하나 / 言是故鄕味...

거듭 어버이를 생각하니 / 憶親復憶親

눈물이 가을 물결처럼 떨어지네 / 淚若秋波隕...

고향을 잊지 못하는 사람은 괴롭기만 하다네 / 勞勞楚奏人

조랭이 떡으로나마 이성계에게 복수하고자 했던
고려 왕도인들

이렇게 떡국은 설날이면 반드시 만들어 먹는 세시 음식이면서 고향과 부모님에 대한 그리움이 묻어나는 전통 음식이었습니다. 떡국은 지방마다 조금씩 특색이 있는데, 특히 경기도 개성 지방에서는 흰떡의 모양이 마치 누에고치를 보는 것 같아서 눈길을 끕니다. 이러한 떡국을 '조랭이 떡국'이라고 합니다. 지금은 방앗간이 기계화 되어서 가래떡이 저절로 나오지만 조선 시대에 가래떡을 뽑는 일은 쉬운 일이 아니었습니다. 하물며 조랭이 떡은 일일이 수작업을 해야 해서 만드는 것이 더 고역이었습니다. 조랭이 떡을 만들기 위해서는 우선 일반 가래떡보다 반죽을 묽게 만들고 뜸을 한참 더 들인 뒤 끈기가 있게 뽑아야 합니다. 뽑아낸 가래떡이 아직 뜨거울 때 참기름을 발라가며 얼른 작은 마늘쪽 정도로 자른 후, 가운데 일일이 칼집을 넣어 누에고치 모양을 만들었습니다. 섣달 그믐날이면 조랭이 떡을 만들기 위해서 가족이 총동원되어야 했지요.

그렇다면 왜 유독 개성에서만 조랭이 떡을 만들었을까요? 야사에 의하면 여기에는 개성 사람들의 분노와 한이 숨겨져 있다고 합니다. 고려의 왕도 개경 출신으로 긍지와 자부심을 가지고 있었던 개경 사람들은 이성계가 1392년 7월 17일에 개경의 수창궁에서 공양왕에 이어 새로운 왕으로 등극함과 동시에, 왕도인에서 고려를 부흥시키기 위해 언제 반란을 일으킬지 모르는 '요 사찰 집단'으로 전락했습니다. 앞으로 개경 사람들이 당할 수모는 고려의 마지막 왕 공양왕이 이성계에게 왕위를 물려주는 대목을 기록한 『조선왕조실록』의 기사를 통해 짐작할 수 있습니다.

태조가 수창궁에서 왕위에 올랐다. ...마침내 왕대비의 교지를 받들어 공양왕을 폐하기로 일이 이미 결정되었는데, 남은이 드디어 문하 평리 정희계와 함께 교지를 가지고 북천동의 시좌궁에 이르러 교지를 선포하니, 공양왕이 부복하고 명령을 듣고 말하기를,

"내가 본디 임금이 되고 싶지 않았는데 여러 신하들이 나를 강제로 왕으로 세웠습니다. 내가 성품이 불민(不敏)하여 사기(事機)를 알지 못하니 어찌 신하의 심정을 거스린 일이 없겠습니까?"

하면서, 이내 울어 눈물이 두서너 줄기 흘러내리었다.

-태조 1권, 1년(1392 임신 / 명 홍무(洪武) 25년) 7월 17일 1번째 기사-

위화도 회군으로 정치 군사권을 장악한 이성계와 신진사대부들은 우왕의 아들 창왕이 공민왕의 후손이 아니라 그를 보필하던 요승 신돈의 자손이라는 '폐가입진(廢假立眞)'의 구실을 내세워 그를 내몰았습니다. 대신에 고려 무신 집권자인 최충헌이 내세웠던 신왕의 7세손을 새로운 왕에 앉혔는데, 그가 바로 공양왕입니다. 공양왕은 성품은 온유하지만 우유부단하다는 사가들의 평가를 받고 있는데, 그도 그럴 것이 왕위를 오를 때도 눈물을 흘리며 왕이 되지 않겠다고 했을 뿐 아니라 왕위를 빼앗기면서도 고작 눈물만 떨구었다고 합니다.

그럼 고려의 왕족인 왕씨들은 어떻게 되었을까요? 태조 3년 4월 14일의 기록을 보면 태조가 여러 신하들이 올린 청을 못 이기는 척 하며 왕씨들을 모두 없애기 위해 관헌들을 세 곳으로 급파합니다. 그 세 곳이란 삼척, 강화도, 거제도입니다. 그리고 태조 3년 4월 17일에 군으로 격하된 공양군과 그의 두 아들을 삼척에서 교지를 전하며 교살했다고 기록되어 있습니다. 삼척에서 전해 내려오는 이야기에 의하면, 공양왕은 삼척에서 백성과 다름없는 초라한 집에서 지냈으며 노끈으로 목을 양쪽에서 잡아 쥐어 죽음에 이르게 하는 교살로 죽음을 당한 후 그의 두 아들과 함께 백성 무덤과 다를 바 없는 묘에 묻혔다고 합니다. 이후 그가 살던 곳을 궁촌, 궁촌의 밭이랑 사이를 궁터라고 했는데 이와 관련하여 1660년 조선 헌종 1년에 삼척도호부사로 부임했던 미수 허목은 산지기 한 명이 지키고 있는 공양왕릉이 매우 초라하다는 기록을 남기고 있습니다. 그런데 특이한 것은 공양왕릉이 두 군데에 존재한다는 사실입니다. 고양시와 삼척군에 있는 묘 중 어느 것이 진짜 공양왕릉인지는 오늘날까지 밝혀지지 않고 있습니다. 그러나 고려에서 조선으로 바뀌면서 고려 왕족들이 극심한 핍박을 받았다는 걸 잘 알려주는 사실이라는 건 분명합니다.

공양왕의 죽음 과정에서 알 수 있듯이 이성계가 왕위에 오르자, 개경 사람들에게 죽음과 탄압의 그림자가 드리워졌습니다. 이성계는 고려 왕족인 왕씨 성을 가진 사람들을 씨가 마르도록 죽음으로 몰아넣었습니다. 우선 강원도와 강화도, 거제도의 섬을 내 주겠으니 거기에서 평민으로 살라고 하면서 전국에 방을 붙여 고려의 왕족인 왕씨를 모이게 했습니다. 그리고 미리 구멍을 뚫어 놓은 배에 그들을 태우고 가다가 침몰시키는 방법으로 왕씨들을 바닷속에 수장시켰습니다. 살아남은 왕씨들 역시 태조 3년 4월에 태조 이성계의 명으로 삼척, 강화도, 거제에 파견된 관헌들에 의해 목숨을 빼앗겼습니다. 때문에 왕씨들은 눈물을 머금고 목숨을 부지하기 위해 성씨인 왕(王)자에 획을 추가하여 전(全)씨, 옥(玉)씨, 전(田)씨 등으로 살았고, 아예 군주를 뜻하는 용(龍)자를 택해 사는 사람도 생겼습니다. 태조 이성계에 대한 그들의 분노는 하늘을 찌를 듯 했지만 권력을 모두 빼앗기고 한낱 힘없는 상민으로 전락했기 때문에, 그들이 할 수 있었던 분풀이는 바로 태조 이성계의 목을 조르는 형상의 조랭이 떡을 만드는 것이었다고 합니다.

한편 정초에 조랭이 떡국을 만들어 먹는 것에 대한 이설도 존재합니다. 조롱박을 두들길 때 나는 소리를 통해 귀신을 물리칠 수 있다고 해서 조롱박 모양으로 만들었다는 설도 있고, 누에고치가 길운(吉運)을 상징하여 누에고치 모양으로 만들었다고도 합니다. 왕씨들은 조선이 세워진 후엔 정치의 꿈을 완전히 포기하고 상인의 길을 걸어갔는데, 재물이 집안에 넘쳐 나기를 바라는 마음으로 정초부터 누에고치 모양의 떡을 빚어서 길운을 빌었다는 것입니다. 또한 한 해의 운을 기원하기 위해서 정초에 조랭이 떡국을 먹었다는 설도 전하고 있습니다.

고려 마지막 왕 공양왕이 묻힌 공양왕릉이 두 개?

　　고려 마지막 왕인 제34대 공양왕이 죽은 뒤 조성된 공양왕릉은 아직까지 풀리지 않는 미스터리입니다. 고양시와 삼척군, 두 곳에 위치하고 있기 때문입니다. 두 곳 모두 여러 가지 근거를 들어 틀림없는 공양왕릉이라고 주장하고 있습니다. 먼저 고양시의 공양왕릉에는 투신자살한 주인을 따라 못에 빠져 죽은 충견을 위한 석구가 세워져 있다는 이야기가 전해오고 있습니다. 공양왕은 이성계에게 왕위를 빼앗기고 개경에서 추방되어 원주에 안치되었다가 그곳에서 다시 삼척으로 이동되었는데, 개경으로 잠입하기 위해 삼척을 탈출해 현재 고양시 원당동 식사리 견달산 아래에 도착한 후 작은 절에 의탁하여 스님들에게 식사를 제공받고 하루를 묵었다고 합니다. 그래서 지금도 식사리를 임금이 하루 묵으신 곳이라는 뜻의 '어침(御寢)'에서 비롯한 '언침이'라고 부른다고 하지요. 그러나 계속 지내기에는 너무 작은 곳이어서 절을 나와 누각에서 지내다가 추격이 목전에 이르자 연못에 몸을 던져 투신자살했다고 전합니다. 고양시의 공양왕릉은 사적 191호이며 공양왕이 몸을 던진 연못이 있던 곳의 고개를 지금도 '대궐고개'라고

고양 공양왕릉 고려의 마지막 왕인 공양왕의 무덤이라고 전해지는 두 곳 중 경기 고양시에 있는 것이다.　　출처: 문화재청

부릅니다. 『조선왕조실록』의 세조실록 19년 7월 을사조에는 공양왕의 어진을 고양현의 무덤 곁 암자에 두라는 기록이 있고, 현종 14년 2월 무진조에도 공양왕릉이 고양현에 있다고 기록되어 있으며, 1530년 중종때 편찬된『신증동국여지승람』에도 공양왕릉은 고양현 견달산 아래에 있다고 기록되어 있습니다.

삼척 공양왕릉 두 곳의 공양왕릉 중 삼척에 있는 것으로, 교살된 공양왕이 묻혔다고 전해지고 있다.
출처: 문화재청

한편 삼척군의 공양왕릉도 상당한 존재 이유를 갖고 있습니다. 그런데 고양시에서 전해지는 이야기와는 달리 삼척군에서는 공양왕이 교살, 즉 목이 졸려 죽음을 당했다고 전합니다. 『조선왕조실록』에 공양왕은 개경, 원주, 간성을 거쳐 최종 삼척으로 옮겨졌다가 태종 3년에 교살로 죽음을 당했다고 기록되어 있음을 근거로 듭니다.

주모, 찬으로 나온
이 나물의 맛이 이상하오.
시큼시큼 하단 말이오.

아니, 그새 쉬어 버렸나...
무친지 얼마 안 됐는데 날이 무더워서
쉬어버린 모양이네요.

이렇게 금방 맛이 가니
숙주나물이라고
불리는 것이 당연하오.

숙주나물이 숙주나물이지,
이름에 쉬어 버리는 것에 대한
사연이 들어있습니까요?

있구 말구.
해도 뉘엿뉘엿하여 쉬어가야겠으니
내 주모에게 숙주나물 이야기를
해 드리리다.

거 좋지요. 오가는 손님도 별로 없으니
어서 이야기 보따리를 풀어 보세요.

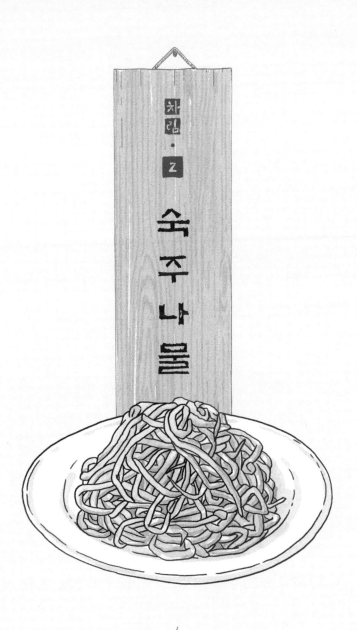

차림 · 2

숙주나물

/

변절자를 잊지 않기 위해
민중들이 붙인 이름

/

녹두나물이 숙주나물로 불리게 된 이유

숙주나물의 원래 이름은 녹두나물입니다. 말 그대로 녹두에서 난 새싹으로 나물을 해 먹기 때문에 녹두나물입니다. 녹두에서 싹을 내려면 콩나물을 키우듯이 녹두를 불린 다음 물을 부어 주면 됩니다. 녹두에서 싹이 자라나면 그것을 나물로 만들어 먹는 것입니다. 끓는 물에 소금을 약간 넣고 숙주 싹을 데친 후 찬물에 헹구어 물기를 꼭 짜고 갖은 양념을 하면 숙주나물이 완성됩니다. 현대에는 일상적인 요리로 때를 가리지 않고 반찬으로 먹곤 하지만, 조선 시대만 하더라도 숙주나물은 어른들 생신 때 아침상에 올리는 나물이었습니다. 또 아기 돌잔치를 할 때 국수와 함께 손님상에 내놓는 나물이기도 했습니다. 숙주나물은 돌아가신 분을 위해 차리는 제사상에 올라가는 고사리, 도라지와 함께 삼색 나물의 당당한 구성 성분이기도 합니다. 이 숙주나물은 우리가 개발한 음식이 아니라 고려 말 원에서 들어온 것으로 추정됩니다. 원나라 때의 가정 요리 백서인 『거가필용(居家必用)』에 숙주나물을 '두아채(豆芽菜)'로 표현하면서 녹두나물 만드는 방법을 소개하고 있는데, 그 방법이 우리가 만드는 방법과 똑같기 때문입니다. 13세기 말부터 고려는 원의 간접지배를 받았고 공녀와 인질, 사신들이 원을 드나들면서 풍속의 교류가 이루어졌는데, 바로 이때 녹두나물이 만두 만드는 방법과 함께 우리나라로 들어온 것으로 여겨집니다.

숙주나물은 고려 시대에만 하더라도 녹두나물로 불렸습니다. 또 조선 시대에도 정조가 기록한 『일성록』이나 순조 때 왕명으로 편찬한 『만기요람』 등을 보면 숙주나물이라고 하지 않고 '녹두채(菉豆菜)' 혹은 '녹두장음

(菉豆長音)'이라고 표기해 놓았지요. 그런데 왜 지금은 숙주나물이라고 하는 것일까요? 바로 조선의 백성들 사이에서 불렸던 숙주나물이라는 이름이 그대로 전해 내려왔기 때문입니다. 숙주나물의 '숙주'는 조선 세종이 총애하던 집현전 학자인 신숙주를 말하는 것으로, 나물에 이름이 붙게 된 이유는 그의 행적과 깊은 관련이 있습니다. 신숙주는 조선을 대표하는 지식인이지만, 다른 한편으로는 세종의 총애를 받았으면서도 그에 대한 의리를 헌신짝처럼 버리고 변절의 길을 걸어간 사람입니다. 녹두나물도 쉽게 상하는 것이 변절한 신숙주의 모습을 연상하게 하여 숙주나물로 불리게 된 것이지요. 또 만두의 소를 만들 때 녹두나물을 짓이겨서 넣는데, 변절자인 신숙주도 그렇게 취급받아야 한다고 하여 숙주나물로 불리게 되었다는 설도 있습니다.

세종 때엔 역사에 오르내리는 걸출한 인물들이 많이 있었습니다. 하지만 그들 모두가 숙부인 수양대군에게 억울하게 왕위를 빼앗긴 단종을 위해 목숨을 걸고 복위운동을 일으키지는 않았습니다. 몇몇은 신숙주와 같이 세조를 보필하고 충성을 바쳤습니다. 그런데 그 많은 사람들은 지탄의 대상이 되지 않고 왜 유독 신숙주만 '숙주나물'의 대명사가 되어 역사 속 치욕적인 이름이 되었을까요? 신숙주에게는 세종이나 문종에게 받은 후의에 대해 지켜야 할 도리가 있었기 때문입니다. 그런데 신숙주는 그 도리를 지키기는커녕 오히려 단종을 깊은 구렁텅이로 밀어 넣었습니다. 그러니 민중들이 그에게 느낀 실망감은 얼마나 컸을까요? 그렇다면 도대체 그가 무슨 짓을 한 것인지, 신숙주의 삶의 궤적을 추적해 보도록 하겠습니다.

신숙주는 1417년 명문가인 고령 신씨 집안에서 태어났습니다. 그의

신숙주 초상 조선 전기의 문신인 보한재 신숙주(1417~1475)의 초상화이다.
출처: 문화재청

집안은 증조부부터 판서와 참의를 지냈으며, 부친은 공조참판을 지낸 신장입니다. 부친인 신장은 평소 술을 매우 즐겨 마셨기에 자식인 5형제 이름에까지 모두 '술 주(舟)'자를 붙여 주었습니다. 선대뿐만 아니라 신숙주의 후손 중에는 조선 후기 풍속화가로 유명한 혜원 신윤복이 있는가 하면, 민족사학자 단재 신채호는 그의 직계 18대손이기도 합니다. 아이러니하게도 선열과 후손이 극과 극의 길을 걸어가는 영화 같은 일이 한 집안에서 수백 년을 사이에 두고 나타난 것입니다. 신숙주는 어릴 때부터 글과 글씨가 뛰어나 당대 이름난 문인인 정인지와 윤회에게서 사사까지 받았으며, 후에는 윤회의 손녀사위가 되었습니다. 그는 1431년 초시의 생원과 진사 시험, 복시까지 일사천리로 수석 합격의 영예를 안았고, 세종 앞에서 치른 대과인 문과에서는 3등으로 급제했습니다. 세종은 그의 재주를 눈여겨보고 1441년, 당시 영재들의 집합소라고 할 수 있는 집현전의 부수찬으로 임명하기에 이릅니다. 이때부터 세종과의 깊은 인연이 시작되었습니다. 신숙주는 독서를 매우 좋아하여 장서각에서 밤을 새며 책에 파묻혀 지내는 일이 비일비재했습니다. 그러다가 깜박 잠이 들 때도 적지 않았는데, 당직을 하던 어느 날에 잠이 든 신숙주의 어깨에 세종의 어의가 둘러져 있어 그를 깜짝 놀라게 한 일은 우리 모두 익히 알고 있는 일화입니다. 집현전 학사들을 아끼는 세종이 잠깐 잠이 든 신숙주가 찬바람에 병이 날까봐 내관을 시켜 어의를 걸쳐 준 것이었습니다. 신숙주는 세종의 총애에 감격했고 임금께서 어깨에 어의를 덮어 줄 정도로 신숙주를 아끼고 신뢰하고 있다는 것이 궁궐을 넘어 민가에까지 미담으로 퍼져나갔습니다.

그는 언어를 익히는 데도 재주가 탁월하여 설총이 정리한 이두 뿐 아니라 중국어, 일본어, 몽골어, 여진어, 유구어, 아라비아어, 인도어 등 동아시아 언어에 두루 능통했습니다. 그런 연유로 1443년에는 통신사로 일본에 가는 변효문의 서장관 겸 종사관으로 일본을 다녀왔는데, 이때 일본인들이 앞을 다투어 써 달라고 요구하는 시문을 즉석에서 써 주어서 일인들의 갈채를 받기도 했습니다. 일본과의 무역을 제한한 협정인 '계해약조'가 바로 이때 쓰시마 도주와의 사이에서 체결된 것입니다. 후에 그는 일본을 방문한 경험담을 엮어 『해동제국기』를 펴내기도 했습니다. 그가 이렇게 집현전 학사로, 일본을 다녀오는 서장관으로 활동하던 시기인 1443년에 훈민정음이 창제되었습니다. 훈민정음의 창제와 관련해서 근래에는 언어학자인 세종 혼자서 창안했다는 주장이 설득력을 얻고 있습니다. 그러나 창안은 세종이 했어도 『훈민정음언해』나 『동국정운』, 『용비어천가』와 같이 훈민정음의 원리를 설명하여 널리 사용할 수 있도록 알리고 한자에 훈민정음의 음을 달며 직접 문학작품을 지은 것은 집현전 학사들의 도움으로 가능한 것이었습니다. 그리고 그 작업의 중심에 집현전의 최고 직위인 직제학 자리까지 올라갔던 신숙주가 있었습니다.

그만큼 신숙주는 세종의 든든한 오른팔이었습니다. 세종은 신숙주를 깊이 신뢰했고 큰일을 맡길 인물로 평가했습니다. 신숙주는 집현전을 대표하는 학자로 세자시강원필선을 담당하여 후에 문종이 되는 세자와 깊은 인연을 쌓게 되었고, 문종이 세종 대신 대리청정을 할 때에 옆에서 도움을 아끼지 않았습니다. 세종이 눈을 감은 후 조선 제5대 임금이 된 문종은 세종을 닮아 학문을 좋아하고 어진 정치를 펼쳐 나갔지만 건강이 좋지 않았습니다. 결국 문종은 왕위에 오른 지 3년 만에 깊은 병이 들어 회복될 기미가 보이지 않자 평상시 신임하고 있던 성삼문, 박팽년, 신숙주를 불러 술을 따라 주며 세자를 잘 보필해 달라고 부탁했습니다. 이들이 술에 취해 잘 일어서지도 못하게 되자 문종은 내관을 시켜 업어 가도록 했는데, 다음 날 정신이 들어 잠을 깨니 이들 몸에 문종의 어의가 둘러져 있었습니다. 이에 감동한 이들은 뜨거운 눈물을 흘리며 문종의 회복을 빌었지만, 문종은 회복되지 못하고 1452년에 눈을 감았습니다. 이런 인연이 있었기에 신숙주가 단종복위운동에 함께 하지 않은 것에 민중의 지탄과 실망이 컸던 것입니다. 그래서 그의 이름이 쉽게 변절한다는 의미로 나물의 이름에 붙여지게 된 것이랍니다.

뛰어난 업적으로도 가려지지 않는 신숙주의 변절

문종의 뒤를 이어 단종이 왕위에 올랐으나 당시 고작 12살이었습니다. 한편 세종에게는 모두 18명의 왕자가 있었습니다. 그 중 둘째 왕자인 수양대군은 야심이 크고 성격이 거칠어 세종의 근심거리였습니다. 수양대군은 태조 이성계나 태종처럼 무예에 능했으며 결정력이 있어 뜻한 바는 반드시 이루는 사람이었습니다. 그는 왕이 될 야심을 가지고 있는 자신에게 날개를 달아줄 책사를 은밀히 알아보던 중, 경덕궁의 궁지기였던 한명회의 인물됨을 한눈에 알아보고 수하에 두었습니다. 한명회는 수양대군을 실망시키지 않았고 그의 능수능란한 전략에 따라 수양대군은 왕이 되기 위한 행보를 조심스럽게 펼쳐 가고 있었습니다. 그 한명회를 수양대군이 수하에 두도록 은밀히 귀띔을 한 사람이 바로 신숙주입니다. 수양대군은 신숙주를 신뢰하게 되어 동갑이기도 한 두 사람은 이내 각별한 사이가 되었습니다.

　그리고 1453년, 수양대군은 원임대신의 소임을 맡아 어린 단종을 위해 '황표정사'를 도맡아 온 김종서와 그의 두 아들을 기습하여 죽여 버리는 '계유정난(癸酉靖難)'을 일으켰습니다. 여기에서 '황표정사'란 어린 단종의 국정에 도움을 주고자한 김종서가 정책이나 인사를 결정할 때 '황표'라 하여 노란 점을 찍어 올리면 단종이 노란 점이 찍힌 그대로 시행하는 것을 말합니다. 신숙주는 계유정난에 직접 가담하지는 않았지만 지지를 표명했고, 세종실록을 함께 완성하며 동고동락했던 성삼문, 박팽년 등의 집현전 학사들을 회유하여 지지를 표하게 하는 공을 세워 정난공신이 되었습니다. 덕분에 그는 승승장구하여 지금의 청와대 비서실장에 해당하는 승정원의 도승지 자리에까지 올랐지요. 그런데 신숙주는 숙부의 협박에 하루하루 불안해했던 단종을 지키는 역할이 아닌, 수양대군에게 단종의 일거수일투족을 보고하는 역할을 했습니다. 그리고 수양대군은 계유정난을 일으킨 후 끝내 조카인 단종을 위협하여 왕위를 선양하게 만들었습니다.

　1455년 윤6월 11일, 모든 만조 백관이 경복궁의 경회루에 모였습니다. 이 날은 단종이 세조에게 왕위를 물려주는 선양식이 열리는 날이었습니다. 숙부에게 왕위를 내주어야 하는 단종은 떨리는 목소리로 어새를 가져오라고 명을 했습니다. 어새를 담당하고 있던 성삼문은 너무나 통탄스러워 어새를 품에 안고 처연한 눈물을 흘렸습니다. 박팽년은 한술 더 떠 경회루에 몸을 던져 목숨을 끊으려 했습니다. 그러자 성삼문은 황급히 눈물을 닦으며 박팽년을 끌어서 앉힌 다음, 단종에게 다시 왕위를 돌려줄 수 있는 계획을 세우자고 박팽년을 설득했습니다. 그 후 그들은 세조가 왕 자리에 앉아 거드름을 피울 때마다 쓸개를 씹는 표정으로 그 모습을 바라보며 초조하게 하루하루를 보냈지요. 신숙주는 그런 줄도 모르고 세조가 왕위에 오르는 데에 공을 세운 덕으로 동덕좌익공신에 봉해졌으며, 예문관 대제학에 임명된 후 명으로 가서 왕의 즉위를 알리는 책봉주청사의 소임을 성공적으로 마치고 1456년에 돌아왔습니다. 그리고 바로 그해 1456년 윤6월, 드디어 성삼문은 세조와 의경세자, 세조 측근 대신들을 일거에 제거하는 거사를 일으킬 계획을 세웠습니다. 그런데 뜻하지 않게 연회 장소가 협소해 별운검 계획이 취소되었고 왕세자도 참석하지 않게 되었습니다. 단종 복위 거사 운동에 뜻을 같이 했던 인사들은 혹시라도 거사 계획이 탄로가 날까봐 전전긍긍했습니다. 불행하게도 예감은 빗나가는 일이 없는 법, 아니나 다를까 집현전 학사인 김질이 장인인 우찬성 정창손에게 거사 계획을 털어 놓고 말았습니다. 정창손은 그 길로 궁궐로 달려가 세조에게 사실을 고변하여 거사에 참여하기로 했던 사람들 모두가 끌려와 모진 고문을 당하다가 비참한 죽음을 당하고 말았습니다.

사실 성삼문은 일찍이 거사 계획을 짤 때에 신숙주가 비록 자신의 평생지기이지만, 반드시 죽여야 한다고 강조했습니다. 신숙주가 문종의 유언을 거스르고 단종을 몰아낸 세조를 보필하고 있었기 때문입니다. 하지만 단종복위운동이 실패한 바람에 세종의 신뢰와 사랑을 받던 성삼문, 박팽년, 하위지, 이개, 김문기, 유성원 등의 집현전 학사들은 하루아침에 황천길을 걷게 되었고, 신숙주는 살아남아 세조 곁에서 현실의 길을 걸어갔습니다. 나아가 신숙주는 단종을 노산군으로 강등시킬 것을 건의했으며, 금성대군이 다시 단종의 복위 운동을 일으키자 노산군을 죽여서 후환을 없애야 한다는 상소까지 올렸습니다. 그러는 사이 직접 군사를 이끌고 나가서 왜구를 토벌하기도 하고 야인들을 내몰기도 했습니다. 그러자 세조는 해가 거듭될수록 신숙주를 신임하고 의지하여 "당태종에게는 위징이 있지만 나에게는 숙주가 있다."라고까지 했지요. 그런 세조를 위해 신숙주는 『사조보감』을 완성했고 예조판서, 병조판서는 물론 영의정 자리에까지 올랐습니다.

그의 호는 '보한재(保閑齋)'입니다. '한가롭게 글을 읽는 사람'이라는 뜻이지요. 또 그는 눈을 감을 때 자신의 관에는 오직 책만 넣어 달라는 유언을 남길 만큼 학문을 좋아했습니다. 그런데 그에게는 절개가 없었습니다. 글을 읽는 지식인으로서 갖추어야 할 절의를 갖지 못하고 굴종하는 문사로서 구차한 삶을 살았습니다. 한편으로는 조선을 탄탄한 국가로 설수 있게 만든 외교적, 군사적, 학문적 업적을 남기기도 했지요. 혹자는 신숙주의 업적을 거론하며 그가 만일 성삼문처럼 절의를 지키고 죽어갔다면 그러한 업적을 남길 수 있었겠느냐고 반문하기도 합니다.

하지만 민중은 진정한 선비고 문인이라면 의리와 절개가 있어야 한다고 생각하여 그의 이름을 따서 숙주나물이라는 이름까지 만들어 냈지요. 역사에 기록된 오명은 아무리 지우려 해도 지워지지 않습니다. 그의 많은 업적으로 의리와 절개를 저버린 행동을 침소봉대할 수는 없는 것입니다. 민중들은 그의 배신이 매우 괘씸했습니다. 세종과 문종의 신뢰를 받던 그가 단종을 복위하는데 동참하지 않고 출세의 길을 택하니 그의 부인이 그 대신 목숨을 끊어 버렸다는 없는 이야기까지 만들어낸 것을 보면 말입니다. 신숙주 이상으로 천재이면서도 결코 세조의 신하는 되지 않겠다며 벼슬을 내동댕이치고 전국을 유람하며 미친 사람처럼 살아간 생육신 김시습은 시시때때로 나타나 신숙주에게 변절자라고 욕을 했습니다. 민중들은 그 이야기를 들으며 수백 년 동안 가슴 속에 시원함을 느껴왔지요. 이는 아무리 업적이 크다 해도 인간이 갖추어야 할 기본적인 도덕을 저버린 행위가 있다면 결코 그 업적이 인간적인 배신행위의 면죄부가 되지 않는다는 것을 보여주는 것입니다.

만세의 충신 성삼문이 최후로 남긴 시

세조가 성삼문에게 직접 국문을 가하며 물었습니다.

"너희들이 어찌 나에게 반역을 할 수 있는가?"

그러자 성삼문은 의연한 표정으로 이렇게 답했습니다.

"오직 옛 임금을 다시 모시고자 했을 뿐이오. 나리께서 어찌 반역이라 하시오? 내가 거사하려는 것은 하늘에 해가 둘이 없고 백성에게 두 임금이 있을 수 없기 때문이오."

세조는 분노가 치솟아 호되게 반박했습니다.

"나를 보고 임금이라 하지 않고 나리라 하니, 나의 녹(祿)을 먹고 어찌 나를 배반하며 반역을 할 수 있는가?"

그러자 성삼문이 태연자약하게 답했습니다.

"상왕께서 계신데 나리가 어찌 나를 신하라 하시오? 난 나리의 녹을 먹지 않았소."

이에 세조가 더욱 노하여 살이 타들어 가 허벅지의 흰 뼈가 들여다보이는 모진 고문을 가하고 팔을 절단시켰으나 그는 안색조차 변하지 않았습니다. 성삼문은 결국 아버지 승과 함께 능지처사를 당하고 말았습니다. 성삼문의 세 동생과 맹첨, 맹년, 맹종과 갓난아이 등 아들 네 명도 모두 살해되어 혈손이 끊겼고, 아내 차산과 딸 효옥은 관비(官婢)가 되었습니다. 그가 죽은 후 집을 살펴보니 세조가 준 녹이 고스란히 쌓여 있었을 뿐 가재라고는 아무 것도 없었으며, 방바닥에는 거적자리가 깔려 있을 뿐이었습니다. 성삼문 등 사육신이 처형된 후 세조는 그들을 가리켜 "금세(今世)의 난신(亂臣)이요, 만세(萬世)의 충신(忠臣)이로다."라고 탄복해 마지않았다고 합니다. 다음은 성삼문이 남긴 절개시입니다.

이 몸이 죽어가서 무엇이 될고 하니
봉래산 제일봉에 낙락장송 되었다가
백설이 만건곤할 제, 독야청청 하리라.

여기에서 '백설'이란 변절자를 말하는 것으로, 변절자들이 세상에 활개를 칠 때도
혼자 절개를 지키겠다는 내용을 읊은 것입니다. 성삼문은 능지처사형을 당하기 전에
이런 절명시를 남기기도 했습니다.

북소리 둥둥 울려 사람 목숨 재촉하네.
고개 돌려 바라보니 해도 지려 하는구나.
황천에는 주막 한 곳 없다 하니,
오늘 밤은 어느 집에 묵고 간담.

성삼문선생유허비 정면 유허비란 옛 선현의 자취가 있는 곳을 후세에 전하고 그를 추모하기 위
해 세워두는 비로, 사육신의 한 사람인 성삼문(1418~1456) 선생의 공적을 적고 있다.
출처: 문화재청

주모,
오늘 반찬도 없는데
젓갈이나 좀 주오.

양반 나리께서
오늘따라 젓갈을 찾으시니
젓갈 이야기를 한번
해 볼까요?

어디 입맛 도는
젓갈과 관련된
이야기가 있소?

호호, 글쎄요.
이야기를 들으면 밥맛이
떨어질 수도 있답니다.

그래도 궁금하니
한번 해 보시구려.

차림 · 3

젓갈

/

연산군의 어머니를 위한
복수심이 만들어낸 인간 젓갈

/

상상 그 이상의 악행을 저질렀던 연산군

젓갈이란 어패류의 내장, 알, 살 등을 소금에 절여 일정 기간 동안 상온에 두는 염장법으로 발효시켜 만든 우리나라의 대표적인 수산 발효식품입니다. 중국을 대표하는 역사서인 사마천의 『사기』에는 고조선을 멸망시킨 한나라 무제의 이야기 중에 젓갈과 관련한 흥미로운 내용이 있습니다. 한무제가 산둥반도에서 동이족을 쫓아갔다가 좋은 냄새가 나는 것이 있어 사람을 시켜 알아보게 했더니 다름 아닌 항아리에 생선 창자와 소금을 넣은 후 흙에 묻어 둔 것, 바로 젓갈이었다는 내용입니다. 삼국 시대 역사가인 진수가 지은 『삼국지』 「위서」 동이전에 우리나라 초기 국가인 부여, 고구려, 옥저, 동예에 대한 내용이 있듯이, 동이족은 중국에서 우리 민족을 부를 때 사용하는 용어이므로 이미 우리 조상들이 먼 옛날부터 젓갈을 만들어왔다는 사실을 알 수 있습니다.

한편 춘추전국 시대에 중국 고대의 경전에 나오는 물건명을 주해한 책인 『이아(爾雅)』에서는 젓갈을 생선으로 만든 것과 고기로 만든 것에 대해 각각 다른 용어로 소개하고 있습니다. 즉 생선을 이용해 만든 젓갈은 '지(鮨)', 육으로 만든 젓갈은 '해(醢)'라 쓰고 있는 것입니다. 김부식이 편찬한 『삼국사기』를 보면 신문왕 8년 683년에 김흠운의 차녀를 왕비로 맞이하면서 납폐(남자 집에서 혼인을 하고자 예를 갖추어 청하면 여자 집에서 이를 받아들이는 것) 받은 품목을 적어 놓았는데, 쌀을 비롯한 부식으로 보낸 음식 135 수레 중에 '해(醢)'도 적혀있습니다. 고기 젓갈을 납폐 받은 것입니다. 『조선왕조실록』을 보면 조선 시대 왕실에서 만든 고기 젓갈은 사슴고기로 만든 녹해(鹿醢)였다는 걸 알 수 있지요.

그런데 놀랍게도 조선 제10대 임금인 연산군은 사람의 살을 찢어 젓갈을 담그게 했습니다. 그 사건을 알아보기 전에 연산군의 성장배경을 살필 필요가 있습니다. 연산군을 낳은 생모는 판봉상시사 윤기무의 딸인 폐비 윤씨로, 1473년에 성종의 후궁으로 간택되어 숙의로 있다가 성종의 총애를 입어 1476년에 왕비가 된 후 그 해에 연산군을 낳았습니다. 그런데 성종은 조선 역대 임금 중 둘째가라면 서러울 정도로 많은 부인을 거느렸던 임금이었습니다. 그는 병으로 죽은 공혜왕후 한씨와 연산군의 생모로 폐출된 폐비 윤씨 외에도 중종의 어머니인 정현왕후 윤씨와 무려 9명의 후궁을 두었습니다. 질투가 심했던 폐비 윤씨는 후궁을 많이 두고 여색을 밝힌 성종 때문에 항상 속을 끓였습니다. 야사에 의하면 폐비 윤씨가 성종과 후궁 문제로 말다툼을 하던 중에 용안을 할퀴고 어의를 물었다고 하지만 『조선왕조실록』에 그런 내용은 기록되어 있지 않습니다. 성종이 직접 자신이 왜 왕비를 내쳐야 하는 지를 대신들에게 털어놓는 글에 의하면, 폐비 윤씨가 저지른 가장 대표적인 악행은 성종 혹은 후궁을 죽이기 위한 것일 수 있는 독약을 품고 있었던 것입니다. 폐비 윤씨는 처소에 그 누구에게도 보여주지 않는 작은 상자를 가지고 있으면서 자신만 그 상자를 열어보곤 했다고 합니다. 이를 이상하게 여긴 성종이 폐비 윤씨가 세수를 하는 사이에 몰래 열어 보니 독약인 비상과 비상을 바른 곶감 두 개가 들어있었다고 합니다. 그 외에도 폐비 윤씨는 후궁인 귀인 엄씨와 귀인 정씨가 비상과 사람을 해치는 방법을 언문으로 적은 상자를 가지고 있었다고 거짓 음해를 하려다가 탄로가 나기도 했지요. 또 문으로 들어오는 악귀를 쫓는 귀신 모양의 나무인 '신다울루목(神茶鬱壘木)'을 가지고 말뚝을 박기도 했습니다. 그런데 여기에서 흥미로운 것은 일국의 궁궐, 그것도 왕과 왕비가 자는 침소에 쥐구멍이 나 있었다는 사실입니다. 실록에 의하면 폐비 윤씨는 성종의 침소에 나있는 쥐구멍을 막기 위해 책을 마구 잘라 구멍을 틀어막았는데, 쥐구멍을 가리기 위한 종이를 떼니 그 속에서 저주를 하는 방양문이 적혀 있는 책이 나왔다고 합니다. 이외에도 성종에게 온화한 낯빛으로 대하지 않는다거나, 일찍 일어나 지아비를 배웅해야 하는데도 성종이 대신들과 조참 회의를 마치고 돌아올 때까지 일어나지 않고 있었다거나, 성종이 자신의 뺨을 때렸으니 자식들을 데리고 궁궐을 나가서 살겠다고 거짓으로 친정에 고한 일 등이 있었습니다.

이렇게 폐비 윤씨의 악행이 계속 되자 대신들은 원자의 어머니이므로 궁궐의 한쪽에 별궁이라도 지어 살게 하자고 했지만, 세자의 생모가 살아있는 것에 부담을 느낀 성종은 인수대비와 후궁들의 참언을 받아들여 폐비 윤씨에게 사약을 내려 죽게 하고 유언을 내려 그녀의 명예를 복원시켜 주지 못하게 했습니다. 이것이 연산군이 4살 때 일어난 일입니다. 그 후 연산군은 성종의 계비인 정현왕후가 생모인줄 알고 성장했습니다. 연산군은 어머니의 정서를 이어받아서인지 감정이 예민하고 정치보다는 문학에 관심이 많았습니다. 그러나 17살이 될 때까지도 앞뒤 인과 관계를 살펴보는 이해력이 매우 부족하여 "문리(文理)가 불통하다."는 기록이 남아있을 정도였습니다. 19세에 왕에 오른 연산군은 왕이 된 지 4년째 되는 해에, 김종직이 쓴 '조의제문'을 성종실록에 수록하려 했다는 이유로 김종직의 제자이자 사관이었던 김일손 등의 사림파를 대거 숙청하는 사화(士禍)를 단행합니다. '조의제문'이란 초패왕 항우에 의해 죽음을 당한 후 강물에 던져진 진의 의제를 조문하는 글로, 세조가 단종을 죽여 강물에 던져 넣은 일을 빗대어 지은 글을 말합니다.

해망서원 무오사화와 갑자사화 때 참형을 당한 김종직, 김굉필, 정여창, 김일손, 정여해를 기리기 위한 서원이다. 출처: 문화재청

그러나 무오사화는 연산군이 저지른 악행의 시작에 지나지 않았습니다. 조선 역사상 제일의 폭군으로 지칭되는 연산군이 저지른 악행은 인간의 상식과 상상력을 초월합니다. 창덕궁에 갖은 동물을 기르는 내응방을 두고 그 규모를 확대해 나갔는데, 내응방을 관리하는 인원이 초기 100명에서 재위 10년 만에 자그마치 1000명으로 늘어날 정도였습니다. 조용해야 할 궁궐에서 괴상한 동물의 울음소리가 진동을 하고, 사냥감의 제물이 되었다가 탈출한 멧돼지가 피투성이로 홍문관 관서 안으로 뛰어들어온 일도 있었습니다. 연산군은 암수 말이 교접하는 광경을 직접 지켜보며 즐거워하는 등 갖은 음행을 저질렀는데, 심지어 자신을 어려서부터 키워준 월산대군의 부인이자 큰 어머니인 박씨를 간음하여 자결에 이르게 하기도 했습니다. 정업원의 여승뿐만 아니라 재상, 종친, 신하들의 부인까지도 자신의 색욕을 채우는 데에 이용했습니다. 또한 수천 명의 기녀들을 자신을 위해 교육시켰습니다. 전국에서 미녀들을 선발해오는 사람을 채홍사, 채청사라고 했는데 특히 홍청은 여색이 가장 뛰어나 궁

궐로 뽑혀간 여성들을 말합니다. 연산군의 후궁이 되어 권력을 휘둘렀던 장녹수도 흥청 출신입니다. 지방에서 기녀 훈련을 받는 여성을 운평이라 했고 악공을 광희라고 했는데, 흥청이 200명, 운평이 1000명, 광희가 1000명이나 되었으니 어느 정도로 유희를 즐겼는지 알만 하지요. 이들 여성에게 지급되는 창고를 '호화고'라고 했는데, 그 사치와 방탕함이 이루 말할 수 없어 전국 전세(田稅)의 반 이상이 기생들을 유지하는 데에 들어갔습니다. 요즘도 우리가 잘 쓰는 '흥청망청'이라는 말은 연산군 때에 생긴 말입니다. 흥청은 '나라를 망하게 하는 청'이라는 뜻으로, 오늘날에는 돈이나 물건을 마구 쓰며 쓸데없이 낭비를 하는 것을 표현할 때 쓰는 말이 되었습니다. 여색뿐만 아니라 경복궁과 창덕궁의 담을 높이 쌓으며 주변의 민가를 강제로 철수시키는 바람에 백성들의 원성이 자자했습니다. 또 워낙 공부하기를 싫어한 연산군은 경연을 폐지해 버렸습니다.

또한 연산군은 부왕인 성종을 병적으로 싫어해서 성종의 장례를 치르던 시기에 성종이 기르던 사슴을 잡아 구워 먹기도 했고, 부왕의 영정을 손으로 걷어 버리는가하면, 나중에는 영정을 활을 맞추는 과녁으로 사용했습니다. 성종의 기일이 다가오면 경건히 보내는 것이 아니라 사냥을 하여 살아있는 생물을 죽였고, 성종이 잠들어 있는 선릉에서 음악을 연주하고 술을 나누는 연회를 베풀기도 했습니다.

어머니를 위한 복수로 만들어진 인간 젓갈

그럼 연산군은 도대체 왜, 누구를 인간 젓갈로 만들게 한 것일까요? 그것은 묻혀있던 사건에 대해 전해들은 말에서 시작되었습니다. 그는 1504년, 자신이 각별히 아끼는 여동생 휘숙 옹주를 보러 갔다가 휘숙 옹주의 부마인 임숭재의 아버지 임사홍에게 생모 폐비 윤씨에 대한 말을 듣게 되었습니다. 임사홍은 연산군과 술을 함께 마시며 일부러 어두운 얼굴로 돌아가신 중전마마가 생각난다며 이야기를 꺼냈습니다. 사실 임사홍은 자신의 두 아들을 모두 공주의 부마로 만들어 권력을 과도하게 행사하다가 사헌부, 사간원, 홍문관의 삼사 관리들에게 탄핵을 당해 유배를 다녀온 적이 있었습니다. 이에 앙심을 품고 묻혀 있던 폐비 윤씨 사건을 발설하여 삼사의 관리들을 일시에 제거할 계획을 세웠던 것입니다.

연산군이 자신의 친어머니가 성종과 함께 선릉에 묻힌 정현왕후가 아니라 폐비 윤씨라는 사실을 처음 알게 된 것은 선릉 공사를 할 때였습니다. 왕릉 공사를 할 때는 죽은 사람의 업적과 생애는 물론 집안의 가계와 혼인한 인물을 지문에 적어 왕의 최종 검토를 받아야 했기에, 연산군은 이때 처음 자신의 생모가 따로 있었다는 사실을 알게 된 것입니다. 그러나 폐비 윤씨가 사약을 받게 되는 과정에 대해서는 몰랐습니다. 성종이 죽을 때 100년이 지나도 세자에게 폐비 윤씨 문제를 알리지 말라고 당부했기 때문입니다. 그런데 임사홍 때문에 고작 사후 10년 만에 죽음의 내막이 연산군 귀에 들어가게 되었습니다. 훗날 소설가 박종화는 1935년 매일신보에 발표한 소설 『금삼의 피』에서 폐비 윤씨의 어머니 대부인이 간직하고 있던 사약을 받고 피를 토한 금삼(비단으로 만든 속저고리)을 보게 되면서 연산군의 포악성이 극에 달하게 되었다고 쓰기도 했습니다.

사실을 알게 된 연산군은 먼저 장검을 들고 할머니 인수대비에게 달려가 고래고래 소리를 지르며 따지다가 할머니를 머리로 박아 그 자리에서 쓰러지게 했습니다. 이어서 사사건건 폐비 윤씨의 나쁜 행동을 성종과 인수대비에게 고자질한 후궁 귀인 엄씨와 귀인 정씨의 머리채를 잡아 궁궐 마당에 내동댕이치고는 몽둥이로 닥치는 대로 후려치고 짓밟아서 거의 반죽음을 만들어 놓았습니다. 그래도 분이 풀리지 않자 귀인 정씨가 낳은 안양군과 봉안군을 불러오게 했습니다. 이들은 연산군의 배다른 동생들이기도 합니다. 동생들을 불러들인 연산군은 안양군과 봉안군의 머리카락을 움켜잡고 인수 대비 침전으로 가서 방문을 열어젖혔습니다. 그러고는 "이것은 대비의 사랑하는 손자가 드리는 술잔이니 한 번 맛보시오." 하며 안양군을 독촉하여 인수대비에게 잔을 건넸습니다. 이어 연산군이 "사랑하는 손자에게 하사하는 것이 없습니까?" 하니 대비가 놀라 베 2필을 가져다주었습니다. 인수대비는 이후 손자에게 당한 일에 깊은 상처를 받아 화병으로 시름시름 앓다가 세상을 떠났는데, 연산군은 장례일마저 단 25일 만에 마치게 해서 어머니를 내친 할머니에게 잔인한 복수를 했습니다.

그 후 연산군은 동생들 목에 칼을 씌우고 곤장 80대를 친 후 칠흑 같이 어두운 밤에 귀인 정씨와 엄씨가 쓰러져 있는 창경궁으로 데려오게 했습니다. 창경궁 뜰에 붙잡혀 있는 두 후궁은 날이 어두워 누구인지 잘 보이지 않았습니다. 연산군은 두 동생들에게 잔인한 명령을 내렸습니다. "이 죄인들을 쳐라." 바로 자신들의 어머니를 직접 때려죽이게 만든 것입니다. 봉안군은 어머니임을 짐작하고 차마 때리지 못했지만, 안양군은 어머니인 것도 모르고 시키는 대로 마구 때렸습니다. 봉안군이 때리기를 거부하자 연산군은 사람을 시켜 무자비하게 매를 쳐 두 후궁을 죽였습니다. 이어 연산군은 내수사에게 명하여 후궁 엄귀인과 정귀인의 시신을 찢은 후 젓갈을 담그게 해 산과 들에 흩어 버리게 했습니다. 뿐만 아니라 폐비 윤씨를 폐위시킬 당시의 삼정승과 육판서, 도승지를 모두 잡아들인 후, 그 중 이미 숨을 거둔 사람들은 묘를 파헤치고 시신을 꺼내어 목을 자르는 부관참시형에 처했습니다. 이 갑자사화와 관련하여 희생당한 선비들은 292명이나 되었지요. 연산군은 벌을 받은 관리들에게서 몰수한 재산을 자신이 흥청망청 쓰느라 바닥을 드러낸 국고를 채우는 데에 썼습니다.

조선의 왕비가 되는 과정

왕이 혼인을 하는 연령에 도달하면 나라에서는 『국조오례의』에 정해진 내용에 따라 왕비를 간택하는 절차에 들어갔습니다. 우선 혼인을 주관하는 임시관청이 설치되는데, 이 관청을 가례도감이라고 합니다. 가례도감이 활동을 시작하면 먼저 전국에 금혼령이 내려집니다. 금혼령이 내려지면 처녀를 둔 사대부 가문에서는 조정에 처녀가 있는지를 보고하는데, 이것을 '처녀단자'라고 했습니다. 처녀단자에는 태어난 해와 달, 날 그리고 시간인 사주(四柱)와 거주지를 적었고 증조부, 조부, 부친, 외조부의 이력을 기록하여 처녀 가문의 내력을 알 수 있도록 했습니다. 처녀단자에 있는 처녀들 중 왕비가 될 여성을 선택하는 일은 주로 왕실의 가장 어른인 대비가 주관했습니다. 간택은 초간택, 재간택, 삼간택 등 3차 선발로 이루어졌는데 대부분은 왕비가 될 여성을 미리 알아본 다음, 그 처녀를 내정해 놓고 형식적으로 삼간택이 진행되는 것이 보통이었습니다. 그렇다면 조선에서 왕비를 가장 많이 배출한 명문가는 어디일까요? 부동의 1위를 지켜낸 성씨는 청주 한씨로, 모두 5명의 왕비를 배출했습니다. 특히 세조 때의 공신인 한

<모란도> 꽃 중의 왕인 모란은 임금을 상징하여 모란 병풍은 조선 왕실에서 종묘제례나 왕실의 혼례인 가례, 제례 등의 주요 궁중 의례와 행사 때 사용되었다.   출처: 문화재청

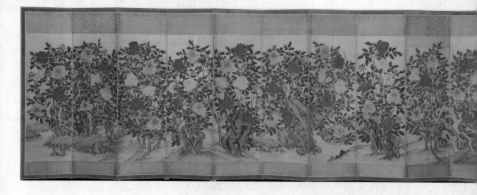

명회는 두 딸이 예종의 비인 장순왕후와 성종의 비인 공혜왕후가 되어 권력의 핵으로 살아갔지요. 청주 한씨에 이어 여흥 민씨와 파평 윤씨가 각각 4명의 왕비를 배출했고, 19세기 세도 가문인 안동 김씨가 청송 심씨와 경주 김씨와 함께 각각 3명의 왕비를 배출했습니다. 왕비를 배출한 가문은 명문으로 이름을 날렸고 모든 가문의 선망의 대상이 되었습니다.

황후 적의 우리나라에 유일하게 보존되어 있는 적의로, 순종의 동생이며 세제였던 영친왕이 가례를 치룰 때 순종의 황후인 순정효황후가 입었던 적의로 전한다. 왕비 또는 왕세자비가 갖추어 입던 대례복을 적의라고 한다.

출처: 문화재청

주모,
잠을 청하려 하니 배가 출출하오.
뭐 먹을 것이 없소?

아이고, 운도 좋으셔라!
딸아이 생일이라 낮에 인절미를
만들어 놓았습지요.

허허, 배가 호강하겠구려.
내 고마우니 인절미가
왜 인절미가 되었는지
이야기 해 주리다.

인절미에 재미있는 사연이라도
있는가 봅니다요?

그렇다오.
자, 그러면 인절미부터
한 입 먹고 말해주겠소.

달도 휘영청 밝은데
재미있을 것 같아
귀가 솔깃하네요.

차림 · 4

인절미

백성을 버리고 도망친
임금에게 바쳐진 백성의 떡

백성에서부터 임금까지 모두의 사랑을 받은 떡, 인절미

인절미는 만들기 쉬우면서도 맛이 좋아 남녀노소가 즐겨 먹던 떡입니다. 인절미를 가장 많이 만들었던 지역은 잡곡이 많이 생산되는 황해도와 평안도였습니다. 경기도 지역에서는 인절미를 찹쌀로만 만들지만 황해도와 평안도 지역에서는 찹쌀에 차조와 차기장을 섞어 만들었습니다. 남쪽 지방에서도 봄에 쑥이 나면 어린 쑥을 살짝 데쳐 꼭 짜서 찧은 후, 인절미와 같이 치대어 쑥 향기 가득한 쑥인절미를 만들어 먹었습니다. 대추 인절미도 즐겨 먹었는데 찹쌀을 찔 때에 대추씨를 뺀 대추를 함께 넣고 이것을 치대면 맛 좋은 대추 인절미가 되었습니다.

정조가 1797년에 발간한 『원행을묘정리의궤(園幸乙卯整理儀軌)』나 정조가 하루 생활을 돌아보며 작성한 『일성록』 중 1795년 음력 윤2월 9일에 치른 어머니 혜경궁 홍씨의 회갑연에 바친 진찬에 대한 기록을 보면, 여러 가지 색깔의 인절미를 진찬상에 올렸고 잔치가 끝난 후 병사들과 수발을 들었던 하인들에게 내리는 음식으로 인절미를 주었다는 내용이 있습니다. 다만 인절미가 아닌 인절병으로 기록하고 있는데, 각색 인절미를 만들기 위해 찹쌀 2말, 팥 5되, 대추 5되, 석이 5되, 건시 2곳, 깨 2되, 잣 2되, 꿀 1되의 재료가 사용되었다고도 적혀있습니다. 여기서 석이는 석이버섯 가루를, 건시는 곶감을 말합니다.

인절미에 대해 언급한 또 하나의 책은 1809년 빙허각 이씨가 쓴 『규합

<화성능행도(華城陵幸圖, 1795년)> 정조가 현륭원에 행차한 뒤 어머니 혜경궁 홍씨를 위해 열었던 성대한 연회를 그린 것이다.
출처: 국립중앙박물관

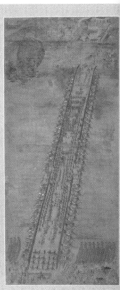

총서(閨閤叢書)』입니다. 규합이란 여성들이 거처하는 공간으로, 규합총서는 여성들이 거처하는 곳에서 거론된 이야기를 묶은 책이라고 할 수 있지요. 빙허각 이씨 집안은 세종의 17번째 왕자인 영해군의 후손이었습니다. 이 책에서 말하기를, 인절미 중 으뜸은 황해도 연안에서 생산되는 인절미라고 했습니다. 더불어서 인절미 만드는 방법도 자세히 나와 있습니다. 인절미는 오로지 찹쌀로만 만들며, 찹쌀을 물에 담그고 물을 자주 갈아 주다가 사오일이 지나면 건져서 무르게 찐 후 오랫동안 치대라고 했습니다. 여기에 대추를 가늘게 잘라 두들긴 후 떡메로 치댈 때 넣고, 팥을 볶아 인절미에 묻히고 굳히면 맛있는 인절미가 된다고 했습니다.

인절미는 종묘 제례를 지낼 때 올라가는 떡이기도 했는데, 실학자인 성호 이익(1681~1763)의 『성호사설』에는 조선 후기로 갈수록 사치해져서 제사를 지낼 때 인절미를 상에 올리는 일이 점차 사라졌으며 저잣거리에서도 날이 갈수록 찾는 이가 줄어들어 인절미를 파는 장사치들이 덩달아 줄고 있다는 기록도 남아있습니다. 이외에도 1785년 정조 때 청을 다녀온 사신들이 청에서 듣고 보고 온 것을 보고한 내용에 의하면, 조선을 다녀간 청의 사신이 역마를 바꿔 탈 때마다 역에서 바치는 인절미를 먹고 너무 맛이 좋아 주머니에 몇 개를 넣고 가다가 꺼내보니 인절미가 모두 상해 있어서 낙담했다고 합니다. 이를 통해 인절미는 역에서도 손쉽게 만들 수 있는 것이었고, 우리나라 사람 뿐 아니라 청나라 사람들의 입맛에도 잘 맞는 떡이었음을 알 수 있습니다. 그런가 하면 인절미는 옛 추억을 불러일으키는 떡이 되기도 했습니다. 정조의 사랑을 듬뿍 받던 정약용은 쓸쓸히 유배 생활을 하던 중에 서울 생활에 대한 그리움과 함께 친구들과 인절미를 먹던 추억을 시로 읊었습니다.

...옛날 명례방에 있을 적에는 / 憶在明禮坊

다정한 벗 날마다 서로 만나고 / 親交日相對

언제나 활짝 갠 좋은 날이면 / 每遇晴好天

편지 쓰고 하인을 시켜 / 折簡走傔价

시내 남쪽의 한가 이가 초대하고 / 溪南速韓李

시내 서쪽의 윤가 채가도 불러냈지 / 溪西要尹蔡

...아내 홍씨는 사리에 꽤 밝아 / 妻洪頗曉事

모든 준비를 내색 없이 잘해주었지 / 辦具常不懈

옥같이 깨끗한 인절미와 밥이며 / 璀璨羅餈餌

정갈한 전골 잘게 저민 회 등등 / 精細推膾

...시도 읊고 얘기도 나누고 했었더니 / 苦吟間清話

하루아침에 시골로 떨어지자 / 流落在一朝

내 신세가 제일로 곤궁하네 / 而余最窮隘...

이괄의 난,
그리고 백성을 버린 임금의 배를 채워준 떡

그런데 이름이 인절미로 불리는 데에 흥미로운 이야기가 전해집니다. 그 이야기는 인조반정부터 시작됩니다. 1623년 3월 13일, 서인들이 광해군을 몰아내기 위해 인조반정을 일으켰습니다. 이귀, 김류, 이괄, 김자점 등의 서인들이 세검정에서 칼을 씻으며 결의를 다진 후 창의문을 넘어 일제히 창덕궁으로 몰려들었습니다. 이들은 선조의 다섯 번째 아들인 정원군의 장남 능양군을 왕으로 추대했습니다. 사실 1615년에 서인들이 정원군의 둘째 아들인 능창군을 왕으로 추대하려는 사건을 일으키는 통에 주동자 신경희 등은 죽음을 당하고 능창군 역시 강화도 교동에 유배를 가게 된 사건이 있었습니다. 그때 사람들이 몰려와 능창군이 있는 방에 섶을 쌓고 불을 지르자 그는 부모님께 드리는 유서 한 통을 쓴 후 목을 매달아 삶을 마쳤지요. 이 소식을 들은 정원군은 울화병으로 시름시름 앓다가 숨을 거두었는데, 능양군은 아버지의 장례식 때 대성통곡을 하며 가족의 원수를 갚겠다고 다짐을 했다고 합니다. 실록에는 능양군이 스스로 의병을 일으켜 거사했다는 기록이 있는데, 인조반정의 배경에는 이러한 능양군의 사적 감정이 작용하고 있었을 것으로 추정됩니다.

다시 인조반정으로 돌아와, 반정군은 횃불을 들고 광해군을 찾기 위해 창덕궁을 뒤지기 시작하는데 이때 불씨가 튀면서 창덕궁 전각의 일부가 불타고 광해군은 황급히 내시의 등에 업혀 도망가다가 붙잡혔습니다. 그러자 능양군은 반정공신인 이귀 등을 서궁(덕수궁)에 보내어 광해군에 의해 서인으로 내쫓긴 후 서궁에 유폐된 인목대비를 모셔오게 했습니다. 하지만 인목대비는 유폐된 10년 동안 그 누구도 찾아오지 않다가 이제 와서 아무리 반정군이라도 승지와 사관(史官) 없이 오는 자들의 말은 들을 수 없다고 서슬 퍼렇게 거절했습니다. 그런데 반정군이 내건 명분의 첫 번째가 바로 광해군이 저지른 '폐모살제(廢母殺弟, 어머니를 폐위시키고 동생을 죽임)'이고, 당시 왕실의 가장 웃어른은 인목대비였기 때문에 인목대비가 국새를 넘겨주지 않으면 능양군은 반정의 명분을 잃게 되는 상황이었습니다. 때문에 거듭 창덕궁으로 갈 것을 요청해도 인목대비가 요지부동이자, 능양군이 급히 달려와 통곡을 하며 인목대비의 마음을 달래

주고 대통을 잇게 해 줄 것을 간청했습니다. 인목대비는 유폐 당한 10년
의 참혹한 세월을 이렇게 소회했습니다.

"(광해군과)한 하늘 아래 같이 살 수 없는 원수이다. 참아 온 지 이
미 오랜 터라 내가 친히 그들의 목을 잘라 망령(亡靈)에게 제사하고
싶다. 10여 년 동안 유폐되어 살면서 지금까지 죽지 않은 것은 오직
오늘날을 기다린 것이다. 쾌히 원수를 갚고 싶다."
- 인조 1권, 1년(1623 계해) 3월 13일(계묘) 1번째 기사

이런 과정을 거쳐 왕위에 오른 사람이 바로 조선 제16대 임금 인조입
니다. 인조는 인목대비의 뜻에 따라 조선 임금 최초로 경복궁이나 창덕
궁이 아닌 서궁, 지금의 덕수궁 즉조당에서 왕위에 오르는 이변을 연출
했습니다.

인조반정이 일어난 바로 다음 해인 1624년, 인조반정 공신이었던 이
괄이 반란을 일으켰습니다. 이괄은 충직한 무신이면서 글을 잘 쓰고 지
략에도 뛰어나 광해군의 신임을 받고 함경도 병마절도사에 임명된 당대
의 걸출한 인물이었습니다. 인조반정 당시 총대장을 맡기로 했던 김류
가 반정 소식을 광해군이 알게 되었다는 말에 겁이 나서 주춤거리는 동
안에 600~700명에 이르는 반정군을 이끌고 총지휘를 했던 사람이기도
합니다. 그런데도 인조반정 이후 반정 공신의 공훈을 정할 때에 김류, 이
귀는 1등 공신이 되었으나, 이괄은 2등 공신에 머물렀습니다. 이괄은 참
여한 만큼의 대우를 받지 못하자 마음속에 불만을 품기 시작했지요. 이
후 이괄은 포도대장을 거쳐 도원수 장만 아래 부원수이자 평안도 병마절

도사에 임명되었습니다. 워낙 철두철미하며 책임감이 강했던 이괄은 평안도에서 억울한 마음을 삭히며 외적에 대비해 철저한 군사 훈련을 시키며 바쁜 나날을 보내고 있었습니다. 그런데 뜻하지 않은 일이 일어났습니다. 1624년 1월, 이괄이 아들 이전, 한명련, 정충신, 기자헌, 현집, 이시언과 함께 변란을 꾀하고 있다는 무고가 들어온 것입니다. 조정 대신들은 당장 이괄을 잡아들여 엄중하게 조사를 해야 한다고 했지만, 일단 인조는 이전을 잡아들여 심문을 벌었고 그 결과 무고로 밝혀져 이괄에 대한 의심은 어느 정도 풀렸습니다. 이어서 이괄을 한양으로 오게 하여 조사된 사실을 확인하기로 하고, 이괄이 있는 영변에 의금부도사 등을 내려 보냈습니다. 그렇지 않아도 가슴속에 울분이 가득하던 이괄은 이들을 보자 분노가 폭발하고 말았습니다.

결국 1624년(인조 2년) 1월 22일, 이괄은 한양에서 내려온 의금부의 금부도사와 선전관을 모조리 죽인 후 반란을 일으켰습니다. 이괄의 병력은 1만 2천 명의 군사와 임진왜란 당시 항복을 한 항왜병 100명으로 구성되어 있었습니다. 이 병력을 이끌고 한양으로 진격해 내려갔는데 가히 파죽지세였습니다. 이괄의 반군이 한양 코앞까지 도착했다는 소식을 접한 인조는 선조가 임진왜란 때 백성을 두고 한양을 떠나버렸듯이 황급히 한양을 버리고 공주로 몽진을 갑니다. 그 덕분에 이괄이 한양에 입성했을 때는 인조가 빠져 나간 다음이라 그야말로 무혈입성이었습니다. 이괄은 임진왜란으로 잿더미가 된 경복궁터에 주둔한 후 선조의 열 번째 왕자인 홍안군 이제를 국왕으로 등극시키고, 민심을 안정시키기 위해 여기 저기 방을 붙이며 반란의 혼란함을 수습하는데 힘을 기울였습니다. 이것이 조선 역사상 최초로 반란군이 수도인 한양 도성을 점령했던 이괄의 난입니다.

한편 인조는 한양을 떠나 공주에 머무르면서 이제나저제나 반란군이

진압되기를 기다리고 있었
습니다. 인조는 때때로 공주
에서 가장 높은 산성인 공산
성에 올라 북쪽을 바라보며
다시 한양으로 돌아갈 날을
손꼽아 기다렸습니다. 공산
성을 내려올 때쯤이면 시장
기가 가득했지만 변변한 음

쌍수정 측면 공주 공산성에 있는 정자로, 인조가 피
난해 와서 머문 것을 기념해 세운 것이다.
출처: 문화재청

식도 없어 수라상엔 먹을 만한 것이 없었습니다. 이때 공주에 사는 한 부
자가 광주리에 무언가를 가득 담아와 인조에게 바쳤습니다. 광주리를 덮
은 보자기를 들추자 방금 만든 것 같은 말랑말랑하고 부드러운 떡이 콩
고물에 무쳐 있었지요. 인조가 떡 하나를 집어 먹어 보니 그렇게 맛있을
수가 없었습니다. 인조는 그 맛에 감탄해 신하들에게 떡의 이름을 물었
지만 어느 누구도 떡 이름을 알지 못했습니다. 다만 임씨 부자가 가져왔
다는 것만 알렸지요. 이 말을 들은 인조는 수염을 쓰다듬으며 생각하다
가 이 떡에 이름을 붙여 주었습니다. 가장 맛있는 떡이라는 뜻의 '절미(絶
味)'에 임씨 집에서 가져왔다하여 '임절미(任絶味)'라고 부르게 한 것입니
다. 처음에는 임절미로 불리던 떡이 세월이 흘러가면서 ㅁ받침의 발음이
ㄴ받침의 발음으로 바뀌어 '인절미'로 부르게 된 것이라고 합니다. 공산
성을 다녀오던 인조의 시장기를 채워 주던 인절미는 먹기도 간편하고 맛
도 좋아 예나 지금이나 식사 대용으로 인기있는 떡입니다.

한편 이괄은 관군의 역습을 받아 대패를 당하고는 창경궁까지 후퇴하
면서 전투를 계속했고, 이 과정에서 대왕대비들의 거처와 안식처였던 창

경궁이 잿더미가 되었습니다. 이괄은 결국 밀릴대로 밀리며 시신들이 나가는 문인 수구문을 통해 한양을 빠져 나가 이천까지 후퇴했습니다. 그리고 이곳에서 그의 목을 노린 부하의 암습을 받아 목숨을 잃고 말았습니다. 일생동안 세 임금(광해군, 옹립한 흥안군, 인조)을 모셨던 파란만장한 삶이 종지부를 찍은 것입니다.

이렇게 이괄의 난은 끝났지만 그 와중에 『조선왕조실록』을 보관하던 춘추관의 사고가 타버렸고, 백성들은 난리만 나면 헌신짝처럼 백성을 버리는 군주에 대해 다시 한번 큰 실망감을 느꼈습니다. 게다가 이괄의 난에 합류했던 잔당들이 후금으로 도망가 조선으로 향하는 길 안내를 맡으면서 바야흐로 조선은 바람 앞에 등불 신세가 되었습니다. 이후 조선은 후금이 쳐들어온 정묘호란을 형제관계를 맺는 것으로 간신히 끝내고는 곧이어 병자호란이라는 큰 전쟁을 겪고 말았지요.

51세의 신랑과 19세의 신부의 혼인이 낳은 비극

1600년, 선조의 정비인 의인왕후 박씨는 임진왜란 과정에서 피난을 다니다가 병이 깊어져서 눈을 감았습니다. 일국의 왕비 자리를 비워 둘 수는 없기에 1602년, 선조는 왕위에 오른 지 35년 만에 계비를 맞아들이게 되었는데 당시 19살이었던 인목왕후 김 씨입니다. 선조의 나이는 51세로, 두 사람의 나이 차이는 32살이나 되었습니다. 의인 왕후와의 사이에서는 아이가 없었기 때문에, 과연 두 사람 사이에 적자가 태어날 지가 모든 사람들의 관심거리였습니다. 만약 인목왕후가 남자아이를 낳는다면 후궁 공빈 김 씨 소생으로 현재 세자로 책봉되어 있는 광해군은 세자 자리에 심각한 도전을 받게 될 것이기 때문입니다.

그런데 염려하던 일이 실제로 일어나고 말았습니다. 1606년, 인목왕후가 왕자인 영창대군을 낳은 것입니다. 그러나 선조가 승하했을때 영창대군은 고작 만 2세였기에 적자인 영창대군이 왕위를 계승하기에는 무리가 있었습니다. 선조가 눈을 감을 당시 광해군의 나이는 벌써 33세로, 충분히 국정을 책임질 수 있는 연령이었고 또 능력도 출중했습니다. 이 사실을 잘 알고 있던 선조는 숨을 거두기 전에 유서를 봉해 인목왕후에게 맡겼는데, 1608년 2월1일 선조가 승하하고 유서의 내용이 공개되었습니다.

"동궁은 형제 사랑하기를 내가 살아있을 때처럼 할 것이며, 어떤 모함하는 상소가 있어도 귀담아 듣지 말아라."

광해군은 흐느끼며 그 뜻을 잘 이행할 것을 인목왕후와 대신들 앞에서 맹세했습니다. 그러나 대북파의 정치적 권력욕에 휘말려 그 맹세는 지켜지지 않았고, 광해군이 폐 모살제(廢母殺弟)를 저지르면서 인조반정이 일어나게 된 것입니다.

주모, 저건 전복 껍데기 아니오?

눈도 밝으시네요.
제주도로 시집 간 딸아이가
친정 다니러 오며 가져왔습지요.

전복을 생으로 먹었소?

딸아이가 고급 요리라며
전복구이를 해주어
맛있게 먹었답니다.

전복구이라.
사실 전복구이 때문에
사람이 억울하게 죽은 일이 있었소.

참말입니까요?
맛이 기가 막힌 전복 때문에
사람이 죽다니요.

주모가 아니 믿는 얼굴이니
내 전복구이가 가져온
비극을 이야기해 보리다.

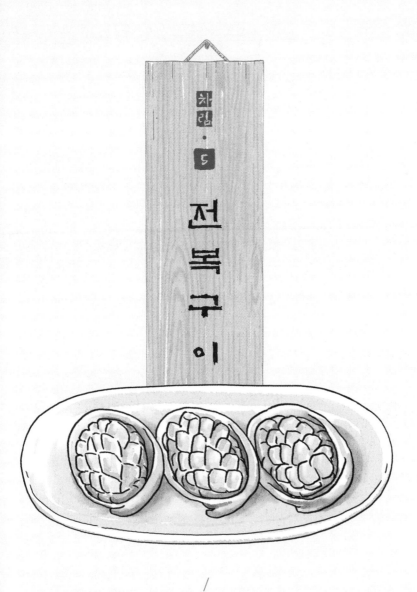

차림 · 5

전복구이

/

과연 누가 인조의 전복구이에

독을 넣었을까

/

임금의 수라상에 올라갔던 귀한 음식,
전복구이

전복은 예로부터 매우 귀하게 여겨 온 조개입니다. 전복의 화려한 무지개 빛깔 껍질이 귀한 물건임을 나타낼 뿐 아니라, 때때로 전복을 먹다가 진주를 발견하기도 했기 때문입니다. 깊은 바다에서 해녀가 자맥질을 해서 잡아 올리는 자연산 전복은 높은 신분의 밥상에만 올라가는 것이었습니다. 중국의 춘추전국 시대를 최초로 통일했던 진시황이 불로장생을 꿈꾸며 즐겨 먹었다고 전해지는 것 역시 전복입니다. 이처럼 전복이 워낙 귀하다 보니 일반 민가에서는 여러 사람이 함께 전복 맛을 보기 위해 전복죽을 끓여 먹기도 했습니다. 그러나 궁궐요리로는 보다 더 품격 있는 음식을 해 먹었는데, 그것이 바로 전복구이입니다. 전복구이를 만드는 방법은 어렵지 않지만 재료가 워낙 귀해 조선 시대에 임금의 수라상에 올라가는 대표적인 음식으로 여겨졌지요. 전복구이를 만들기 위해서는 먼저 전복을 껍데기에서 발라낸 후 전복의 결을 따라 예쁘게 썬 다음 껍데기에 다시 넣습니다. 썰어낸 사이 사이에 갖은 양념이 잘 들어가도록 한 후 석쇠에 구워냅니다. 이때 전복 껍데기의 구멍은 밀가루 반죽 등을 이용해 막아 줍니다.

그런데 임금의 수라상에 올린 전복구이에 독을 넣었다고 반역죄로 죽음을 당한 여성이 있었습니다. 그녀는 인조의 큰며느리이자 소현세자의 빈인 민회빈 강씨입니다. 민회빈 강씨(1611~1646)는 반역죄로 몰려 모든 직함이 몰수됐기 때문에 한동안은 '폐출된 강씨', 혹은 '역강(역적 강씨)'으로만 불렸습니다. 그러다가 숙종 때에 이르러 비로소 '민회빈 강씨(愍懷嬪

姜氏)'로 복위되었습니다. 복위된 이름의 뜻을 풀어 보면 '불쌍히 여기는 마음을 품게 하는 빈'이라는 의미로, 그녀의 죽음이 억울하고 가여워서 백성들이 슬픈 마음을 품게 되었다는 뜻으로 이렇게 지은 것입니다. 민회빈 강씨의 삶이 도대체 어떠했기에 그녀의 죽음이 억울하다는 것일까요? 지금부터 그녀의 삶을 따라가 보도록 하겠습니다.

지혜롭게 인질 생활을 꾸려나간 세자빈과
그에 위협을 느낀 인조

민회빈 강씨는 인조 당시 우의정이었던 강석기의 둘째 딸로 태어나 16세에 소현세자의 빈이 되었습니다. 그녀가 소현세자와 혼례를 올렸던 1627년은 후금이 조선에게 형제관계를 요구하며 침공을 해 온 정묘호란이 일어났던 해입니다. 후금의 침입을 막을 수 없었던 조선은 후금을 형으로 모시는 비참한 처지가 되었지요. 이러한 때에 왕실에 새 식구가 들어오니 모처럼 웃음꽃이 피었습니다. 세자빈 강씨는 당시 여성으로서는 드물게 소학을 공부하여 영특했고, 소현세자 역시 잘 보필했습니다. 혼인한 지 2년이 되던 해인 1629년에 처음 군주를 낳은 이래로 3남 5녀를 낳아 왕손이 귀한 조선 왕실에 기쁨을 주기도 했습니다.

그러나 원손인 이회를 낳은 해인 1636년 12월에 청이 군신관계를 요구하며 12만 명의 군사를 일으켜 대대적인 침공을 해 오자, 세자빈 강씨는 시동생들인 봉림대군, 임해대군 및 왕실 가족과 함께 낳은 지 몇 달 되

지도 않은 원손을 안고 강화도로 피신을 갔다가 청에 붙들린 몸이 되었습니다. 그러는 동안에 인조는 소현세자와 함께 남한산성에 들어갔다가 군량미가 떨어져 45일 만에 밖으로 나와, 청나라 태종 홍타이지에게 삼전도에서 삼배구고두례를 행하는 치욕을 당한 끝에 청과 굴욕적인 항복 조약을 맺고 말았습니다. 결국 1637년 2월, 세자빈 강씨는 청과 맺은 정축화약의 항복 조약에 따라 소현세자와 함께 인질이 되어 청의 수도인 심양으로 끌려가는 신세가 되었습니다. 소현세자와 세자빈 강씨의 뒤를 이어 조선 제2자에 해당하는 봉림대군과 삼공육경(삼정승 육판서)의 자제들, 그리고 주전론을 주장했던 김상헌, 윤집, 오달제, 홍익한과 백성 20여만 명이 먼먼 타국으로 끌려가게 됩니다. 이로부터 장장 8년을 타국에서 인질로 지내는 생활이 시작되었습니다. 소현세자와 세자빈 강씨 등의 생활상은 세자 시강원 신하들이 본국으로 보고한『심양장계』등을 통해 상세하게 알 수 있습니다. 세자 일행은 심양으로 길을 가던 중 뜻하지 않은 일로 압록강을 건너게 되었습니다. 그러자 청이 고집하기를, 청의 여성들은 가마를 타지 않고 말을 탄다고 하며 세자빈에게 말을 타고 심양관까지 올 것을 요구했습니다. 모두가 걱정했지만 세자빈 강씨는 조금도 흐트러지지 않은 자세로 말에 올라타 조선의 빈궁으로서의 자존심을 오랑캐들에게 당당히 보여주었습니다. 대부분의 조선 아녀자들이 그렇듯이 세자빈 강씨는 한 번도 말을 타 본 적이 없었는데도 말입니다. 그렇게 마침내 심양관에 들어서니 아직 완공되지 않은 건물 두 채만 덩그러니 있었습니다. 이곳의 척박한 기후에 시시 때때로 세자가 병이 나서 세자빈은 물론 시종들의 마음을 불안하게 했습니다. 그러나 세자는 영민하고 지혜로웠으며 용기와 기백이 있어 청나라 황제나 고관들의 비위를 그런 대로 맞춰 주었습니다. 그들의 눈 밖에 나면 조선에 큰 위기가 닥칠 것을 알기에, 소현세자는 청과 조선의 원만한 관계를 유지시키기 위해 온몸으로 노력하며 아슬아슬한 줄타기를 현명하게 해내었습니다. 그는 너무나 많은 것을 요구하는 용골대를 비롯한 청나라 장군과 관리들을 달래기도 하고, 기백 있게 호령도 하면서 인질 생활을 이어나갔습니다.

한편 패전국의 영사관 역할을 해야 하는 심양관소 앞에는 해결할 일들이 산적해 있었습니다. 병자호란 당시 끝까지 항전을 하자고 주장하다가 주전파로 붙잡혀 온 김상헌을 비롯한 3학사를 처형의 위험에서 구해야 하는 문제가 있었고(결국 삼학사는 심한 고문을 받으면서 끝까지 청의 회유를 거부하다가 처형되었습니다), 청에서 도망친 사람들에게 가해진 월형(발뒤꿈치 자르기) 등의 상처를 치료해 주는가 하면, 인질 생활에서 풀려나기 위해 내야하는 엄청난 양의 속환과 전쟁에 패배한 대가로 바쳐야 하는 물품이 조선에서 도착하지 않을 때는 어떻게든 마련하여 납부해야 했습니다. 당시 조선의 경제 사정은 극도로 나빴기 때문에 청이 요구하는 배상금과 각종 물품을 시간 내에 내기가 어려운 실정이었습니다. 청의 요구는 상상을 초월했는데, 예를 들어 홍시 3만 개 또는 배 6천 개를 요구하는 식이었지요. 이때 두 팔 걷어 부치고 나선 사람이 바로 세자빈 강씨입니다. 그녀는 조선의 발전된 농업 방법을 만주의 심양관 근처 둔전에 적용하여 수확물을 거둘 계획을 세웠습니다. 농사지을 노동력을 위해 세자를 설득하여 심양관의 자금을 있는 대로 모아 엄청난 속환금이 요구된 조선인 인질들의 몸값을 치루고 그들을 둔전 경작에 투입했습니다. 그 결과는 무척 놀라웠습니다. 수 천 석에 이르는 수확물을 얻게 되어 항상 식량이 부족했던 심양관소의 자금자족이 가능해졌을 뿐만 아니라, 멀리 몽골 지역에서 소를 사와서 비싸게 팔기도 하고 청나라 사람들이 먹고 싶어 하는 조선의 과일을 판매하는 등 심양관소에 활기가 넘치게 되었습니다. 그 중 인조 21년 12월 14일에 『심양장계』에서 조선 조정에 올린 보고에 의하면 6곳의 둔전에서 밭 9백 39일반갈이, 씨 뿌린 것 2백 33섬 4말 7되, 생산된 곡식 5천 24섬 2말 9되, 목화 6백 20근을 거둬들였다고 되어 있습니다. 처음 세자 내외가 심양관소에 도착했을 당시의 상황과는 완전히 다른 눈물겨운 결과였습니다. 먹을 것이 부족하던 곳에서 세자빈의 슬기로운 경제 대책으로 5천 섬이 넘는 곡식을 생산하게 된 것입니다. 그런데 인조는 이것을 못마땅하게 여겼습니다.

> ...전일 세자가 심양에 있을 때 집을 지어 붉은 흙을 발라서 단장하고, 또 포로로 잡혀간 조선 사람들을 모집하여 둔전을 경작해서 곡식을 쌓아 두고는 그것으로 진기한 물품과 무역을 하느라 관소의 문이 마치 시장 같았으므로, 상이 그 사실을 듣고 불평스럽게 여겼다.
>
> - 인조 23년 6월 27일 무인 첫 번째 기사 1645년

인조는 풍족한 물품을 보내 주지 못하면서도 그러한 경제적 행위를 통해 세자와 청이 가까워질까 봐 불편한 마음을 가졌습니다. 게다가 청나라 태종이 조선을 다니러 가는 세자에게 친히 송별연을 베풀어주며 좋은 말과 함께 국왕이 입는 '대홍망룡의(大紅蟒龍衣)'를 입게 했더니 세자가 국

왕이 입는 옷이라며 간곡히 거절했다는 소식이 전해지자 인조의 불안감은 더 커졌습니다. 그리고 그 마음은 점차 세자를 경제적 위기에서 구해내고 능란한 외교 전문가가 될 수 있도록 격려를 아끼지 않았던 며느리 세자빈 강씨에 대한 미움으로 발전해 갔습니다. 인조의 세자빈에 대한 미움은 날이 갈수록 커져 결국 인륜상으로 도저히 있을 수 없는 일을 하게 만들었는데, 도대체 어떤 일일까요?

1643년, 세자빈 강씨의 부친인 영중추부사 강석기가 눈을 감았습니다. 그러나 세자빈은 심양관소에 있어 장례에 참여할 수가 없었습니다. 조선은 계속 청에 세자빈의 일시 귀국을 허락해 달라고 요청했고, 마침내 청은 문상을 하러 가는 세자 내외 대신에 인평대군의 부인과 원손 및 제손(세자빈 둘째 아들)이 인질로 오면 세자 내외의 귀국을 허락하기로 했습니다. 세자빈은 자신 때문에 국왕에 오를지도 모르는, 또 고작 6살인 왕자가 더 어린 동생과 함께 인질 생활을 하게 되자 안타까운 마음에 왈칵 눈물을 쏟았습니다. 1637년에 인질로 떠난 이후 몇 해 동안 보지 못했던 아들들을 인질 임무를 교대하기 위한 길에서야 비로소 만날 수 있었지요. 그토록 보고 싶었던 아들들을 만났지만 다시 헤어져야 하기에 세자빈은 두 아들을 붙잡고 하염없이 울며 밤을 지샜습니다. 다음날 아침, 엄동설한의 날씨에 다시 어린 두 아들을 떼어놓고 조선으로 향하는 세자빈의 마음은 오직 하나, 돌아가신 부친의 마지막을 예를 다해 잘 보내드리겠다는 생각뿐이었습니다. 그런데 인조는 어렵게 조선에 온 세자빈 강씨가 친가에 가서 문상하는 것을 허락하지 않았습니다. 영의정 심열이 나서서 간곡히 청을 해도 받아들이지 않았지요. 결국 조선에 머물 수 있는 날짜가 다할 때까지 인조의 굳게 닫힌 마음은 열리지 않았고, 세자빈 강씨는 기가 막히게도 지척에 부친의 묘소와 병석에 누워있는 어머니가 계신 친정을 두고도 가보지 못한 채 청으로 돌아가야만 했습니다. 이때부터 인조와 세자빈 강씨는 돌이킬 수 없는 길을 걸어가게 되었습니다. 심지어 인조는 심양관소로 돌아가는 세자 옆에 자신이 신임하는 환관 김언겸을 따라가게 해서 세자 부처의 일거수일투족을 보고하도록 했습니다. 김언겸의 보고를 통해 인조는 세자빈이 청과 가깝게 지내면서 세자를 왕으로 만들기 위해 노력하며, 왕비가 입는 홍금 적의를 만들어 놓고 칭호도 중전을 말하는 '내전'이라고 부르게 했다는 말을 듣고 세자빈에 대한 분노가 하늘을 찌를 듯이 높아졌습니다. 그러나 사실은 여자들이 흔히 입고 싶어 하는 마음에 적의를 만들어 본 것이었고, 시종들이 자기네들끼리 세자를 동전, 세자빈을 빈전으로 부른 것이었습니다.

정말 세자빈이 인조의 전복구이에 독을 넣었을까

그러던 중, 누군가에게는 기쁜 소식이자 누군가에게는 불안한 소식이었을 일이 일어났습니다. 1644년, 명이 이자성의 난을 계기로 멸망의 길에 들어서고 청 태종 홍타이지가 명실상부한 중국 대륙의 주인공이 되자, 드디어 소현세자와 세자빈 일행은 8년여의 긴 인질 생활에서 완전히 풀려나 1645년에 귀국하게 되었습니다. 귀국 전에 북경을 방문한 소현세자는 선교사 아담 샬(Adam Schall)을 만나 대담을 나누면서 그에게서 천리경, 자명종 등 진기한 서양 물건들과 천주서적을 선물 받았습니다. 또 아담 샬의 배려로 천주교 신자인 환관과 궁녀들도 데리고 들어오게 되었습니다. 세자빈도 당시 조선에서 아주 귀하게 여겼던 명품 중국 비단을 비롯한 진기한 중국 물건들을 가득 구매하여 가지고 들어왔습니다. 이러한 일들은 모두 낱낱이 인조에게 보고되었습니다. 인조는 삼전도의 굴욕을 주었던 청과 가깝게 지내려는 세자와 그런 세자를 왕으로 만들려는 세자빈이 너무나

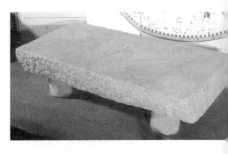

신법 지평일구(新法 地平日晷) 인조 14년(1636) 시헌력법에 의해 이천경이 만든 해시계로, 만들어진 표준 위도가 중국 북경의 위도와 같다는 점에서 1645년 소현세자가 청나라에서 돌아올 때 그 일행이 가져온 것으로 보인다.   출처: 문화재청

미울 수밖에 없었지요. 더구나 세자가 한양에 들어오자 거리마다 세자를 환영하는 인파가 인산인해를 이루는 것을 본 인조의 마음은 더욱 불안해졌습니다. 그러자 인조는 질투에 불타올라 소현세자에게 예를 갖추어 하례 인사를 하려는 신하들까지 못하게 막아 버렸습니다.

　이러한 가운데 귀국한 지 두 달만인 1645년 4월 26일, 소현세자는 갑자기 병석에서 일어나지 못하고 숨을 거두었습니다. 세자는 죽기 6일 전부터 오한과 고열에 시달렸고, 숨을 거둔 당일엔 오한에 특효약이라는 소시호탕을 올린 후에도 차도가 없자 침을 맞았는데 그대로 숨을 거두었습니다. 침을 맞을 당시 인조는 침을 놓는 침의 2명을 제외하고 모든 어의를 세자궁에서 나가서 대기하도록 했습니다. 과연 어떤 침을 놓은 것일까요? 이와 관련하여 실록에는 소름이 끼치는 내용이 기록되어 있습니다.

세자는 본국에 돌아온 지 얼마 안 되어 병을 얻었고 병이 난 지 수
일 만에 죽었는데, 온 몸이 전부 검은 빛이었고 이목구비의 일곱 구
멍에서는 모두 선혈(鮮血)이 흘러나오므로, 검은 멱목(幎目)으로 그
얼굴 반쪽만 덮어 놓았으나, 곁에 있는 사람도 그 얼굴 빛을 분변할
수 없어서 마치 약물에 중독되어 죽은 사람과 같았다.

- 인조 23년 6월 27일 무인 1번째기사 1645년

더구나 침을 놓은 침의 이형익에 대해 사헌부와 사간원이 나서서 벌을
주어야 한다고 강력히 주장했는데 인조는 이를 묵살했습니다. 어린 아
이들과 함께 홀로 남겨진 세자빈은 원인 모를 소현세자의 죽음에 가슴을
치며 울고 또 울었습니다. 하지만 원손이 있었기에 소현세자의 못다 이
룬 꿈이 이루어질 수 있으리라 생각했지요. 그런데 이러한 소망은 하루
아침에 무너졌습니다. 인조가 원손 대신에 둘째 왕자 효령대군을 새로운
세자에 앉혔기 때문입니다. 거의 모든 대신들이 전례에 없는 일이라며
명을 거두어 달라고 주청을 올렸지만 인조의 마음을 바꿀 수는 없었습니
다. 이러한 가운데 소현세자의 장지와 장례일이 원손에게 좋지 않다고
불평을 한 세자빈의 오빠 강문명을 비롯한 소현세자의 처남들이 연이어
서 고문을 당하고 죽음에 이르거나 유배를 가게 되었습니다. 이에 세자
빈은 인조가 머무르는 대전 옆에 와서 크게 울부짖으며 불만을 터트리다
가 결국에는 아침저녁으로 행하던 문안을 일체 중단했습니다. 그럴수록
세자빈과 사이가 좋지 않았던 숙원 조소용은 세자빈이 연일 저주를 했다
는 등의 거짓 제보를 해 세자빈의 궁녀는 물론 원손을 보살피는 궁녀까
지 붙잡혀와 끔찍한 고문을 당해야 했지요. 세자빈이 시킨 일이라는 것
을 실토하라고 했지만 궁녀들은 거짓으로 자백하는 것을 거부하다가 죽

음에 이르기도 하자 세자빈은 거의 미칠 지경이었습니다. 그런데도 인조의 세자빈에 대한 적개심은 멈출 줄 몰랐습니다.

그러다가 결국 세자빈 강씨를 죽음으로 몰고 간 결정적인 사건이 일어났습니다. 인조 24년 1646년 1월 3일, 인조의 수라상에 올린 전복구이에서 독이 발견된 것입니다. 인조는 세자빈을 모시는 5명의 빈궁 나인과 어주(임금의 수라를 만드는 주방) 나인 3명을 잡아들여 세자빈이 시킨 것이 분명하다며 사실을 말하라고 모진 고문을 했습니다. 하지만 어느 누구도 극심한 고문을 당하면서도 결코 거짓 자백을 하지 않았습니다. 그럼에도 인조는 후원의 별당에 세자빈 강씨를 가둔 후 별당 문에 구멍을 뚫어 음식과 물을 넣어 주게 하는 비인간적인 처사를 단행했습니다. 세자가 된 봉림대군이 그 처사에 대해 강력히 주장하자 그제서야 비로소 시녀 한 명을 들여보내 시중을 들게 했습니다. 사실 이 모든 것은 소원 조소용의 참소에 의한 것이었으며, 인조가 세자빈과 말을 나누는 사람은 벌을 주겠다고 한 이래로 인조가 머무르는 대전과 세자빈 강씨가 머무르고 있는 빈궁전 사이에 전혀 왕래가 없어 전복구이에 독을 넣는 일은 거의 불가능했는데도 세자빈 강씨를 유폐시켰다고 실록은 기록하고 있습니다. 인조는 이 일을 구실 삼아 결국엔 세자빈에게 사약을 내리고 맙니다. 인조의 잔인함은 여기서 그치지 않았습니다. 자신의 피를 이어받은, 더구나 부모를 모두 잃은 소현 세자의 어린 세 아들인 이석철, 이석린, 이석견을 제주에 유배시켰습니다. 이때 석철은 12세, 석린은 8세, 석견은 4세에 불과했습니다. 제주도에 유배가 있던 사대부들이 혹시라도 아이들을 돌보아 주며 모반을 꾸밀까봐 제각기 다른 섬으로 보내기까지 했지요. 인조는 부모를 잃은 아이들 중 석철을 데려다가 청에서 키우겠다는 용골대의 제안에 혹시라도 왕 자리를 손자에게 빼앗길까봐 무척 두려워했습니다.

이 때문에 아이들을 제주로 유배시킨 것입니다.

　제주로 유배 간 지 고작 1년 만인 1648년, 석철은 병이 들어 죽고 말았습니다. 그리고 이어서 석린도 병이 들어 세상을 떠났고, 홀로 남은 석견은 인조가 죽고 효종 때가 되어서야 유배에서 풀려날 수 있었습니다. 석철이 죽었을 때 인조는 슬픈 척 하면서 그의 관을 소현세자 묘 옆에 장사지내게 했습니다. 그러자 실록의 사관들은 이에 대해 다음과 같은 사론을 덧붙여 놓았습니다.

> 사신은 논한다. 석철이 역강(逆姜, 역적 강씨)의 아들이기는 하지만
> 성상의 손자가 아니었단 말인가? 할아버지와 손자 사이의 지친으로
> 서 아무것도 모르는 어린 아이를 장독(瘴毒)이 있는 제주도로 귀양
> 보내어 결국은 죽게 하였으니, 그 유골을 아버지의 묘 곁에다 장사
> 지낸들 또한 무슨 도움이 있겠는가. 슬플 뿐이다.
>
> ― 인조 26년 9월 18일 기묘 1번째 기사 1648년

　정말 억울하게 죽음에 이르렀던 세자빈 강씨는 그로부터 무려 72년 만인 1718년에 숙종이 2품 이상의 대신들을 모아 의논하게 한 결과, 전원이 세자빈 강씨가 억울하게 죽었다고 판정하여 위호가 회복되었습니다. 그리고 앞에서 언급했듯이 백성들이 세자빈 강씨의 억울한 죽음을 불쌍하게 생각한다 하여 '민회빈(愍懷嬪)'이라는 시호를 갖게 되었습니다.

인조가 병자호란 당시 청에게 당한 수모

　인조와 진보주의자였던 소현세자 사이에 일어난 불화의 밑바탕에는 인조가 청에게 당했던 삼전도 굴욕의 수모와 모멸감이 깔려있었습니다. 병자호란 당시 남한산성에서는 병사들이 굶주리고 인조도 죽 한 그릇으로 하루를 버티는 항전이 계속되고 있었습니다. 그러던 중에 1월 22일(양력 2월 16일)에 강화도가 함락되어 왕실 가족들이 청나라의 포로가 되었다는 소식을 들은 인조는 주화론자인 최명길을 앞세워 청에 항복을 하게 되었습니다. 그러자 청은 처음엔 인조에게 '반합'을 요구했는데, '반합'이란 항복한 임금의 두 손을 밧줄로 묶은 다음 죽은 사람처럼 구슬을 입에 물고 빈관을 짊어진 채로 항복의식을 행하는 것을 말합니다. 외교술에 능한 최명길이 애걸복걸한 끝에 조건이 조금 완화되었지만 여전히 수치는 이루 말할 수 없었습니다. 말을 타지 말고 걸어서 올 것이며, 임금이 입는 곤룡포를 입지 말고 하급 관리가 입는 청색 융복을 입고 올 것을 요구했기 때문입니다.

　1636년 1월 30일, 애달픈 통곡 소리가 남한산성에 가득한 가운데 인조는 먼 길을 걸어 신하가 입는 푸른 융복을 입고 삼전도에 들어섰습니다. 이윽고 삼배구고두례를 행하는데 청나라 사람이 크게 소리치면 고개를 깊숙이 숙이고 세 번 머리를 바닥에 부딪쳐 절하는 소리가 태종의 귀에 들려야 했습니다. 인조가 머리를 바닥에 쩧을 때마다 머리에선 피가 낭자하게 흘렀습니다. 항복하는 예식이 모두 끝났는데도 청은 인조를 밭 가운데 있게 한 채 가라는 말을 하지 않아 인조는 바늘방석에 앉아 있는 것 같은 처참한 마음이었습니다. 해가 뉘엿뉘엿 기울 때서야 돌아가는 것이 허용되었습니다. 이토록 비참했던 '삼전도의 굴욕' 이후로 인조의 가슴속에 청에 대한 수치심과 분노가 가득 자리하게 되었던 것입니다.

어서 오세요,
마침 좋아하실 만한 것을
담가 놓았답니다.

허허, 주모가 반겨 주니
오늘 여기 온 보람이 있소.
무얼 해 놓았다는 거요?

간장 게장입지요.
밥도둑이라는 간장 게장이
먹음직하게 준비되어
있습니다요.

간장 게장이라...
사실 난 간장 게장은
절대 먹지 않소.

예에?
아니 무슨 이유라도 있습니까요?
이 맛있는 걸.

있다마다.
내 이야기를 좀 들어 보시오.

차림 · 6

간장게장

/

간장 게장을 먹고 세상을 떠난 임금, 경종

/

맛있는 게를 오래도록 먹을 수 있는 비법,
간장 게장

간장 게장을 밥도둑이라고들 합니다. 일단 먹기 시작하면 다른 반찬 없이 간장 게장만으로 밥을 뚝딱 해치우게 되기 때문입니다. 간장 게장의 역사도 오래 되었습니다. 삼면이 바다로 둘러싸인 우리나라 서쪽 바다에서 풍성하게 잡혀 올라오던 것이 꽃게였고, 알이 가득 찬 싱싱한 꽃게를 오래 보관하기 위한 비법으로 간장 게장을 만들기 시작했습니다. 섬진강이나 금강 등의 강에서는 싱싱한 참게를 이용하여 간장 게장을 담그기도 했습니다. 냉장고가 없던 시절에 우리 조상들이 창안해 낸 발효 음식인 간장 게장은 가을에 잡아들인 게를 겨울까지 먹을 수 있는 슬기로운 요리 비법이었지요. 참게는 가을에 잡아들이지만, 서해의 꽃게가 가장 맛있는 달은 5월입니다. 5월이 되면 꽃게에 살이 통통히 오르고 알이 꽉 차 있어 게장을 담그기에 알맞습니다. 반면 강에서 잡아들이는 민물 게를 '뭍게'라고 하는데, 뭍게는 여름에 가장 많이 잡힙니다. 개울에 들어가 바위를 살며시 들추고 그 아래에 숨어 있는 게를 잡아 올립니다. 그러나 근래에는 강물이 오염되어 뭍게로 간장 게장을 담그는 곳은 많지 않습니다.

간장 게장을 담그는 방법은 어렵지 않습니다. 민간에서는 육수를 만들 때 간장에 마늘, 양파, 생강을 넣고 끓이는데 더 맛이 나게 하기 위해 표고버섯, 멸치 육수, 정종 등을 넣기도 합니다. 간장 육수를 알맞게 달이면 잘 식혔다가 항아리 등에 손질한 꽃게를 넣고 꽃게가 육수에 완전히 잠기도록 넣어 줍니다. 하루 정도가 지나면 간장 육수만을 따라서 다시 펄펄 끓여 달인 후, 식은 간장 육수를 다시 부어 줍니다. 이렇게 세 번 정도 반복하다보면 게가 숙성되기 시작하고 사나흘 뒤부터 꺼내 먹으면 됩니다.

조선 시대에 왕비를 가장 많이 배출한 집안 중 하나인 파평 윤씨 종가에서는 오래 전부터 종가의 음식으로 간장 게장을 담가왔습니다. 특히 논산 파평 윤씨 종가에서 논산의 금강 줄기에 속하는 노성천에서 잡아들인 참게로 담근 노성 참게 간장 게장은 임금께 올리는 진상품이었습니다. 임금께 올리는 진상품이니만큼 보통 민가의 간장 게장과는 차별화된 방법으로 만들어졌습니다. 놀랍게도 일반 사람들은 귀해서 쉽게 먹기 어려운 소고기를 잡식 어종인 게에게 먹여 간장 게장을 담갔을 때 육즙이 충분히 우러나오도록 만든 것입니다. 그 방법은 다음과 같습니다. 생고기를 다져서 먹인 참게를 손질해서 육수를 붓고 항아리에 하루 정도 재워둡니다. 마늘, 생강, 파 외에 밤과 참기름이 들어간 육수를 게의 입을 벌려 게딱지 안까지 골고루 들어가도록 넣어 줍니다. 게장은 주로 벼 베기가 한창인 가을에 담갔는데, 그 이유는 약 290여 년의 세월 동안 파평

논산명재고택 파평 윤씨 중시조인 명재 윤증(1629~1714)이 지은 집으로 현재 종부가 살고 있다. 출처: 문화재청

윤씨 댁에서 담가온 '교동전독간장'이 이때 가장 맛이 좋기 때문입니다. '교동전독간장'에서 '교동'은 노성 파평 윤씨 종가가 노성 향교 동쪽에 자리 잡고 있었기 때문에 붙여진 것이고, '전독'이란 종가에서 전(傳)하는 항아리인 독에 담그는 간장이라는 뜻입니다. 과정으로 다시 돌아가 육수를 붓고 2~3일이 지난 후, 간장 육수만 민간에서 하는 방법과 마찬가지로 따라내어 끓였다가 식힌 다음 다시 게에 부어 주는 일을 두세 번 반복합니다. 또 소고기를 게에게 먹이는 것 외에도 색다르게 게장을 담갔던 기록이 남아있습니다. 빙허각 이씨가 지은 『규합총서(閨閤叢書)』를 보면 게에게 닭의 생살을 2~3일 동안 넣어 주면 게가 닭즙을 먹어 유난히 장이 많고 그 맛이 아름답다고 하면서, 닭을 구하기 어려울 때는 두부를 넣어도 된다고도 나와있습니다.

숙종과 경종, 영조 그리고 노론과 소론의 분열

그런데 이 맛있는 간장 게장과 관련해 무서운 이야기들도 전해옵니다. 정조 10년 1786년 11월 11일의 『승정원일기』에는 나주의 유생 강철주의 처인 김씨가 죽은 남편을 따라 목숨을 끊기 위해 목을 매었으나 집안 사람들이 구출했고 장사 지내는 날에도 자결하려 했지만 실패했는데, 대상 날 결국 게장과 꿀과 복어알을 함께 먹은 뒤 시어머니에게 간청하여 남편이 세상을 떠난 방으로 옮겨가 숨을 거둔 사례를 싣고 있습니다. 이로 보아 간장 게장은 맛이 매우 좋지만 상극이 되는 음식과 함께 먹으면 목숨이 위태로울 수 있다는 것을 알 수 있지요. 게장을 조선 시대에는 '해장(蟹醬)'이라고 했는데, 조선 제20대 임금인 경종 역시 이 해장을 먹은 후 복통과 설사가 심해져 숨을 거두었습니다. 더욱이 그 게장을 바친 사람은 다름 아닌 왕위 계승자인 세제이자 경종의 배다른 동생인 연잉군이었습니다. 경종이 간장 게장을 먹은 후 닷새 만에 숨을 거두자 연잉군은 조선 제21대 임금에 올랐는데, 그가 바로 조선 역사상 가장 오랫동안 국왕의 자리에 있었던 영조입니다.

하지만 보통 왕위 계승자는 왕의 자식이 되는 것이 마땅했던 때에 연잉군은 어떻게 경종이 왕위에 오른 지 1년 밖에 되지 않았을 때 세제에 책봉될 수 있었을까요? 이를 이해하기 위해서는 남인과 서인의 암투, 그리고 서인 간의 붕당으로 서인이 다시 노론과 소론으로 분열되는 상황을 먼저 알아두어야 합니다. 경종과 연잉군의 아버지인 숙종은 재위 기간 동안 세 차례나 급작스럽게 정국을 교체했는데, 이것을 '환국(換局)'이라고 합니다. 첫 번째 환국을 '경신대출척(庚申大黜陟)'이라고 하는데, 1680년에 남인의 영수인 허적이 조부인 잠의 시호를 맞이하는 잔치를 열면서 왕의 허락도 받지 않고 왕실에서 사용하는 유악을 가져가 사용한 것을 계기로 일어났습니다. 유악은 '비를 막을 때 사용하는 기름칠한 천막'을 말합니다. 이날 비가 많이 내리자 숙종은 신하를 생각하는 마음으로 창고에 있는 유악을 허적의 집에 보내라는 명을 내렸습니다. 그런데 유악은 벌써 허적에 의해 반출되어 그의 집에 가 있었습니다. 허적을 건방지다고 생각한 숙종은 군권의 책임자를 기존의 남인 유혁연 대신에 서인 측의 사람인 김만기로 교체하고 총융사와 수어사까지 모두 서인 측 사람으로 바꿔 버렸습니다. 엎친 데 덮친 격으로 허적의 서자인 견이 인평대군의 세 아들인 복창군·복선군·복평군 등과 함께 역모를 꾀했다는 고변이 들어오면서, 허적을 비롯해 남인을 주도하던 세력이 모두 중앙 정계에서 쫓겨나 유배를 가거나 죽음을 당했습니다. 하지만 남인들은 10여년 동안 칼을 갈다가 궁녀 장옥정과 손잡고 반전의 상황을 만들어냅니다. 그것이 1689년에 일어난 '기사환국(己巳換局)'으로 그 내막은 다음과 같습니다.

숙종은 왕비를 모두 네 명이나 두었는데, 그 중 세 명이 그보다 먼저 눈을 감았습니다. 첫 번째 왕비인 인경왕후는 20살 때 천연두로 세상을 떠났고, 두 번째 왕비 인현왕후도 숙종의 사랑을 받지 못하고 서인으로 폐출되는 불운과 왕비로 복권되는 과정을 겪다가 병이 들어 눈을 감았습니다. 세 번째 왕비가 바로 '장희빈'으로 알려져 있는 장옥정입니다. 그녀역시 파란만장한 삶을 살다가 목숨을 잃었고, 마지막으로 맞아들인 왕비가 인원왕후입니다. 인경왕후가 세상을 떠난 사이 숙종의 허전한 마음을 달래주었던 여인이 장옥정이었습니다. 그러나 숙종의 어머니인 대비 김씨(현종의 왕비인 명성왕후 김씨)는 역관 출신으로 중인인 장옥정의 집안이 천하고 그녀의 성품도 좋지 않다며 궁에서 내쫓은 다음, 서인인 민유중의 딸 민씨를 숙종의 계비로 들였습니다. 계비가 된 인현왕후는 마음이 선하여 숙종이 장옥정을 그리워하는 마음을 알고 숙종을 설득하여 그녀를 다시 궁으로 불러들였습니다. 그런데 이것이 꺼진 불에 기름을 부은 격이 되었습니다. 숙종이 장옥정에게 빠져 인현왕후를 더욱 멀리하게 되었기 때문입니다. 이에 불안해진 서인과 인현왕후는 다시 서인 집안에서 후궁을 뽑아 장옥정에게 빼앗긴 숙종의 마음을 되돌리려 했지만 아무 소용이 없었습니다. 숙종의 장옥정에 대한 총애는 날이 갈수록 깊어져 1688년에 드디어 장옥정에게서 왕자가 태어났는데, 이 왕자가 훗날 조선의 제20대 왕이 될 경종입니다.

그동안 왕자가 태어나지 않아 노심초사하던 숙종은 너무나 기쁜 나머지 후궁이 낳은 아기를 바로 원자로 봉하려 했습니다. 그러자 노론들이 들고 일어나 상소가 빗발쳤습니다. 그동안 서인들은 송시열과 그의 제자 윤증을 사이에 두고 노론과 소론으로 갈라져 있었습니다. 노론의 반대에 화가 난 숙종은 송시열을 잡아 들여 치죄하라는 명령을 내렸지만, 서인들로 구성된 사헌부나 사간원 관헌들이 움직이려 하지 않았습니다. 진노한 숙종은 조정 대신들을 남인으로 바꿔 버리고도 분

송시열 초상 우암 송시열(1607~1689)은 조선 후기 주자학의 대가이자 노론의 영수였던 학자이다. 출처: 문화재청

이 풀리지 않아 유배지로 향하던 송시열을 죽여 버립니다. 반대하는 자들을 처단한 숙종은 원자를 낳은 장옥정을 소의에서 희빈으로 승격시켰고, 이때부터 장옥정은 그 유명한 '장희빈'으로 불리게 됩니다. 그리고 급기야 서인을 이끌고 있는 민유중의 딸인 인현왕후까지 내치기로 결심합니다. 4월 23일은 인현왕후의 생일이었는데, 보통 왕비의 생신에는 대신들이 줄줄이 서서 축하 인사를 드리는 것이 조선의 전통입니다. 그런데도 숙종은 인현왕후에게 축하 인사를 하는 것을 막았고, 서인과 남인들이 이를 어기자 인현왕후의 내관을 잡아다가 혹독한 고문을 행했습니다. 그러고는 왕자가 탄생한 것에 질투가 심하다는 구실로 인현왕후를 왕비에서 폐해 버렸습니다.

인현왕후가 쫓겨난 후 장희빈은 왕비 자리에 올랐지만, 왕비가 된 장옥정의 행복은 6년밖에 지속되지 못했습니다. 세월이 흐를수록 숙종은 후덕한 인현왕후를 내쫓은 걸 후회하기 시작했습니다. 아무리 보아도 왕비 장씨는 덕과 자비로움이 부족할 뿐만 아니라 질투도 심해 인현왕후의 품행과 너무나도 비교가 되었습니다. 그 사이 숙종은 무수리였던 최씨라는 궁녀에게 마음을 빼앗겼는데, 우연히 최씨가 인현왕후를 위해 샘물을 떠놓고 축성을 드리는 것을 보게 되면서부터였습니다. 이후 숙종은 궁녀 최씨의 처소를 자주 찾게 되었고, 그녀를 종4품에 해당하는 숙원에까지 봉하며 총애를 아끼지 않았습니다. 한편 남인들을 내몰고 정권을 되찾을 계획을 가지고 있던 서인들은 숙원 최씨를 통해 인현왕후를 복권시키기 위한 움직임을 보이기 시작했습니다. 남인들 또한 숙종의 심정 변화를 눈치 채고는 인현왕후의 복권을 추진 중인 서인들을 잡아다가 심한 고문을 했습니다. 이 사실이 알려지자 숙종은 오히려 남인들을 유배 보내고 다시 서인들을 등용하는 '갑술환국(甲戌換局)'을 단행했습니다. 그리고 그 동안 마음속으로 생각해왔던 일을 실행에 옮겼습니다. 친히 쓴 편지와 함께 아름다운 옷과 화려한 교자(가마)까지 보내며 인현왕후를 왕비로 복권시킨 것입니다.

하지만 인현왕후는 왕비로 복권되고 얼마 지나지 않아 이유를 알 수 없는 병에 걸려 건강이 악화되기 시작했습니다. 인현왕후는 시름시름 앓다가 1701년 8월 14일, 결국 세상을 떠나고 말았습니다. 그녀의 나이 35세였지요. 그런데 왕비가 세상을 떠나고 희빈 장씨의 처소에 들렀던 숙종은 그곳에서 가슴에 무수하게 활을 맞은 자국이 있는 인현왕후의 화상을 발견합니다. 사태를 짐작한 숙종은 그 길로 희빈 장씨의 궁녀들을 모두 잡아들여 국문을 행했습니다. 그 결과, 희빈 장씨의 오빠 장희재의 첩이 오례라는 무녀를 데려와 희빈 장씨의 처소에 신당을 차려 놓고 인현왕후를 저주하는 한편 희빈 장씨가 다시 중전이 될 것을 축원하는 일을 벌인 것이 밝혀지고 말았습니다. 무녀가 인현왕후의 화상에 활을 쏘는 저주를 했을 뿐만 아니라, 인현왕후 침소인 통명전 서쪽가와 연못가의 두 곳에 죽은 붕어·새·쥐 등을 두 줄로 묻어 두었다는 사실도 드러났습니다. 이외에도 그동안 행했던 희빈 장씨의 못된 일들이 만천하에 드러나자, 진노한 숙종은 1701년 10월 8일에 희빈 장씨에게 자진하라는 명을 내렸고 그로부터 이틀 후인 10월 10일에 희빈 장씨는 목숨을 끊었습니다. 세자가 어머니의 죽음을 슬퍼했지만 숙종은 세자에게서도 이미 마음이 떠나 있었습니다. 이를 간파한 노론은 연잉군을 왕위 계승자로 만들기 위해 비밀리에 군사 훈련까지 실시하는 등 노력했으나, 대리청정 수행명령을 받았던 세자가 수년 간 큰 결격 사유 없이 임무를 수행해 내어 숙종 사후에 무사히 왕위에 오르게 되었습니다. 그러나 노론들은 집요하여 왕이 된 지 1년 밖에 안 된 경종에게 몸이 약하고 잔병치레가 많다는 것을 구실로 동생인 연잉군을 세제로 책봉하도록 압력을 넣었지요. 그러자 경종은 대왕대비의 뜻을 묻고는 결국 "효종의 혈맥과 선대왕의 골육(骨肉)은 주상과 연잉군에게만 있다."는 언문 수교를 발표하여 노론의 뜻에 따르게 되었습니다. 신이 난 노론은 내친 김에 세제의 대리청정을 추진하다가 오히려 소론과 남인의 연대 공격을 받았습니다. 이 일로 노론의 수장들이 처형당하고 수많은 사람들이 유배를 당해 중앙 정계에서 사라지게 되는데, 이 사건을 '신임옥사'라고 합니다. 이로써 노론은 정계에서 일단 제거되었으며 그들은 정권을 되찾을 그 날을 그리며 원한 속에 세월을 보내게 되었습니다.

소론이 간장 게장을 입에도 대지 않았던 이유

그런데 그 날이 예상보다 빨리 찾아왔습니다. 1724년 8월, 경종은 다시 고질병이 도져 시름시름 앓고 있었습니다. 이미 경종 3년부터 용하다는 의원을 들여 약을 1백 수십 첩이나 올렸지만 아무 소용이 없었고, 약을 계속 복용하는 바람에 겉으로는 건강해 보이나 내장은 허해져서 음식을 싫어하는 날수가 오래 되었다고 합니다. 그러던 8월 21일 밤, 경종이 갑자기 가슴과 배가 조이듯이 아프다고 호소하여 어의들이 들어와 진단을 했는데, 그 전날에 세제 궁에서 바친 게장과 생감을 먹은 것이 문제라는 결론을 내렸습니다. 의원들은 얼굴이 흑색이 되어 게장과 생감을 함께 먹는 것은 한방에서는 매우 꺼리는 일이라고 입을 모았습니다. 이후 경종은 어떤 약을 처방해도 증세가 나아지지 않더니 복통과 설사가 매우 심해졌고, 결국 8월 25일에 창경궁 환경정에서 승하하고 말았습니다. 이로부터 민간에서는 게장과 생감을 함께 먹으면 죽음에 이를 수 있다는 속설이 생겨 이를 금기시하게 되었고, 소론들은 자신들이 받들던 국왕이 게장을 먹고 죽었다고 생각하여 게장을 입에도 대지 않게 되었습니다.

경종이 승하하자 세제인 연잉군이 왕위를 계승하여 조선 제21대 국왕, 영조로 등극했습니다. 영조가 왕위에 올라 통치를 하고 있는 중에도 경종이 영조가 동궁 시절에 올린 게장에 의해 독살되었다는 주장이 일파만파 퍼져 나가고 있었지요. 그러자 영조는 왕위에 오른 지 불과 1년 만인 1725년에 노론 대신들을 정계에 복귀시켰고, 그 덕분에 노론은 다시 정권을 잡게 되었습니다. 이에 소론들은 분통이 터져 참을 수가 없었습니다. 그들은 마침내 남인에 속하는 이인좌, 한세홍 등과 손을 잡고 소현세자의 증손인 밀풍군 이탄을 왕으로 추대하는 반란을 일으켰습니다. 이 인좌는 송시열에 의해 사문난적으로 지탄을 받았던 윤휴의 손녀 사위입니다. 그는 발이 넓어 갑술환국 이후 정계에 발붙이기 어려웠던 남인들을 설득하여 안성의 이호, 과천의 이일좌, 거창의 정희량, 충주의 민원보 등을 끌어들였습니다. 같은 남인인 정세윤은 나주의 나숭대와 협력하여 600~700여 명의 유민을 바탕으로 녹림당을 형성한 다음, 지휘권을 이인좌에게 맡겼습니다. 이인좌는 반란의 성공을 위해 조총 수백 정을 마련했고 박필현과 심유현은 군사 훈련을 담당했습니다. 또 전라도 지역의 전주와 남원 장터에 영조가 경종을 독살했다는 괘서를 붙여 여론을 끌어모았습니다. 그러자 동요한 지역 유지들이 자금을 각출하고 집안의 노비를 동원하기 시작했습니다. 반란이 일어나기 전까지 반란군의 군사력이 분산되는 등의 혼란도 있었지만 이인좌는 군사력을 보강하기 위해 애를 쓰며 분위기를 잡아나갔습니다. 그리고 마침내 때를 잡아 1728년(영조 4년) 3월 15일에 먼저 권성봉으로 하여금 장례를 치르는 척 하면서 상여에 무기를 싣고 청주에 들어가게 하고는 그대로 쳐들어가 충청도 병마절도사 이봉상 등을 살해하고 청주성을 점령했습니다. 청주성 점령에 자신감을 가진 이인좌는 북으로 진격하며 목천·청안·진천을 거쳐 안성·죽산 등 충청도와 경기도 일대를 장악하면서 각 지역에 수령을 파견하고 어려운 백성에게는 관곡을 지급하기도 했습니다. 또한 성난 민심을 이용하여 백성들의 지원을 받아 군사력도 보충했습니다.

하지만 그뿐이었습니다. 큰 기대를 걸었던 영남지방과 호남지방의 호응이 기대에 미치지 못했기 때문인데, 안동의 유생들이나 호남의 세력가들이 군사 동원에는 비협조적이었지요. 게다가 조정에서는 오명항을 도순무사로 임명하여 반란군 진압에 나섰는데, 마침내 안성에서 반군을 진

공신명단 이인좌의 난(1727)을 평정한 공로를 세운 이들에게 내려진 양무공신 교서 중 공신들의 이름을 적어놓은 부분이다. 1등공신 1명, 2등공신 7명, 3등 공신 7명을 공훈한다는 글과 그들의 이름이 들어있다. **출처: 문화재청**

압하며 맹렬한 추격전을 펼쳤습니다. 신길만을 비롯한 향촌 사람들과 승려들이 합세하여 산사에 숨어있던 이인좌를 붙잡아 오명항에게 넘겼고, 오명항은 군중들을 제압하기 위해 거짓으로 이인좌의 목을 베는 척 하면서 다른 사람을 베어 장대 끝에는 '적괴 이인좌'라고 써서 목을 매달아놓았습니다. 이인좌는 한양으로 압송시켰습니다. 한양에서 속을 끓이며 반란군의 진압 소식을 기다리던 영조는 마침내 이인좌가 잡혔다는 소식을 듣고 뛸 듯이 기뻐하며 친히 숭례문까지 나가 오명항을 맞이하고, 창덕궁 인정문 앞에서 이인좌에 대한 친국을 시행했습니다. 이인좌는 함께 공모한 자들과 그동안의 일들을 자백한 후 다음 날 참수를 당했습니다. 반란군의 괴수는 원래대로라면 능지처사를 해야 하지만, 그가 윤휴의 손녀 부군임을 참작한 것입니다. 결국 이렇게 이인좌의 난은 실패로 끝이 났지만, 이후에도 소론들은 한동안 간장 게장을 입에 대지 않는 전통을 이어 갔습니다.

붕당의 원인이 된 사제지간의 골

서인이 노론과 소론으로 붕당되는 데엔 사제지간이던 송시열(1607~1689)과 윤증(1629~1714)의 반목이 큰 역할을 했습니다. 윤증은 명문가인 파평 윤씨 집안에서 태어나 어릴 때부터 품성이 뛰어나고 총명했는데, 28살 때 스승인 김집의 권유로 송시열의 문인이 되었습니다. 윤증은 부친인 윤선거가 세상을 떠나자 스승인 송시열에게 부친을 기리는 묘갈명을 써달라고 부탁했습니다. 그러나 송시열은 병자호란 당시 강화로 피난갔던 윤선거가 평민의 옷으로 갈아입고 강화도를 탈출한 것이 사대부답지 못하다는 생각을 갖고 있었습니다. 게다가 경전을 성리학의 대부인 주자의 주석과 다르게 해석한 윤휴를 배척한 자신과 달리, 윤선거가 윤휴를 높이 평가하며 교류를 해왔다는 사실을 알게 되어 분노하던 중이었습니다.

결국 송시열은 묘갈명을 성의 없이 써 주었고, 이에 윤증이 수정을 부탁했지만 자구만 수정하고 문장은 수정하지 않았습니다. 윤증은 매우 실망하여 송시열에게 '의리쌍행(義利雙行, 의리가 같지 않음), 왕패병용(王覇幷用, 왕도와 패도를 아울러 병행함)'이라는 항의를 적은 서신을 쓰면서 두 사람 사이가 크게 벌어지게 되었습니다. 사실 이 서신은 박세채의 만류로 송시열에게 붙여지지 않았습니다. 그런데 3년 후 송시열의 손자 송순석이 박세채의 집에서 몰래 베껴와 조부에게 드림으로써 알려지게 되었습니다. 그러자 훗날 송시열은 대노한 마음을 절묘한 은유 속에 드러낸 문장으로 답장을 썼습니다. 이후 스승인 송시열의 태도에 동조하는 세력을 노론, 제자인 윤증의 태도에 동조하는 세력을 소론이라고 하게 되었고 이러한 논의를 일컬어 '회니시비(懷尼是非)'라고 합니다. 회(懷)는 송시열이 살던 곳인 회덕(懷德, 지금의 대전시 대덕구)을, 니(尼)는 윤증이 살던 이성(尼城, 지금의 충청도 논산시)을 말하는 것입니다.

선비님,
도토리묵 좀 잡숴보세요.
어제 묵을 쑤어 맛있답니다.

고맙소.
그런데 나는 청포묵이 더 좋소.

역시 한양에서 온
양반이신지라 다르시구먼요.

청포묵 중에서도
탕평채가 으뜸이라오.

탕평채요?
무슨 묵 이름이
그렇게 어려운가요?

하하, 잘 보았소.
묵의 이름이 어려워진
이유가 있다오.
내 사연을 이야기해 주리다.

차림 · 7

탕
평
채

/

영조의 탕평책은
탕평채로부터 나온 것일까

/

탕평채와 탕평책의 연관 관계?

묵은 우리 조상들이 만들어 낸 지혜의 음식이면서 동시에 눈물겨운 음식이기도 합니다. 극심한 가뭄이 계속되던 시절에 주린 배를 채우기 위해 도토리, 녹두, 메밀을 가루로 만들어 묵을 쑤어 먹었기 때문입니다. 그런 음식이었던 묵이 최근에는 지방 흡수를 억제하고 포만감을 주어 다이어트 식품으로 주목받고 있기도 합니다. 묵 중에서도 서민들이 즐겨 먹던 도토리묵은 지난 1999년에 한국을 방문한 영국 여왕 엘리자베스 2세가 하회 마을에 갔을 때 생일상 음식으로 나오기도 했습니다. 이후 영국의 과학자들이 도토리묵의 효능을 실험해 본 결과, 사람에게 매우 좋은 슈퍼 푸드임이 밝혀져 화제가 되기도 했습니다.

보통 묵이라고 하면 도토리묵처럼 진한 갈색을 떠올리지만 하얀 묵도 있는데, 바로 녹두로 만든 청포묵입니다. 청포묵을 만드는 방법은 어렵지 않습니다. 녹두를 하루 정도 물에 푹 담가두었다가 손으로 비비면서 물을 여러 번 갈아 부어 껍질을 깐 다음, 물을 조금 넣고 곱게 갑니다. 간 녹두를 다시 가는 체에 걸러 물을 넣고 가라앉히면 녹말 앙금이 생깁니다. 이것에 물을 자작하게 붓고 눌러 붙지 않도록 계속 저어 주며 솥에서 끓이고 이것을 대접으로 퍼서 굳히면 청포묵이 됩니다. 우리나라에서는 5월 단오(음력 5월 5일)가 되면 창포 물에 머리를 감는 전통이 있었는데 그 창포 물을 언론에서 청포로 잘못 보도하기도 하는데 청포물과 창포물은 그 성분이 전혀 다릅니다.

그럼 청포묵은 언제 먹는 음식일까요? 조선 정조 때의 문인인 홍석모가 저술한 우리나라의 연중행사와 세시 풍속을 정리한 『동국세시기』와

19세기에 편찬된 작자미상의 『시의전서(是議全書)』, 1917년에 출간된 방신영의 『조선요리제법』, 1924년에 이용기가 쓴 『조선무쌍신식요리제법(朝鮮無雙新式料理製法)』, 그리고 1931년 오청이 편찬한 『조선의 연중행사(朝鮮の年中行事)』 등에서 모두 청포묵을 3월에 먹는다고 소개하고 있습니다. 특히 홍석모는 청포묵을 포함해 탕평채에 들어가는 재료를 언급하며 돼지고기와 미나리 싹, 그리고 해의(海衣)를 버무려 초장을 뿌려 먹으면 매우 시원하여 3월의 저녁에 먹는 음식으로 좋다고 했습니다. 여기에서 해의라는 재료는 김을 가리키는 것입니다. 그렇다면 왜 청포묵은 3월에 먹는 음식이 되었을까요? 그 이유는 허준이 지은 『동의보감』을 통해 잘 알 수 있습니다. 『동의보감』에서 녹두는 열을 내리는 음식으로 적혀있어 더운 여름이 다가오는 시기에 먹는, 여름을 대비하는 절기 음식이 된 것입니다.

청포묵이 들어간 음식인 탕평채는 이름은 어렵게 느껴지지만 만드는 방법은 쉽습니다. 청포묵과 함께 선명한 색을 가진 각종 식재료를 새콤하게 무치면 탕평채가 됩니다. 한번 자세히 알아볼까요? 먼저 만들어 놓은 청포묵을 굵게 채를 썹니다. 숙주는 살짝 데쳐 물기를 빼 둡니다. 탕평채에는 미나리가 꼭 들어가야 하는데, 미나리도 손가락 정도의 길이로 썰어 데친 후 소금을 넣고 볶아 둡니다. 검정색을 위해 김을 바짝 구워서 가루로 만들어 놓습니다. 이와 함께 소고기를 갈거나 잘게 채를 썰어서 갖은 양념을 하여 볶아 둡니다. 노란색을 내기 위해 달걀도 지단으로 부쳐놓으면 이제 재료 만들기는 끝입니다. 청포묵을 제외한 재료들을 참기름과 식초, 간장 등을 넣어 무친 다음, 청포묵 위에 무친 재료들을 고명을 얹거나 접시에 반반씩 담아내기도 합니다. 요리 전문가들은 탕평채야말로 비빔밥과 함께 한식이 구현하는 황(黃), 청(靑), 백(白), 적(赤), 흑(黑)의 오방색이 골고루 들어있는 대표적인 음식이라고 주장하기도 하지요.

흥미로운 것은 탕평채가 궁중 요리로 알려져 개화기 이후에 고급 음식점의 단골 요리로 등장했다는 사실입니다. 탕평채는 일제 강점기를 거쳐 1970년대까지 고관들이 드나들던 안가나 요정집에서 빠지지 않고 나오던 요리였습니다. 이렇게 탕평채가 궁중 요리로 취급된 이유는 무엇일까요? 세간에는 탕평책을 실시한 영조가 수라간에 명을 내려 만들어 내게 한 음식이라고 알려져 있지만, 문헌을 파고 들어가 보면 그 내용이 상당히 부풀려져 있음을 알 수 있습니다. 우선 『조선왕조실록』이나 『승정원일기』 등에 영조가 탕평채를 만들게 했다는 기록이 없습니다.

탕평채에 대한 기록이 있는 문헌은 1855년 조재삼이 두 아들의 교육 목적으로 썼다는 일종의 백과사전인 『송남잡지』입니다. 그는 〈의식류〉 내용을 적은 부분에서 송인명이 젊은 시절에 상점을 지나다가 탕평채 파는 소리를 듣고 고민하길, 붕당의 당인(黨人)을 마치 탕평채를 만들 때 각종 재료를 섞듯이 등용해야 한다는 생각이 들어 탕평 사업을 펴게 되었다고 기록하고 있습니다. 송인명은 영조가 왕위에 오른 후 두터운 신임을 받아 우의정을 거쳐 좌의정에 올랐으며, 눈을 감은 이후에는 영의정에 추증된 사람입니다. 그는 영조가 왕위에 오르자 붕당을 금지시켜야 한다는 상소를 올렸고, 이것을 영조가 받아들여 1724년에 당쟁의 폐단과 탕평이 필요함을 역설하는 교서를 내려 탕평 정책을 펼치기 시작했습니다. 여기에서 '탕평'이란 말은 『서경(書經)』 「홍범조(洪範條)」의 "왕도탕탕(王道蕩蕩) 왕도평평(王道平平)"에서 나온 것으로, 중국 고대 요순(堯舜) 시대의 성군처럼 왕은 어느 쪽에도 치우치지 않고 인재를 공정하게 등용해야 된다는 뜻입니다.

사실 송인명이 상소를 올리기 전부터 영조는 당쟁의 폐해를 몸으로 실감하고 있었습니다. 그 자신이 노론을 등에 업고 세제(世弟)가 되었을 뿐만 아니라, 경종 때 당쟁에 의해 무수한 신하들이 목숨을 잃거나 관직에서 쫓겨나는 것을 생생하게 목격했기 때문입니다. 하지만 탕평정책은 큰 성과를 내지 못했습니다. 앞에서 언급한 것과 같이 경종의 독살설을 믿는 소론 세력을 중심으로 이인좌의 난이 일어났기 때문입니다. 뿐만 아니라 사도세자가 대리청정을 하면서 소론 쪽으로 마음이 기울자 노론들이 영조와 사도세자 사이를 갈라놓았고, 결국 영조는 당쟁에 얽혀들어 사도세자를 뒤주에 가두어 죽이는 사법살인을 저지르고 맙니다. 그렇다면 노론은 사도세자의 죽음에 얼마나 개입되어 있었을까요? 그 내막을 알아보도록 하겠습니다.

영조의 실패한 탕평 정책, 그리고 사도세자

영조는 첫 아들인 효장세자가 9세의 어린 나이로 세상을 떠난 이후 후사가 없어 고민이 컸습니다. 그러던 중 영빈 이씨에게서 왕자가 태어나자 세상을 다 얻은 것 같았지요. 영조는 후궁에게서 태어난 왕자를 정성왕후의 양자로 들여 원자로 봉했습니다. 세자는 고작 두 살에 한자를 63자나 알 정도로 총명했고 3살 무렵에는 영조와 대신들 앞에서 효경을 척척 외웠으며, 글 솜씨도 남달라 신하들에게 글씨를 써서 나누어 주기도 했습니다. 세자는 성장할수록 말을 잘 타고 활을 잘 쏘는 등 무예에도 능통하여 24살에 우리나라 고유의 18가지 기예 무술을 그림과 함께 기록한 책 『무기신식』을 손수 집필했고, 이 교본은 한때 훈련도감의 교본으로도 사용됐습니다. 오늘날 조선의 전통 무술은 정조 때 편찬된 『무예도보통지』를 참고하여 계승되고 있는데, 이 책의 기초가 된 책이 바로 사도세자가 저술한 『무기신식』입니다.

그런데 이렇게 모두에게 예쁨을 받던 세자에게 조금씩 어둠의 그림자가 드리워지기 시작했습니다. 다름 아닌 노론과 소론 중 소론에 세자의 마음이 움직였기 때문입니다. 그의 처소에 드나들던 나인들이 해 준 경종의 갑작스러운 죽음과 소론이 노론에게 당해온 이야기를 듣다보니 그러한 마음이 생긴 것입니다. 더군다나 아버지인 영조가 말로는 탕평책을 시행한다고 하면서 자신을 왕으로 만들어 준 노론에게 힘을 실어주는 모습에 더욱 그런 마음이 들었습니다. 때문에 이인좌의 난 때 죽임을 당한 윤취상의 아들 윤지가 나주 객사에 노론을 비방하는 벽서를 붙인 사건으로 처형을 당할 때 노론들이 윤지와 통해온 소론들까지 극형에 처해야 한다고 주장했지만 세자는 이런 의견들을 묵살했습니다. 뿐만 아니라 소론의 영수인 이종성을 측근으로 중용했습니다. 세자와 노론이 어긋나게 된 일은 이뿐만이 아닙니다. 노론이 그들의 스승으로 받들어 온 우암 송시열과 동춘당 송준길을 문묘에 배향하게 해달라고 청하자, 세자는 탕평의 입장에 어긋난다며 이를 허락하지 않았습니다. 이에 노론들은 분노하며 자신들의 뜻과 어긋나는 세자가 왕이 되었을 때에 필요한 대비책을 강구하기 시작했습니다.

한편 영조 역시 총명한 세자에게 걸었던 기대가 점차 무너지기 시작했습니다. 기특하게 여겼던 세자의 행실이 사사건건 눈에 거슬렸지요. 영조는 세자에 대한 실망감이 커질 때마다 일부러 왕위를 당장 내놓고 세

자에게 양위를 하겠다는 선언을
하곤 했습니다. 양위 소동은 모
두 해프닝으로 끝나긴 했지만
그때마다 사도세자는 영조의 마
음을 돌리기 위해 혹한이 몰아
치는 날씨에 죄인들이 입는 삼
베옷을 입고 짚으로 된 멍석을
깔고 앉아 큰소리로 통곡을 하
면서 새벽 두세 시까지 양위를
거두어 달라는 석고대죄를 했습
니다. 이 같은 석고대죄를 여러
번 반복하다보니 어떤 해에는

후에 장조로 추증된 사도세자가 장인 홍봉한에게 보낸 편지(1750년) 사도세자가 장인에게 보낸 편지로, 울화의 증세가 있고 의대증을 앓고 있다는 등 아버지 영조와의 갈등을 표현한 내용이다.

석고대죄를 하다가 쓰고 있는 망건이 찢어지면서 이마에 피가 낭자하게
흐르기도 했습니다. 하지만 영조는 갈수록 무섭게 세자를 닦달했고 심
지어 기후 변화가 심한 것까지 모두 세자가 정치를 잘못하기 때문이라며
비난했습니다. 이러한 양위 소동과 용서를 모르는 영조의 비난에 세자는
심한 마음의 부담감을 갖게 되었고, 결국 20살을 넘기면서부터 불안정한
정신으로 기이한 행동을 하기 시작했습니다. 영조의 부름이 있을 때마
다 입고 나갔던 복장에 대해 부담감이 생겨 아무 옷이나 입지 못하는 강
박증인 '의대증(衣帶症)' 때문에 관복을 입고 관대를 차는 차림을 거부했
습니다. 한번 관복과 관대를 입히려면 세자궁의 내관, 나인, 후궁, 세자
빈이 총출동하여 씨름을 해야 하는 일이 계속되었습니다. 심지어는 화가
폭발하면 닥치는 대로 사람을 죽여 버리기도 했습니다. 옷 시중을 드는
내관의 목을 잘라 손에 들고 나타나기도 했고, 후궁 빙애가 옷시중을 들

다가 세자에게 맞아 그 자리에서 목숨을 잃기도 했습니다. 노론들은 이러한 것들을 놓치지 않았습니다. 1759년, 영조는 66세의 나이에 15세의 정순왕후를 계비로 맞아들인 후, 다음해에 창경궁에서 경희궁으로 이어(왕이 거처를 옮기는 것)했는데, 이후 부자 사이는 더욱 악화되었습니다. 때를 잡은 노론들은 세자의 잘못을 부풀려서 영조에게 전달했고 그럴 때마다 영조의 마음에는 세자에 대한 증오가 쌓여갔습니다.

붕당 정치의 희생양이자
탕평 정책의 재시작점이 된 부자

이러한 가운데 결국 1762년, 우리가 익히 아는 운명의 사건이 일어나고 말았습니다. 사건은 병조판서 윤급의 청지기였던 나경언이 내관들이 반란을 꾀하고 있다는 고변을 하면서 시작되었습니다. 이 사실을 알게 된 영의정이자 세자의 장인인 홍봉한은 즉시 이를 영조에게 알렸습니다. 그러자 영조는 직접 나경언을 국문하면서 그의 옷소매에서 나온 열가지에 달하는 사도세자의 비행에 대한 글을 읽고는 분노로 손을 부들부들 떨었습니다. 글 속에는 사도세자가 왕손을 낳은 후궁 빙애를 쳐 죽인 내용과 여승을 궁에 끌어 들여 살림을 차린 내용, 내관들과 평양에 몰래 나갔다 온 내용, 북한산성에 몰래 행차한 내용 등이 들어있었습니다. 영조는 펄펄 뛰며 세자를 불러들여 나경언이 고발한 내용에 대해 따져 물었습니다. 세자는 크게 흐느껴 울며 억울함을 하소연하고 나경언과 대질을 하게 해달라고 요청했지만 영조는 이를 받아들이지 않았습니다. 사실은 나경언 뒤에 소론을 가까이 하는 사도세자를 궁지에 몰아넣기 위한 노론 대신들의 조종과 입김이 있었지요. 하지만 영조는 이미 세자를 그냥 두어서는 안 되겠다는 마음이 강해진 상태였습니다.

사도세자는 죽임을 당하기 전 날까지 영조의 용서를 바라며 창경궁 시민당 월대에 엎드려 있었지만, 영조는 사도세자를 결코 용서하지 않았습니다. 뜨거운 햇볕이 사정없이 내리쬐던 윤5월 13일, 영조는 창경궁 휘령전으로 세자를 불러들였습니다. 그리고 군사를 움직여 궁궐을 완전히 통제하고 세자를 폐하여 서인으로 만들었습니다. 이어 세자에게 자진하라는 명을 내렸습니다. 세자는 쉴새 없이 눈물을 쏟으면서 용포를 찢어 자신의 목을 매달려고 했지만, 지켜보던 세자 시강원의 신하들이 황급히 뛰어 들어가 이를 말렸습니다. 하지만 태양이 작렬하는 신시(오후 3시~5시)가 되자 영조는 소주방에서 쌀을 담는 궤를 내오게 했습니다. 영조는 자신의 발목을 붙들고 아비를 살려달라고 통곡하는 세손마저 뿌리쳤습니다. 혜경궁 홍씨가 지은 『한중록』에는 그때 사도세자가 통곡하며 소리친 말들이 담겨있는데, 다음과 같습니다. "아바마마 아바마마, 잘못하였으니 이제는 하랍시라는 대로 하고, 글도 읽고 말씀도 다 들을 것이니 이리 말으소서. 제발 이리 말으소서."

그러나 영조의 단호한 마음을 돌리진 못했습니다. 영조는 세자에게 뒤주로 당장 들어갈 것을 명한 다음 세자가 뒤주로 들어가자 직접 뒤주의 뚜껑을 닫고 자물쇠를 단단히 채웠습니다. 처음 며칠 동안 끊임없이 통곡하는 소리가 애절하게 궁궐에 울려 퍼지다가, 뜨겁게 내리쬐는 햇볕 아래에서 물 한 모금도 먹지 못한 세자는 차츰 기력이 떨어져갔습니다. 영조는 세자에게 어떤 음식도, 물도 주지 못하게 엄히 명을 내렸고, 세자를 동정한 그 누군가가 이를 어기자 더욱 분노하며 뒤주 위에 풀과 두엄을 덮어 완전히 공기를 차단시켰습니다. 결국 세자는 뒤주에 갇힌 지 8일 만에 28살의 젊은 나이로 숨을 거뒀습니다. 영조는 세자가 죽은 후에야 정신이 번쩍 들었던 것 같습니다. 뒤늦게 세자에게 '사도(思悼)'라는 시호를 내렸고 세손 이산을 효장세자의 양자로 들였습니다. 하지만 영조가 세손에게 왕위를 물려주는 조건은 사도세자를 추숭(돌아간 사람을 기려서 높이 받드는 것)하지 말고 사도세자를 죽음에 이르게 만든 세력 또한 추적하지 말고 덮어 두라는 것이었습니다.

사도세자의 죽음 이후 노론은 다시 붕당하여 사도세자의 죽음을 당연시 여기는 벽파와 사도세자의 죽음을 동정하는 시파로 나뉘어졌습니다. 이중 노론 벽파가 바로 사도세자를 죽음에 이르게 한 세력입니다. 한편 영조는 즉위하면서 내렸던 탕평책의 교서를 1762년을 기점으로 더욱 적극적으로 실천해 나갔습니다. 영조는 붕당이 주장하는 당론은 살육(殺戮)의 근본이 되고 살육은 망국(亡國)의 근본이 된다고 선언했으며, 노론이든 소론이든 온건하고 타협적인 인물을 등용하려고 애썼습니다. 이에 따라 붕당의 근원지가 되는 서원을 대폭 정리시켰고 채제공 등의 남인과 남태재 등의 소북인이 정계에 등장하게 되었습니다.

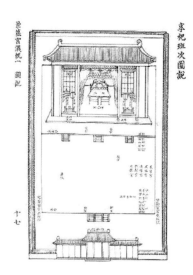

『경모궁의궤향사반차도설』 사도세자의 사당과 제사를 묘사한 의궤이다. 의궤란 조선 시대에 왕실이나 국가의 주요 행사 내용을 정리한 기록을 말한다.

이상에서 언급한 내용을 정리하면 송인명이 젊은 시절에 거리의 상점에서 팔고 있는 여러 가지 재료가 섞인 탕평채를 보고 영조에게 붕당 간의 인재를 골고루 섞어 등용하라는 탕평책을 제안하여 영조가 실시하기 시작한 것인데, 세월이 흐르며 이야기의 앞뒤가 바뀌어 당쟁을 막기 위해 영조가 탕평채라는 음식을 처음 만들어 신하들에게 내놓았다는 이야기로 전해지게 되었다는 걸 알 수 있습니다. 민간에서는 탕평채에 들어가는 식재료를 붕당 상징물로서 푸른색의 미나리가 동인을, 흰색의 청포묵은 서인을, 붉은 색의 고기류는 남인을, 검은 색의 김가루는 북인을 나타낸다고 여겼습니다. 이 때문에 현대에는 탕평채가 임금님이 신하들에게 베푼 궁궐 음식으로 여겨져 한정식에서 빼놓지 않고 등장하는 단골 음식이 되었습니다.

궁중 문학의 백미, 『한중록』이 탄생하게 된 비화는?

　궁궐 문학의 백미로 알려진 혜경궁 홍씨가 쓴 회고록 『한중록(閑中錄)』의 탄생 배경에는 숨겨진 비화가 있습니다. 혜경궁 홍씨는 정조에 의해 멸문의 화를 입은 친정의 명예를 회복시키기 위해 『한중록』을 썼습니다. 혜경궁 홍씨가 '한(恨) 속에서 기록한 글'이라 하여 '한중록(恨中錄)'이라고도 합니다.

　사도세자의 아들인 정조는 왕위에 오르자마자 아버지의 죽음과 관련된 사람들을 극형에 처하거나 유배를 보냈습니다. 그 과정에서 정순왕후의 친정 세력인 경주 김씨와 정조의 친모인 혜경궁 홍씨의 친정인 풍산 홍씨 집안이 쑥대밭이 됩니다. 혜경궁 홍씨는 자신의 부친인 홍봉한이 영조에게 뒤주를 가져다주었다는 것이 세간의 유언비어

『읍혈록』 혜경궁 홍씨가 지은 회고록인 『한중록』을 필사한 사본이다.
출처: 국립중앙박물관

라는 것을 밝히기 위해 글을 썼습니다. 앞서 정조는 혜경궁 홍씨에게 그녀가 칠순이 되는 해에 풍산 홍씨 집안의 명예를 회복시켜 주겠다고 약속했지만 지키지 못하고 혜경궁 홍씨가 칠순이 되기 불과 4년 전에 눈을 감았습니다. 이에 혜경궁 홍씨는 순조에게 자신의 친정이 사도세자의 죽음과 무관하며 정조가 살아생전에 친정의 명예회복을 약속했다는 걸 호소하기 위해 회고록을 집필한 것입니다. 한편 『조선왕조실록』에는 '뒤주'라는 표현이 없습니다. 단지 '안에 엄히 가두었다.'고 표현되었을 뿐입니다. '뒤주'라는 구체적 물품으로 지칭하게 된 것은 혜경궁 홍씨가 집필한 『한중록』에서 비롯된 것입니다.

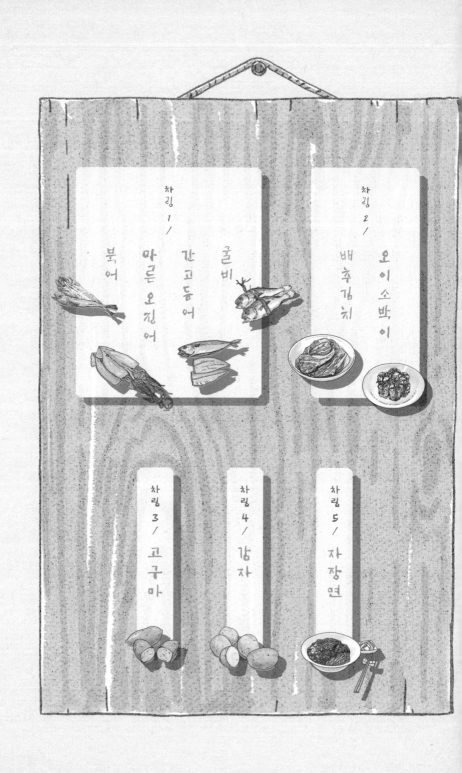

- 제 2 장 -

시대가 만들어낸
음식
조선의 역사와 함께
흘러가다

조선 시대에 맞게 변화했던 음식들

주모, 오늘은 반찬이 아주 좋소.
간고등어 맛이 꿀맛인데다가
북엇국도 시원해 좋소.

어제 장에 다녀왔습지요.

어쩐지. 간고등어를 먹으니
굴비도 당기는 구려.

에고, 그 귀한 굴비를
어찌 주막에서 찾으십니까요.
대신 떠나실 때 어제 장에서 사온
마른 오징어를 구워드리지요.

그거 좋은 생각이오.
그럼 내 주모를 위해 맛깔스러운
이야기를 해 주겠소.

오징어 구워 찢는 동안
들으면 되겠는데요.

이런 먹거리들이 언제부터
등장하게 되었는가에
대한 이야기라오.

차림 · 1

굴비
간고등어
마른 오징어
북어

냉장고가 없던 시절,
염장/건조법으로 보관한 수산물

쉽게 상하는 수산물을 진상하는 과정에서 생겨난 방납의 폐단

북어, 마른 오징어, 간고등어, 굴비의 공통점은 오래 보관할 수 있다는 것입니다. 만약 오징어, 고등어, 조기 등을 말리지 않고 유통시켰다면 이틀도 못 가 상했겠지요. 조상들은 냉장고가 없던 시절에 수산물을 오랫동안 보관하기 위해 이렇게 건조시키거나 소금을 뿌리는 염장법, 혹은 겨우내 찬바람 속에 얼려서 숙성시키는 방법을 개발했습니다. 백성들이 잡아들인 수산물들은 공납의 형태로 임금께 진상되었는데, 보통 지방에서 한양까지 가려면 섬은 한 달 이상도 걸리기에 진상품이 상하는 일이 빈번했습니다. 때문에 조선 초부터 각 고을에서 현물로 바치는 공물을 한양에 살고 있는 경주인(京主人)들이 대신 바치는 일이 생겨났는데, 이것을 '방납(防納)'이라고 합니다. 문제는 경주인들이 품질이 좋지 않은 물건을 싼값에 구입하여 바치고, 고을 백성들에게는 그 몇 배에 해당하는 비싼 값을 요구하는 것에 있었습니다. 이것을 '방납의 폐단'이라고 합니다. 중종 실록에 의하면 양 한 마리를 대신 바치고 그 대가로 면포 7동을 내게 했고, 초피 1개의 값으로 관목(官木) 4동을 걸었으며, 새 한 마리의 값이 관목 30필에 이를 정도였다고 합니다. 이를 감당하기 어려운 백성들이 현물을 공물로 바치려고 하면 수령이나 아전과 짜고 공물을 납부하지 못하게 하는 일도 비일비재했습니다. 이러한 방납이 행해지기 전, 백성들은 특산물이 한양에 도착할 때까지 상하지 않게 하기 위해 삼국 시대 이래로 전해지는 염장법이나 건조법 등을 계승, 발전시켜왔습니다. 수산품이 상하지 않도록 하면서도 바다에서 잡아 올려 바로 조리해 먹는 맛과는 또 다른 맛을 가진 지혜로운 보관법을 개발한 것입니다.

1년 내내 먹을 수 있도록 다양한 이름으로 만들어진 명태

이 중에서 가장 대표적인 수산품이 명태입니다. 명태는 제사와 고사는 물론 전통혼례를 올릴 때 빠지지 않고 등장하는 친숙한 수산물이지요. 전통 혼례에 북어가 등장하는 것은 명태가 큰머리를 갖고 있으며 알을 많이 낳아 다산과 풍요를 상징하는 것으로 여겨졌기 때문입니다. 또한 명태의 밝은 눈으로 생활을 밝게 만들어주어 가정을 화목하게 해 주고 어두운 기운을 밝은 빛으로 물리쳐 주라는 의미이기도 했습니다. 명태는 항상 큰 눈을 번쩍 뜨고 있어 귀신을 물리쳐준다고도 생각되었지요.

사실 명태의 이름이 처음부터 명태였던 것은 아닙니다. 명태의 이름과 관련하여 흥미로운 내용이 고종 때 문신인 이유원이 펴낸 『임하필기(林下筆記)(1871)』에 기록되어 있습니다. 명천(明川)에 태(太)씨 성을 가진 어부가 물고기를 잡아 도를 다스리는 도백(道伯)에게 바쳤다고 합니다. 물고기를 맛있게 먹은 도백이 물고기의 이름을 물었지만 아무도 알지 못했습니다. 도백은 이 생선을 명천에서 태씨 성을 가진 사람이 잡았다고 하여 생선의 이름을 '명태(明太)'로 붙여주었다고 합니다. 명태는 조선 초기 문헌에는 그 이름이 전혀 보이지 않습니다. 그러다가 1530년 중종 때 편찬한 『신증동국여지승람』의 권 48~50 중 함경도 부분에 경성과 명천에서 나는 산물을 새롭게 수록하는 부분에서 '무태어(無泰魚)'라는 이름이 보이는데, 이것이 명태를 나타낸 것이라고 추정됩니다. 명태의 다른 이름인 '북어'는 북쪽 바다에서 잡히므로 북어라 하는데, 1798년 정조 때 이만영이 엮은 『재물보』에 "명태는 북해에서 나기 때문에 북어라 칭한다."라고 기록되어 있습니다. 명태는 조선 중기 이후 흔하게 잡히는 생선이 되어 명태의 어란도 시중에서 쉽게 구할 수 있었는데, 이것을 증명하는 것이 효종 3년 1652년에 기록된 『승정원일기』입니다. 여기에 대구 어란을 진상해야 하는데 대구 어란 대신에 명태 어란이 끼워있어 이를 단속해야 한다는 기록이 있습니다.

명태는 참으로 다양한 이름을 가지고 있습니다. 위에서 언급한 명태와 북어 외에도 얼린 것은 '동태', 강원도 덕장에서 한겨울에 눈 속에서 얼리고 녹이는 것을 스무 번 이상 반복하여 노랗게 변한 것은 '황태', 내장과 아가리를 뺀 반 건조 상태의 것은 '코다리', 하얗게 말린 것은 '백태', 검게 말린 것은 '흑태', 딱딱하게 말린 것은 '깡태'라고 합니다. 이외에 그물로 잡은 것은 '망태', 낚시로 잡은 것은 '조태', 강원도 연안에서 잡힌 것은 '강태', 함경도 연안에서 잡힌 작은 명태는 '왜태'라고 불렀습니다. 또 더덕처럼 마른 북어를 '더덕 북어'라고 했고 어린 명태를 '애기태'나 '애태', 또는 '노가리'라고도 합니다. 냉장고가 없던 조선 시대에 생으로 잡은 명태를 1년 내내 먹을 수 있도록 개발된 것이 북어나 황태였습니다. 조선 시대만 해도 워낙 흔하게 잡히는 것이어서 3전 정도면 어디서나 살 수 있는 효자 같은 식재료로 백성의 사랑을 받았습니다.

까마귀를 잡아먹는 오적어?

이번에는 오징어에 대해 알아보도록 하겠습니다. 오징어의 원래 이름은 '오적어(烏賊魚)'였다고 합니다. 그럼 오징어 이름에 붙은 '까마귀 오(烏)'자와 오징어는 어떤 관련이 있는 것일까요? 한 가지 설로는 오징어는 까마귀 고기를 매우 즐겨 먹었다고 합니다. 그런데 까마귀는 하늘에 있고 오징어는 바닷속에 있어 까마귀 고기를 먹기란 쉬운 일이 아니지요. 그러자 오징어가 생각해 낸 방법은 자신의 몸을 스스로 그물로 사용하는 것이었습니다. 즉, 바다 위로 떠올라 죽은 듯이 누워 있다가 까마귀가 바다로 내려와 다가오는 순간에 오징어 다리로 순식간에 까마귀를 끌어내려 바닷속으로 가져가 잡아먹는 것입니다. 그래서 오적어, '까마귀를 해치는 도적'이라는 뜻의 이름으로 불렸는데 세월이 흘러 입에서 입으로 전해지면서 '오징어'가 되었다는 것이지요.

이러한 이야기가 사실이 아니라는 주장도 있습니다. 원래 오징어를 칭하는 말은 '오적어(烏賊魚)'가 아니라 '오즉어(烏鯽魚)'였다는 주장이 그것입니다. 오징어가 뿜어내는 먹물이 까마귀를 닮아 까마귀 오자를 붙였으며 즉자는 '도둑 적(賊)'자가 아니라 붕어 즉이나 오징어 적으로 읽히는 '즉(鯽)'자라는 주장입니다. 까마귀를 잡아먹었다는 이야기는 한자와 음이 같은 글자를 이용하여 만들어진 이야기라는 것입니다. 어떤 이야기가 맞든 오징어는 한자어 이름에서 현재의 이름이 되었다는 것은 확실한 것 같습니다. 오징어 역시 쉽게 상하기에 두고두고 먹을 수 있도록 개발한 방법이 바로 마른 오징어를 만드는 것입니다.

오징어는 왕실에 진상되는 여러 가지 물품 중 하나였습니다. 실록에서는 조선 초부터 말기에 이르기까지 오징어를 모두 '오적어(烏賊魚)'로 적고 있습니다. 특히 명나라 사신이 오적어를 받고 싶어해서 사신이 머무르고 있는 태평관에 오적어를 보냈는데, 그 수가 무려 2천 마리 또는 1천 2백 마리에 달했습니다. 또한 마른 오적어는 건오적어로 표기했고 국내에서 나는 물산 중에 대표적인 것으로 기록됐으며, 북경에 보낼 때는 1천 6백미에서 8백미 정도를 보낸 것으로 쓰여 있습니다. 현재는 울릉도 오징어가 유명하지만 실록에 의하면 제주도에서 잡히는 오적어를 제일로 치며, 왜인들이 오징어를 잡아와 매매를 원했다는 기록도 있습니다. 그렇다면 조선 시대에 오징어의 값은 어떠했을까요? 정조 20년 1796년의 일성록 기록에 의하면 오적어는 한 접당 4전이고 북어는 1두름당 3전으로, 오징어 값이 더 비쌌다는 걸 알 수 있습니다.

진상품 보다는 서민 반찬으로 사랑받은 간고등어

다음으로 간고등어에 대해 살펴볼까요? 고등어를 '고등어(高登魚)'라고 부르는 건 고등어의 등이 언덕같이 둥글게 부풀어 있는 모양이기 때문입니다. 조선 성종 때 편찬된 『동국여지승람』에는 고등어를 '고도어(古刀魚)'로 표기했는데, 이것은 옛날 칼 모양을 닮았다는 뜻입니다. 정약용의 형인 정약전이 흑산도 유배 생활 중 저술한 『자산어보』에는 고등어의 이름을 '벽문어(碧紋魚)'로 기록하고 있는데, 이는 고등어의 등에 푸른 무늬가 있는 것에서 유래한 이름입니다.

고등어의 맛이 가장 좋을 때는 9월~11월입니다. 그래서 '가을 배와 고등어는 며느리에게 주지 않는다'라는 속담까지 생겨났지요. 고등어는 우리나라 바다에서 흔하게 잡히는 어종으로 낚싯대만 놓으면 줄줄이 걸려들어 잡기도 쉬웠습니다. 다만 잡히자마자 죽어 버리는 데다가 곧바로 부패해서 보관이 큰 골칫거리였지요. 이 때문에 안동지방에서 간잽이들이 소금으로 절이는 간고등어가 개발되기 전까지는 말린 형태인 건고등어가 널리 유통되었는데, 맛이 없고 딱딱하여 『승정원일기』 영조 원년인 1724년 10월 20일의 기록을 보면 영의정 이광좌가 쓸데없는 건고등어를 진상 품목에서 빼자고 아뢴 내용도 실려 있습니다.

"...신이 일찍이 함경 감사로 있을 때 보니, 진상하는 말린 고등어 등의 물품은 결코 쓸 곳이 없는데도 백성의 노동력만 많이 들어갔습니다. 진상하는 물품에 대해 진실로 아래에서 감히 의논할 수는 없지만, 이처럼 쓸모없는 물품에 대해 특교(特敎)로 폐단을 없애신다면 참으로 좋을 것입니다. 고등어는 비록 막 잡은 것이라 하더라도 어공(御供)이 될 수 없는데, 하물며 나뭇조각처럼 마른 고등어를 여러 곳에 하사한들 어디에 쓰겠습니까..."

영조 때까지 실록이나 『승정원일기』 등에 간고등어에 대한 기록이 없는 것으로 보아 안동 지방에서 개발된 간고등어는 19세기 이후에 생겨난 것으로 추정해 볼 수 있습니다. 현재 대한민국 명인 제147호로 안동 간고등어 명인인 이동삼 명인의 경력이 50년인 것도 이를 뒷받침합니다. 교통이 발달하기 전, 동해안에서 잡아 올린 고등어는 약 하루가 지난 시간에야 내륙에 위치한 안동 지방에 도착했습니다. 안동에서 해산물을 공급받는 곳은 영덕의 강구항이었는데, 새벽녘에 잡아들인 고등어는 달구지에 실려 하루가 꼬박 걸려서 안동의 임동면 챗거리 장터에 도착했습니다. 안동장까지는 아직도 10리가 남아 있어 간잽이들이 여기에서 고등어의 배를 갈라 내장을 발라내고 왕소금을 뿌렸습니다. 이것을 '얼추 간을 한다' 하여 '얼간잽이'라고 했지요. 고등어는 부패하기 직전에 효소를 뿜어내는데, 이 효소는 소금과 적절히 어우러져 안동장까지 가는 동안 고등어에서 수분이 적당히 빠져 나가고 햇볕과 바람에 자연히 숙성되면서 맛좋은 안동 간고등어가 탄생했습니다. 간고등어를 그냥 먹어도 맛있지만 가마솥에 쪄서 갖은 양념을 하는 간고등어 찜과 묵은지를 넣고 조리는 묵은지 조림도 서민 음식으로 사랑을 받아왔습니다. 한편 부산의 남포동 뒷골목에서는 1980년대까지 막 잡아 올린 고등어를 연탄불에 맛있게 구워 내는 집들이 즐비했는데, 이것이 '고갈비'라고 불리면서 돈 없는 서민들이 막걸리와 함께 즐겨 먹어 인기가 높았습니다.

염장법으로 빛을 발한 굴비

그럼 마지막으로 건조 수산품을 대표하는 굴비에 대해 알아보겠습니다. 굴비의 어원으로는 고려 인종 때 외조부이자 장인인 이자겸이 인종 독살 음모에 이어 반란에 실패한 후 영광에 유배를 가게 되었는데, 이곳에서 염장된 조기를 인종에게 보내면서 "선물을 보내지만 굴한 것은 아니다."라고 하여 '굴비'라고 불리게 되었다는 말이 전해집니다. 그러나 전문가들은 사실은 짚으로 엮어 조기를 매달면 산굽이 모양으로 굽어져서 '구비(仇非)조기'라고 하다가 입에서 입으로 전해지면서 '굴비'가 되었다고 말합니다. 한편 실록에는 조기를 '석수어(石首魚)'로 기록하고 있습니다. 태종 실록에는 새로 난 석수어를 종묘에 천신했다는 기록이 있고, 성종 실록에는 성균관 학정이 가난하여 쌀 한 섬과 젓 두 통, 석수어 20속을 하사했다는 기록이 있습니다. 또 인조 실록에는 맛이 변한 석수어를 바친 사람에게 벌을 면해줬다는 기록이 있어 조기가 대표적인 진상 품목임을 잘 알 수 있습니다. 뿐만 아니라 조기는 궁궐에서 가장 자주 먹는 반찬이기도 했습니다. 인조 때인 1625년의 『승정원일기』에 의하면, 여러 빈(嬪) 이하 각처에서 1년간 소비한 석수어만 1만 3천여 속이라고 했습니다. 『세종실록지리지』 영광군 기사에는 "석수어는 군 서쪽의 파시평(波市坪, 법성포 일대)에서 난다. 봄과 여름이 교차하는 때에 여러 곳의 어선이 모두 모여 그물로 잡는다."라고 하여 법성포가 조선 시대 이래 조기의 황금 어장임을 잘 알 수 있습니다.

굴비 역시 영광의 법성포 굴비가 유명한데, 법성포에서 조기가 많이 잡히기도 하지만 지역 고유의 염장법이 있어 법성포 굴비가 가장 맛이 있기 때문입니다. 법성포에서 염장을 할 땐 일반 소금이 아닌 영광군 내 염산면 염전의 천일염을 사용하는데, 이 천일염은 1년 이상 보관한 것으로 간수가 잘 빠져 나가 맛이 제대로 들어있습니다. 또 소금을 뿌리는 섶장이 뿌려대는 소금양은 조기의 크기에 따라 그 양이 모두 다르고, 조기에 소금이 잘 배어들도록 간하는 시간이 제각각이어서 일반 사람들이 함부로 흉내 내기 어려운 염장법을 갖고 있었습니다. 이와 함께 법성포의 적절한 일조량과 습도, 바다에서 불어오는 북서풍이 자연스럽게 굴비를 건조시키며 비범한 맛을 만들어 내어 '굴비는 바람에 말린다'라는 말도 생겨났습니다. 조선 시대 굴비는 지금보다 더 세게 소금을 넣었습니다. 봄에 잡힌 조기를 오래 먹기 위한 고육지책으로 소금을 뿌린 후 사나흘 동안 절이고 보름을 넘겨 바짝 말렸습니다. 그러면 마치 북어같이 살이 쪽쪽 찢어지고 살이 일어날 정도가 되었습니다. 냉장고가 없던 조선 시대에는 잘 말려진 굴비 한 두름을 통보리가 보관된 뒤주 속에 넣어 보관했는데, 그러면 찬 기운을 갖고 있는 보리 덕분에 냉장 보관이 가능해질 뿐만 아니라 보리의 겉겨가 굴비의 기름을 잡아 주어 쫄깃한 맛을 보존시켜 주었습니다. 이것이 바로 '보리 굴비'입니다.

굴비와 관련된 설화로 누구나 다 아는 '자린고비' 설화가 있습니다. 인색하기로 이름난 구두쇠가 보리 굴비를 천장에 매달아 놓고는 가족들에게 밥 한 숟갈에 굴비를 한 번씩 보도록 했는데, 자식이 두 번 쳐다보니 굴비가 닳는다고 야단을 쳤다는 설화입니다. 그런데 이 이야기의 주인공이 실제로 있었으니, 인조 때 충북 음성에 살던 조참봉 댁 넷째 아들 조륵 (1649~1714)입니다. 그는 갖은 고생을 하며 재산을 모으고 자린고비 설화가 나올 정도의 엄청난 구두쇠 짓을 하여 만석꾼이 되었습니다. 그가 회갑을 맞이한 해에 전국에 가뭄이 들어 굶어 죽어가는 사람이 속출했는데, 소문난 구두쇠였음에도 곡식창고를 열어 아낌없이 기민을 구제했습니다. 기근이 지나간 후에 구제를 받은 기근민들이 그의 송덕비를 세웠는데 그 비명이 '자인고비(慈仁考碑)'였습니다. 죽음에 이른 사람들에게 자비를 베풀어 구해내니 그 은혜가 부모와 같다는 뜻이었는데, 이 비의 이름과 함께 그의 일화가 이야기로 만들어져 전해내려 온 것이 바로 '자린고비' 설화입니다.

자유로운 항해를 금지했던 조선 시대

조선 시대에는 배를 타고 나가 물고기를 잡는 것은 허용됐지만, 자신의 의지에 따라 신항로를 개척하거나 여행을 하며 다른 나라를 방문한 예는 매우 드물었습니다. 당시 외국에 가려면 국가의 허락을 받아야 했기 때문입니다. 조선 숙종 때 대마도에 가서 울릉도와 독도가 우리 땅이라는 문서를 쓰시마 도주에게서 받아 왔던 안용복 역시 한양에 압송된 다음, 사형까지 거론되었다가 겨우 목숨을 건졌지만 유배를 가야 했습니다. 그러나 어쩔 수 없이 파도와 폭풍에 휩쓸렸다가 돌아온 '표류'의 경우에는 이들의 고통을 참작하여 격려해 주는 것이 관례였습니다. 대표적인 경우가 류큐 왕국을 표류로 다녀온 김비의 일행에 대한 사건입니다. 그는 성종 때인 1477년에 강무, 이정등과 같이 밀감을 진상하기 위해 제주도를 출발하여 한양으로 향하던 중 추자도 앞바다에서 폭풍을 만나 류큐 왕국까지 판자를 타고 흘러가게 되었습니다. 그들이 류큐 왕국에서 후히 대접받은 것과 관련하여 다음과 같은 글이 실록에 수록되어 있습니다.

... 한 방울의 물도 입에 넣지 못한지가 무릇 열나흘이었는데, 이때에 이르러 섬 사람이 쌀죽과 마늘을 가지고 와서 먹였습니다....

이외에도 이들이 보고한 류큐의 사회, 경제, 문화, 풍속, 환경과 관련한 자세한 내용이 성종실록에 상세히 기록되어 있다. 이들에 대해 나라에서는 다음과 같은 상을 내려 격려를 하였다.

표류인 김비의 등 세 사람을 제주로 송환하고 명하여 2년의 노역을 면제해 주었으며, 반년의 식량과 바다를 건너가는 양식을 지급하고, 또 옷감 및 철릭(저고리와 치마가 붙은 형태의 남성용 옷) 각각 하나씩을 내려 주게 하였다.

-성종 10년 6월 20일 (을사) 3번째 기사

이렇듯 조선은 반도에 위치하면서도 어업에 종사하지 않는 이상 사적인 이유나 탐험을 위해 바다로 나가는 일은 허용하지 않았습니다.

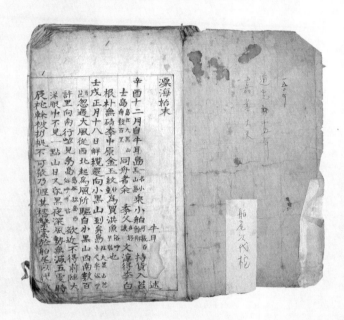

『유암총서(柳菴叢書)』 내부 김비의 일행처럼 1801년에 우이도를 출항한 문순득이 홍어를 사가지고 오던 중 표류하여 유구(현 오키나와)에 체류하게 되었다. 8개월 후 돌아오는 길에 다시 여송(현 필리핀)으로 표류했고 이후에도 중국 오문과 광동, 북경과 의주를 거쳐서 한양에 돌아온다. 그의 표류행적에 대해 당시 우이도에서 유배중이던 정약전이 기록했고, 이후 정약용의 제자 이강회의 문집 『유암총서』에 필사되었다.   출처: 문화재청

주모, 김치 없소?
나는 김치가 없으면
밥이 안 넘어가오.

아이고,
김치가 똑 떨어졌는데
동치미라도 드릴까요?

아, 김치라면 붉어야
제맛 아니겠소?

내 정신 좀 봐!
오이소박이를 담가 놓은 것이
있었는데 그것을 드리지요.

꿩 대신 닭이지만, 맛있게 먹으리다.

김치도 김치지만 오이소박이는
언제부터 담그게 되었을까요?

오이소박이 말이오?
백 년이 좀 넘었소.
내 그 역사를 이야기해 주리다.

차림 · 2

배추김치

오이소박이

임진왜란 이후 들어온
고추와 함께 탄생한 붉은 김치의 역사

19세기 이후 고추와 함께 생겨난 붉은 배추 김치

겨울에 우리나라를 대표하는 발효식품인 김치를 함께 담그고 나누는 김장문화는 2013년 유네스코가 지정한 세계문화유산입니다. 발효식품이란 유산균과 같은 유익한 미생물의 발효 작용으로 만들어진 식품을 말합니다. 김치는 발효과정을 거치면서 미생물에 의한 여러 성분변화가 일어나 김치 특유의 맛과 우리 몸에 좋은 영양소를 만들어 냅니다. 발효가 시작되는 과정을 우리는 '김치가 익어 간다'고 합니다. 발효가 진행되면 김치가 가지고 있었던 병원균이나 부패균 등은 서서히 죽어가고, 소금에 잘 견디며 공기가 필요하지 않은 김치 내의 유익한 유산균들은 급격히 늘어납니다. 또 각종 유산균의 작용으로 젖산, 초산 등과 탄산가스, 알코올 성분 등이 만들어져 우리가 익히 알고 있는 김치만의 시원하고 매콤한 맛과 향을 내게 됩니다. '김치가 잘 익었다'라는 건 김치의 비타민과

김장 준비 여럿이 모여 겨울 동안 먹을 김치를 담그는 것으로, 2013년에 유네스코 인류무형문화유산에 등재되었다.

무기질 등의 함량이 최고치에 이른 때를 일컫는 말입니다.

그럼 우리는 김치를 언제부터 담가 먹기 시작한 걸까요? 옛 문헌에서 김치를 의미하는 한문 용어는 '저(菹)'라는 글자입니다. 중국 기록에는 이미 3천 년 전의 문헌부터 이 단어가 나오는데 우리나라에 이 단어가 사용된 것은 고려 시대부터입니다. 중국의 '저(菹)'를 소금에 담가 만든다고 하여 '지(漬)'라고 쓴 것인데, 이 말은 현재도 우리 곁에 남아 있습니다. 짠지, 오이지, 섞박지 등이 그것입니다. 고려 시대의 김치와 관련한 대표적인 문헌은 이규보가 지은 『동국이상국집』입니다. 여기서 그는 집에서 기르는 6가지 채소를 소재로 한 「가포육영(家圃六詠)」이라는 시를 소개하고 있는데, "무청을 장에 담그면 여름 3개월 동안 먹기에 매우 마땅하고, 소금에 절이면 겨울에 능히 견딜 수 있다."라고 했습니다. 그의 시에 등장하는 채소는 오이, 가지, 순무, 파, 아욱, 박이었는데, 이 시를 통해 고려 시대에 채소를 여름에는 장에 절이고 겨울에는 소금에 절였다는 사실을 알 수 있습니다. 그러나 고려 시대까지만 해도 김치류는 소금에 절인 형태로 현재 우리가 먹는 동치미나 백김치의 형태였고, 이 전통은 조선 초까지 이어졌습니다. 세종 실록의 「사직정배찬실도(社稷正配饌實圖)」를 보면 순저(죽순김치), 청저(나박김치), 구저(부추김치) 등의 소금에 절인 다양한 저(菹)가 상에 올랐다고 실려 있습니다.

조선 시대에 들어서야 비로소 '김치'라는 용어의 어원을 문헌에서 찾아볼 수 있습니다. 김치의 어원이 어느 용어에서 비롯되었는가를 추적한 두 가지 학설이 있습니다. 첫 번째 학설은 역사서에 기록된 김치를 나타내는 말인 '침채'(沈菜)'에서 '김치'가 되었다는 것으로, '침채'는 '소금에 담근 채소'라는 뜻입니다. 1518년 김안국이 지은 의학서적인 『구급벽온(救急辟瘟)』에 딤채라는 말이 처음 보이고, 1525년 최세진이 어린아이들의 한자 학습을 위해 간행한 『훈몽자회』에는 채소를 소금에 절인 후 물을 부어 만든, 국물이 많은 김치를 딤채라고 적고 있습니다. 혹자는 '김장'의 어원도 같은 변화 과정을 겪었다고 주장합니다. 즉, 조선 시대엔 '김장'을 나타내는 용어가 '침장(沈藏)'이었는데 '침장'이 '팀장'으로, '팀장'은 다시 '딤장'으로 음운이 변하면서 오늘날 사용하는 '김장'이 되었다는 것입니다. 또다른 학설은 '함채(鹹菜)'라는 말에서 유래했다는 주장입니다. 중국어로는 '함차이(Hahm Tasy)' 또는 '감차이(Kahm Tasy)'라고 발음하는데 이것이 우리말로 옮겨지는 과정에서 '김치(Kimchi)'로 발음되었다는 것입니다.

김치 만드는 법에 대해 본격적으로 소개한 책으로는 1670년(현종 11년)에 정경부인 안동 장씨 장계향이 기록한 최초의 한글 요리서 『음식디미방』이 있습니다. 여기에는 소금 없이 따뜻한 물에 담가 숙성시키는 '무염침채(無鹽沈菜)' 방식의 김치가 소개되어 있습니다. 산갓 등의 채소를 작은 항아리에 넣고 따뜻한 물을 부은 다음 뜨거운 방구들에 놓아 익혀 먹는 식입니다. 또 오이김치를 가늘게 썰어 물에 우려 두고 꿩고기를 삶아서 길게 썬 다음, 함께 따뜻한 물에 넣어 소금을 넣고 숙성시켜 먹는 '생치침채법(生雉沈菜法)'이 소개되어 있습니다. 이것은 오늘날 김치에 여러 가지 젓갈류와 명태나 오징어 등의 동물성 식재료를 함께 넣어 버무리는 방법을 이미 조선 중기에도 하고 있었다는 걸 보여줍니다. 1680년경 숙종 때 조리법과 식품을 다루는 지혜 등을 소개한 작자미상의 『요록(要錄)』에는 모두 11종류에 달하는 김치류가 기록되어 있는데, 여기에서 주목할 점은 이때까지도 현재 우리가 먹고 있는 붉은 김치에 대한 내용이 없다는 점입니다. 고추 대신 향신료인 천초(川椒)를 사용했다는 기록이 있는데, 천초는 초피나무의 열매를 말합니다. 이러한 조선의 김치는 중국에도 소개되었습니다.

우리는 보통 김치하면 매콤하고 붉은 김치를 연상하는데, 기록을 추적해 보면 고추는 이미 임진왜란 이후 전래되었지만 18세기 초까지도 김치를 담글 때 고추를 이용하지 않았다는 것을 알 수 있습니다. 실학자의 선구자로 추앙되는 지봉 이수광은 백과사전류에 속하는 『지봉유설(芝峯類說)(1613)』을 저술했는데, 여기에서 고추의 전래를 전하고 있습니다. "남만초(南蠻草, 고추)에는 독이 많이 있는데, 왜국에서 처음 온 것이며 속칭 왜개자라 한다. 술집에서는 그 맹렬함을 이롭게 여겨 종종 씨앗을 소주에 넣는다." 그가 살았던 17세기 초에 이미 우리나라에 고추가 재배되고 있었다는 내용입니다. 그러나 당시만 해도 아직 김치에 고추를 이용하지는 않았습니다. 그렇다면 언제부터 김치에 고추를 사용했을까요? 현재까지 알려진 문헌 중에서 가장 이른 시기에 고추를 이용해 김치를 담그는 방법을 소개한 책은 1766년(영조 42년)에 출간된 유중림의 『증보산림경제(增補山林經濟)』입니다. 이 책은 홍만선이 지은 『산림경제(增補山林經濟)』를 보충하고 늘려서 지은 책인데 비로소 이 책에 김치를 만들 때 고추를 넣는 내용이 소개되어 있습니다. 이름하여 '침나복함저법(沈蘿葍醎菹法)'이라는 것인데, 무청이 달린 무에 청각채·호박·가지 등의 채소와 함께 마늘즙과 고추·천초·겨자 등의 향신료를 넣어 버무리는 방법이 나와 있습니다. 그 맛은 아마도 오늘날의 총각김치와 같을 것입니다.

여러 가지 젓갈과 붉은 고추가 들어간 양념으로 버무리는 현재의 김치가 출현한 것은 19세기로 추정됩니다. 광산 김씨 예안파 가문의 김유가 쓴 조리서인 『수운잡방(需雲雜方)』에는 '침채'라는 용어가 사용되었고, 1809년(순조 9년) 빙허각 이씨가 엮은 『규합총서(閨閤叢書)』를 보면 김치를 만들 때 고춧가루와 각종 젓갈류를 함께 사용하여 버무린다는 내용이 나오기 때문입니다. 서유구가 113권 52책으로 편찬한 박물관지인 『임원경제지』 중 「정조지(鼎俎志, 권41~47)」에도 오늘날과 같은 형태의 김치 90여 종이 소개되어 있습니다. 서유구는 김치의 종류를 엄장채(醃藏菜)·자채(酢菜)·제채(虀菜)·저채(菹菜)의 네 종류로 나누어 설명했습니다. 그중에서도 젓갈·장·생강·마늘·식초 등을 이용하여 발효시킨 저채를 우리나라에서 개발한 '발효시킨 후 바로 먹는 김치'라고 소개했는데, 이것은 오늘날 먹는 김치를 의미합니다. 또 19세기 말에 쓰인 작자 미상의 조리서인 『시의전서』에는 다양한 김치 담그는 방법이 소개되어 있어 김치가 이때부터 현재와 같은 형태로 자리 잡았다는 것을 알 수 있습니다.

한편 다산 정약용의 둘째 아들인 정학유가 헌종 때인 1846년에 지은 「농가월령가」 중 '10월령 十月令'에는 김장을 담그는 장면이 실감나게 묘사되어 있습니다.

> ...무우 배추 캐어 들여 김장을 하오리라
> 앞냇물에 정히 씻어 염담을 맞게 하소
> 고추 마늘 생강 파에 젓국지 장아찌라
> 독 곁에 중두리요 바탕이 항아리라
> 양지에 가가 짓고 짚에 싸 깊이 묻고

이 시를 통해 김치는 담그는 것도 중요하지만 맛을 잘 유지하기 위해 보관하는 것도 무척 중요하다는 걸 알 수 있습니다. 김치 항아리 하나를 굽더라도 대충 만드는 것이 아니라 봄기운에 얼은 땅이 스르르 녹기 시작할 때의 부드러운 흙으로 이른 봄에 처음 구워낸 독이라야 잡내를 잡아줄 수 있다고 했지요. 김치 항아리를 땅에 묻은 다음에는 「농가월령가」에 나타나 있듯이 김치 항아리를 짚으로 싸고, 산패를 막기 위해 김치를 돌이나 전복 껍데기로 눌러주며 그 위를 우거지로 덮어 공기가 닿지 않도록 했습니다.

그런데 조선 시대의 배추는 성긴데다가 잎사귀 조직이 축 처지고 단단하지 않아서 저장하기에 마땅치 않았습니다. 개성 지방에서 담그는 김장 김치용 보쌈 김치나 서울에서 담그는 통배추 김치와 같은 속이 꽉 찬 결구(結球)배추는 1850~1860년 무렵 중국에서 들여온 개량 품종입니다.

여름 김치로 거듭난 오이소박이

오이로 만든 김치를 대표하는 오이소박이도 배추김치와 마찬가지로 19세기에 등장했습니다. 오이는 3000여 년 전부터 중국사 사료에 등장했지만 소금으로 절여 만든 오이지 형태가 대부분이었습니다. 우리나라 고려 시대에도 오이와 소금을 이용하여 발효식품을 만들었다는 기록이 있는데, 대표적인 것이 앞에서 언급했던 이규보의 『동국이상국집』 중 「가포육영」과 고종 23년(1236년)에 지어진 편찬자 미상인 『향약구급방』입니다.

조선 시대 후기에 이르러 비로소 오늘날과 같은 오이소박이가 세상에 모습을 드러냅니다. 오이를 갈라 오이 속에 고춧가루로 버무린 갖가지 양념 소를 넣어 만든 오이소박이는 우리 조상들의 고유한 창작품입니다. 현재까지 알려진 조리서 중 오이 속에 소를 넣는 오이소박이를 가장 먼저 소개한 조리서는 18세기에 쓰인 작자 미상의 한글 필사본 조리서『주방문(酒方文)』입니다. 이 책을 보면 현재와 같이 갖가지 재료가 들어간 형태가 아니라 마늘만 소의 재료로 활용하고 있다는 걸 알 수 있습니다. 여기서 한 단계 발달한 것이 서유구의『임원경제지』에서 소개하고 있는 '황과담저법(黃瓜淡菹法)'입니다. 오이에 삼면으로 칼집을 넣은 다음 그 속에 고춧가루와 마늘을 넣어서 삭히는 것으로, 드디어 오이소박이 속에 고춧가루가 들어간 것을 확인할 수 있습니다. 그리고 19세기 말의 조리서인『시의전서』에 이르면 현재와 같은 생오이에 고춧가루와 여러 가지 식재료를 양념한 소를 넣어 만드는 방법이 소개되어 있습니다. 이러한 방법이 널리 전파되면서 오이소박이는 대표적인 여름 김치가 되었습니다. 특히 종가에서는 여름에 어르신 상에 올려 드리는 대표 김치로서 만드는 방법이 대대로 전해졌습니다. 한편 조선 시대에 오이소박이를 만들 때는 요즘 같이 오이를 토막 내지 않고 바깥쪽에 긴 칼집을 내어 소를 넣었고, 여름에 먹는 것이기 때문에 쉬지 않도록 하루 먹을 분량만 만들었습니다. 또 냉장고가 없었기 때문에 시원한 물을 넣은 넓적한 자배기에 오이소박이를 담은 항아리를 띄워 두기도 했습니다.

지금까지의 내용을 종합해 보면 고추는 임진왜란 후에 우리나라에 들어왔지만 현재와 같은 붉은 고추로 버무려진 김치나 오이소박이가 나타난 것은 19세기에 이르러서이며, 통배추김치의 재료가 되는 속이 꽉 찬 배추가 모습을 드러낸 지는 약 100여 년밖에 되지 않았다는 것을 알 수 있습니다.

삼국 시대에도 김치를 먹었다면?

우리나라 김치에 관한 가장 오래된 기록은 『삼국지』 「위서」 동이전 중 고구려 조에서 찾을 수 있습니다. "고구려인은 채소를 먹고, 소금을 멀리서 날라다 이용하였으며, 초목이 중국과 비슷하여 장양(藏釀, 염장시키는 것)에 능하다."라고 기록되어 있습니다. 이 기록으로 삼국 시대에 이미 저장 발효 식품이 생활 속에 자리 잡고 있었음을 확인할 수 있습니다. 그러나 당시의 김치는 소금으로만 절인 형태였습니다. AD 600년경 세워진 백제 미륵사지에서 높이 1m 이상의 대형 토기들이 발견되었는데 전문가들은 승려들의 거처에서 발견된 이 토기들이 겨우살이에 대비한 김장독으로 사용되었을 것이라고 추정하고 있습니다.

또 삼국문화의 영향을 많이 받은 일본의 『정창원 문서(正倉院 文書)』 등을 보면 '수수보리지'라는 김치에 대한 기록이 있습니다. 채소를 소금과 쌀가루를 이용해서 절인 김치로, 백제 사람인 수수보리가 전해주었다고 해 백제 시대에 이미 염장법이나 발효 식품을 개발하여 먹었음을 추정해 볼 수 있습니다. 오랜 전통을 이어온 김치의 종류는 각 지역에 따라 200가지가 넘습니다.

- **함경도** 가자미식해, 동치미, 백김치, 콩나물김치, 꿩김치, 무청소박이
- **평안도** 가지소박이, 백김치, 동치미, 지름섞박지
- **황해도** 섞박지, 호박김치, 고수무김치, 동치미, 호박김치, 쌈김치
- **경기도(서울 포함)** 쌈김치, 수삼나박지, 열무김치, 장김치, 오이소박이, 깍두기, 알타리동치미, 나박김치, 굴 깍두기, 통배추 김치
- **강원도** 해물김치, 얼갈이무김치, 무말랭이김치, 오징어채김치
- **충청도** 굴깍두기, 알타리동치미, 돌나물김치, 오이소박이물김치, 나박김치, 열무김치
- **전라도** 갓김치, 고들빼기김치, 씀바귀김치, 부추김치, 돌미나리김치, 우엉김치, 콩나물김치, 가지소박이, 오이소박이, 통배추김치, 파김치, 깻잎김치
- **경상도** 통배추김치, 콩잎김치, 파김치, 부추김치, 씀바귀김치, 고들빼기김치, 돌나물물김치, 돌미나리김치
- **제주도** 전복물김치, 제주도퍼대기김치, 유채김치, 해물김치

주모,
시장하니 국밥 한 그릇
말아 주시오.

이를 어쩌나.
국밥이 떨어졌는뎁쇼.

배가 등허리에 붙을 판이오.
주림을 넘길만한 것이 뭐 없소?

그러면 고구마
찐 거라도 드릴까요?

물론이오.
허기진 배를 채우기엔
고구마가 딱이오.

하긴, 고구마로
끼니를 이을 때도 많았지요.

고맙게도 고구마를 우리나라에
들여온 분이 생각나는구려.
그 분 이야기를 해 주리다.

차림 · 2

고구마

/

일본에 보낸
통신사를 통해 들여온
구황작물

/

기근을 해결하기 위해 도입된 구황작물, 고구마

전 세계 사람들의 사랑을 받는 고구마의 원산지는 아메리카입니다. 콜럼버스에 의해 유럽인이 몰랐던 새로운 대륙이 세상에 알려졌고, 유럽인들이 아메리카에 다녀오는 과정에서 아메리카의 식물들이 유럽으로 들어오게 되었습니다. 가장 대표적인 것이 담배와 고구마, 카카오, 옥수수, 파인애플 등입니다. 고구마는 이러한 작물들과 함께 16세기 이전에 중국으로 흘러 들어와 재배되기 시작했습니다. 그 증거로 1590년에 명나라의 이시진이 편찬한 의학 백과사전 『본초강목(本草綱目)』에 여러 품종의 고구마에 대한 기록이 있습니다. 건국 때부터 명과 왕래를 해왔지만 조선은 아직 고구마 품종을 국내로 들여오진 못한 상태였습니다. 아니, 그런 식물이 있는 것을 전혀 모르고 있었지요. 반면 일본은 일찍이 포르투갈이나 네덜란드 상인들과 교류를 해 오는 과정에서 자연스럽게 고구마 재배법을 알게 되어 이미 17세기부터 고구마를 키워 먹었습니다. 조선은 임진왜란과 병자호란을 겪으면서 전쟁을 통해 새로운 물산들이 쏟아져 들어왔지만 그때까지도 고구마는 들어오지 않았습니다.

마침내 고구마가 국내에 들어온 것은 18세기 중엽에 이르러서입니다. 지금은 고구마를 건강식이나 간식으로 먹고 있지만 조선에 고구마가 들어올 때는 매우 절박한 사정이 있었습니다. 풍수재해를 막기에 역부족이었던 조선 시대에는 몇 해나 가뭄이 계속되어, 전국의 산하에 먹거리의 씨가 말라 굶주림에 극심히 시달리고 있었습니다. 몇 달 동안 계속된 기근에서 먹거리를 해결할 수 있는 구황작물로 수입된 것이 고구마입니다. 조선 시대에는 얼마나 기근이 심했는지, 굶주림에 지쳐 아이를 버리

는 일들이 종종 일어나 나라의 큰 골칫거리였습니다. 이 실록 기사만 봐
도 잘 알 수 있습니다.

전라 감사 오시수가 치계하였다.

"기근의 참혹이 올해보다 더 심한 때가 없었고 남방의 추위도 올 겨
울보다 더 심한 때가 없었습니다. 굶주림과 추위가 몸에 절박하므
로 서로 모여 도둑질을 하고 있습니다. 그리하여 집에 조금이라도
양식이 있는 자는 곧 겁탈의 우환을 당하고 몸에 베옷 한 벌이라도
걸친 자도 또한 강도의 화를 당하고 있으며, 심지어는 무덤을 파서
관을 뻐개고 고장(藁葬)을 파내어 염의(斂衣)를 훔치기도 합니다.
빌어먹는 무리들은 다 짚을 엮어 배와 등을 가리고 있으니 실오라
기 같은 목숨은 남아 있지만 이미 귀신의 형상이 되어 버렸는데, 여
기저기 다 그러하므로 참혹하여 차마 볼 수 없습니다. 감영에 가까
운 고을에서 얼어 죽은 수가 무려 1백 90명이나 되고, 갓난아이를
도랑에 버리고 강물에 던지는 일이 없는 곳이 없습니다. 죄가 있는
자는 흉년이라 하여 용서해 주지 않는데 한 번 옥에 들어가면 죄가
크건 작건 잇따라 얼어 죽고 있어서 그 수를 셀 수 없고, 돌림병이
또 치열하여 죽은 자가 이미 6백 70여 인이나 되었습니다."

-현종 19권, 12년(1671 신해/청 강희(康熙) 10년)
1월 11일(계해) 1번째 기사

대기근이 계속되자 먹을거리 마련을 위해 도둑질을 하는데 심지어 무
덤을 파내어 수의를 훔치는가 하면, 어린아이들을 도랑에 버리거나 강물

에 던지는 일이 자주 일어난다는 것입니다. 하지만 아직 놀라기는 이릅니다. 너무나 배고픈 엄마가 자기 아이를 잡아먹는 일까지 발생했습니다.

충청 감사 이홍연이 치계하기를,

"연산에 사는 사노비 순례가 깊은 골짜기 속에서 살면서 그의 다섯 살된 딸과 세 살된 아들을 죽여서 먹었는데, 같은 마을 사람이 소문을 듣고 가서 사실 여부를 물었더니 '아들과 딸이 병 때문에 죽었는데 큰 병을 앓고 굶주리던 중에 과연 삶아 먹었으나 죽여서 먹은 것은 아니다.'고 하였다 합니다..."

-현종개수실록 23권, 12년(1671 신해/청 강희(康熙) 10년)

3월 21일(임신) 3번째 기사

소 돼지를 잡듯 도살해서 먹은 것은 아니지만 분명 배가 고파 사람을, 그것도 자기 자식들을 먹은 것은 맞습니다. 조선 후기만을 놓고 볼 때 이렇듯 대기근이 닥쳐와 나라의 시름이 깊었던 시기는 인조, 현종, 숙종, 영조, 순조 때입니다. 국가를 통치하는 국왕이나 국왕을 보필해야 하는 신하들 머릿속에는 굶주리는 백성들을 구제할 방법에 대한 고민과 걱정이 가득했습니다.

이러한 때에 일본에 통신사의 임무를 부여 받고 다녀온 조엄이 기근으로 인한 굶주림을 면하게 할 수 있는 큰 해법을 가져왔습니다. 물론 고구마의 도입을 말하는 것입니다. 고구마를 가져와 기근을 해결하는 데에 큰 공을 세운 조엄은 조선의 요직을 두루 거친 엘리트 세도가입니다. 조엄은 경상도 관찰사로 있는 동안 사람들의 칭송을 한 몸에 받을 정도의 업적을 쌓았습니다. 예를 들자면, 경상도 관내에 소속된 시노비(寺奴婢) 1만여 명이 부과하던 세금을 탕감시켜 주었고 가뭄을 겪고 있는 밭에 대한 세금도 깎아주었습니다. 이렇게 능력을 발휘하여 업무를 일사천리로 처리하고 백성들의 신뢰 역시 한 몸에 받게 되자, 영조는 조엄을 중앙 정계에 불러들여 요직을 맡깁니다. 그리고 1763년에는 그를 통신사에 임명하여 일본을 다녀오게 했습니다.

조엄 묘비 조선 후기 문신인 문익공 조엄 (1719~1777)의 묘비이다. 조엄은 영조 때 일본에 통신사로 가서 고구마의 종자를 가져오는 등 많은 공을 세웠다.
출처: 문화재청

조엄은 그해 8월, 447명의 통신사 사절단의 수장으로서 일본으로 떠나기 전에 영조를 찾아뵙고 하직인사를 드렸습니다. 영조는 조엄에게 '잘 갔다가 잘 오라[好往好來]'는 네 글자의 어필을 비단에 써 주면서 일본에 무사히 다녀오기를 축원했습니다. 지금이야 비행기를 타고 한 시간도 걸리지 않지만 조선 시대에는 부산을 거쳐 일본에 다녀오기까지는 수개월이 소요되었습니다. 조엄 역시 1763년 10월 6일에 부산을 출발하여 약 9개월 동안 일본에 머물다가 1764년 6월에 다시 부산으로 돌아왔습니다. 일본을 다녀오는 통신사가 흔히 그렇듯이 조엄도 매일 매일 기록한 일기를 토대로 여행 중에 지은 시와 일본 곳곳을 다니며 보고 듣고 느낀 것, 영조께 올린 보고서, 일본에 가져간 예물과 답례품, 일본 문인들과 교류한 내용을 담은 『해사일기(海槎日記)』를 저술했습니다. 이『해사일기』에 조엄이 쓰시마에 갔을 때 처음 본 식물에 대한 기록이 세세하게 기록되어 있는데, 그것이 바로 고구마입니다. 조엄 일행은 1763년 10월에 쓰시마의 사스나(佐須浦)를 방문했는데, 이곳에서 조엄은 신기한 식물을 보게 되고 그것을 본 단상에 대해 이렇게 기록하고 있습니다. "이 섬에 먹을 수 있는 풀뿌리가 있는데 '감저(甘藷)' 또는 '효자마(孝子麻)'라 부른다. 일본어로 '고귀위마(古貴爲麻)'라고 하는 이것은 생김새가 산약과 같고 무뿌리와 같으며 오이나 토란과도 같다."라고 말입니다. 조엄은 고구마를 먹는 방법에 대해서도 자세하게 기록했습니다. "…그것은 날 것으로 먹을 수 있고 구워서 먹을 수도 있고, 삶아서도 먹을 수 있다. 떡을 만들거나 밥에 섞든지, 되지 않는 것이 없으니 가히 흉년을 지낼 수 있는 좋은 자료이다."

이 글을 쓰는 조엄의 얼굴에는 기쁨과 희망이 가득했을 것입니다. 조선을 대표하는 관리로 먼 타국에 가서 임무를 수행하던 중에 굶주리는 고국의 백성들을 구제할 수 있는 먹을거리를 발견했으니 얼마나 기뻤겠습니까? 조엄은 즉시 고구마 종자 몇 말을 사들인 다음 부산진으로 보내서 심기를 권했습니다. 9개월 만에 다시 부산에 도착하고 나서도 동래 부사 시절 한솥밥을 먹었던 아전들을 모이게 하여 고구마 종자를 나눠주고 잘 키워 볼 것을 당부했습니다. 조엄은 쓰시마에서 세세하게 기록해온 고구마를 심는 방법, 재배법, 그리고 저장하는 방법을 동래부 사람들에게 알려주었습니다. 또 쓰시마와 비슷한 토양과 기후를 가지고 있는 제주도에도 보내 키워 보게 했습니다. 그래서 고구마를 맛이 매우 단 뿌리 식물이라 하여 '달 감(甘)'자를 써서 '감저'라고도 불렸지만, 섬 사람들은 조엄이 가져온 것이라고 해서 '조저(趙藷)'라고 부르거나 남쪽에서 들어온 것이라 하여 '남저'라고 부르기도 했습니다.

조엄이 처음 고구마를 가져왔을 때는 직접 밭에 심는 방법을 사용했습니다. 그러나 이런 방법으로는 싹이 나기 전에 고구마가 썩어 버리기 쉬웠기에, 새로운 작물인 고구마를 백성들이 쉽게 키우는 방법을 배울 수 있는 책이 필요했습니다. 고구마를 들여온 것은 조엄이지만 고구마를 재배하는 방법에서부터 수확하는 계절, 또 종자를 보관하는 방법 등에 대해 자세히 기록한 책인 『감저보』를 쓴 사람은 강필리입니다. 강필리는 1764년 8월에 처음 동래에 부임했는데 전임 부사이며 통신사로 일본에 갔던 조엄이 보내온 뿌리 식물이 자라는 것을 보고 신기해 하며 관찰을 하기 시작했습니다. 수확을 하고 보니 정말 조엄이 말한 것처럼 맛이 달고 영양분도 풍부할 뿐 아니라, 곡식을 대체하여 사람들의 굶주림을 해소시킬 수 있는 훌륭한 구황작물인 것을 알 수 있었습니다. 강필리는 무릎을 탁 치며 이것이야말로 굶주리는 백성을 구제하기 위해 하늘이 보낸 작물이라고 생각했고, 고구마를 성공적으로 재배하고 수확하는 방법을 체계적으로 설명한 『감저보』까지 저술하게 된 것입니다. 안타깝게도 『감저보』의 책자는 전해지지 않고 있어 그 자세한 내용은 겉장이 떨어져 나간 채 작자 미상으로 전하고 있는 「감저종식법(甘藷種植法)」을 통해 짐작해 볼 따름입니다. 이 책에는 '주저(朱藷)', '번저(番藷)', '홍산약(紅山藥)'과 같은 고구마의 다른 이름들이 소개되어 있어 흥미롭지요.

「감저종식법」에는 일반 식물과 비교해 보았을 때 확실히 차별화되는 고구마의 13가지 장점도 적혀있습니다. 고구마는 면적당 수확량이 많고 맛이 좋으며 사람의 몸에 좋고, 줄기가 땅을 덮고 뿌리가 내림으로써 풍우가 땅을 침식하지 못하여 흉년에 쌀을 대신할 수 있는 구황식물이라는 것입니다. 또 술을 담글 수 있으며 충해에 강하고 김매기에 공이 덜 들며, 생으로 먹어도 되고 삶아서 먹어도 되며 그릇에 담으면 수북하다고 적고 있습니다. 이 밖에도 냉장고가 없던 당시에 고구마를 썩지 않게 저장하는 방법도 자세히 소개하고 있습니다. 땅에 묻어 저장하거나 볏짚에 싸서 온방에 저장하는 것이 좋다는 것입니다. 끝으로 '구황 식물 이용법'을 알려주고 있는데, 기근이 덮쳤을 때 고구마 같이 쌀을 대체할 수 있는 식물인 솔껍질·송진·토란·무·대추·잣·개암·밀·천금초(千金草)·청양미(靑粱米)의 이용 방법도 소개되어 있습니다. 이 내용을 보면 조선 시대에 가뭄이 심해 배고픔을 면하기 위해 소나무 껍질을 벗겨 먹고 송진 가루까지 타 먹었다는 걸 알 수 있지요.

조엄이 고구마를 들여온 해에서 정확히 14년 후에 북학파의 거두 박제가 쓴 『북학의』에 고구마와 관련한 내용이 기록되어 있어 눈길을 끕니다. 나라에서 서울의 살곶이(箭串)와 밤섬에 고구마를 많이 심도록 권장했다는 내용으로, 불과 십여 년 만에 고구마가 중부 지방에까지 전파된 것을 짐작할 수 있습니다.

탐관오리의 상품작물로 전락하다

그런데 고구마가 전래된 지 30년이 지난 정조 때 호남외유사였던 서영보가 관찰한 바에 의하면 백성들이 고구마 재배를 꺼려하고 있는 것이 확인되었습니다. 서영보가 보고하기를, 관의 가렴주구 때문이라는 것입니다. 처음에 고구마를 보급할 때는 백성들이 앞 다퉈 심으면서 많은 도움을 받았는데, 얼마 되지 않아 고구마의 이로운 점을 알고 탐관오리들과 아전들이 나서서 엄청난 수량을 요구하거나 한 이랑 전체를 수탈해 갔다고 합니다. 열심히 경작해도 대부분을 빼앗기다보니 농민들은 재배를 꺼려했고, 때문에 가뭄을 겪어도 정작 구황작물인 고구마는 찾아볼 수 없는 형편이 되었다는 내용이었습니다. 조선 후기의 성군으로 이름난 정조 당시의 보고가 이 정도라면 토색질이 극에 달할 때인 세도정치 시기에는 어떤 상황이었을지 심히 짐작이 갑니다.

그래도 일부에서는 고구마 재배를 장려하기 위한 노력을 꾸준히 펼쳤습니다. 19세기에 들어 고구마 재배법을 널리 보급하기 위한 서적인『감저신보』와『종저보』도 출간되었습니다.『증보산림경제』권2에도 고구마와 관련한 서적의 지식을 총체적으로 정리한 내용이 기록되어 있습니다. 그 중 고구마 종자 보관법을 읽어 보면 냉장 시설이 발달하지 않았던 시대에 우리 선조들이 슬기를 모아 개발한 방법들을 확인할 수 있어 흥미롭습니다.『증보산림경제』의 고구마 저장법, 즉 장종법(藏種法)에 의하면 씨고구마는 반드시 10월 23일경인 상강(霜降) 전에 캐야 한다고 합니다. 고구마 중 모양이 온전한 것을 골라서 잘 씻어 말린 다음 움·망태·항아리·동이에 보관하라고 되어 있습니다. 짚으로 만든 식품 저장용 시설물인 움에 저장을 할 경우, 그냥 구덩이만 파는 것이 아니라 양지바른 곳에 구덩이를 판 다음 그 안에 말린 볏짚과 메밀을 타작한 후 남은 검불을 넣고, 참황토를 어리미(채)로 쳐서 그 위에 간 후에 고구마를 그 가운데에 깊숙이 넣어 보관하라고 알려주었습니다. 이때 고구마가 서로 닿으면 안 되며 비가 왔을 때 빗물이 새어 들어오는 일이 없도록 두껍게 지붕을 덮어주어야 한다고 썼습니다. 망태기에 넣어 저장할 때는 마른 볏짚으

망태기 풀(왕골)을 결어 만든 주머니로 물건을 담아 들거나 어깨에 메고 다니기 위해 만든 것이다.
주로 농사와 관련된 것들을 담았다.

로 만든 망태에 풀을 잘게 썰어 넣은 다음 그 가운데에 고구마를 넣고 온
방, 즉 따뜻한 방의 벽에 매달아 두라고 했습니다. 마지막으로 항아리나
물을 담아두는 동이에 보관할 때에는 아가리를 단단히 막아 두거나 흙을
동이에 담아서 고구마를 담은 후 역시 온방에 두라고 되어 있으며, 가끔
들여다보아 흙이 많이 마르면 새 흙으로 바꿔주어야 한다고 적었습니다.

하지만 고구마는 구황작물의 역할을 다하지 못하고 오히려 특수작물
로 재배되어 일반 곡식보다 10배 이익을 주는 상품작물이 되었습니다.
상품작물이 되었다는 것은 돈이 있는 사람만이 사 먹을 수 있었다는 것
으로, 많은 사람들이 구황작물로써 보급에 힘을 기울이고 나라에서 나
서서 전국적으로 재배를 확대시키려 한 것이 큰 효과를 거두지 못했음을
보여줍니다. 이를 반증하는 것이 19세기의 대표적인 백과사전식 전서로
1837년 이규경이 쓴 『오주연문장전산고』의 고구마에 대한 기록입니다.
이규경은 고구마가 처음 도입된 지 80여 년이 지났지만 아직 기호지방에

완전히 보급되지 못했으며, 구황작물의 역할을 하지 못하고 호사가들에 의해 기호지방 일부에서 재배되고 있을 뿐이라고 했습니다. 조선사를 깊이 파헤쳐 볼수록 탐관오리들의 만행에 민초들이 스러지고 좌절하는 모습을 면면히 살펴볼 수 있어 가슴이 저립니다.

조선의 문화 사절단, 통신사

임진왜란이 끝난 후 조선은 일본과 국교를 단절했습니다. 그러나 새롭게 에도 막부를 수립한 도쿠가와 이에야스가 적극적으로 국교 재개를 원하며 임진왜란 때 잡아간 포로 수천 명을 송환시키는 성의를 보이자, 광해군은 1609년에 일본과 기유각서를 맺고 국교를 재개했습니다. 기유각서를 맺기 2년 전부터 1811년까지 조선은 일본에 모두 12차례의 통신사 사절단을 보냈는데, 1811년 이후에는 에도 막부의 쇄국정책이 강화되면서 통신사 파견이 중단되었습니다. 여기에서 유의할 점은 1회에서 3회까지는 통신사가 아니라 '회답겸쇄환사(回答兼刷還使)'라는 명칭이었다는 것입니다. 일본이 우리에게 국교를 재개하자고 요구했기 때문에 이에 회답한 것이며, 임진왜란 때 잡혀간 포로를 쇄환시키는 것이 목적임을 분명히 한 명칭이지요. 4회부터는 통신사라고 칭했는데 파견의 목적은 '장군 습직 사절단'으로, 에도 막부의 새로운 장군이 장군직을 계승하게 되었을 때 축하 사절단으로 방문한 것입니다. 그 과정에서 일본에 여러 가지 문화를 전해주고 또 새로운 문화를 가져오게 되었습니다. 일본이 조선 통신사에 얼마나

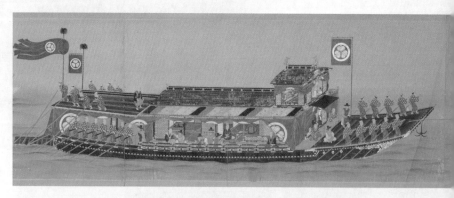

조선의 국서를 싣고 일본의 강을 건너는 배 어느 시기의 통신사를 묘사한 것인지는 알 수 없지만, 통신사 일행이 탄 배가 조선 국왕의 국서를 받고 오사카의 요도가와강을 지나는 장면을 그렸다.
출처: 국립중앙박물관

호의적이었는지는 1607년(선조 40년)에 정사 여우길, 부사 경섬, 종사관 정호관이 사행인원 504명과 함께 처음 방문했을 당시, 막부의 장군이 직접 젓가락으로 요리를 해 주었다는 일화를 통해 잘 알 수 있습니다. 통신사 사절단은 일본에 도착하여 매우 융숭한 대접과 함께 동경의 시선을 받았는데, 때문에 귀국할 때까지 문인들은 쉴 새 없이 글을 써 줘야 했고 도화서 출신 화가들은 지쳐 쓰러지기 일보 직전까지 그림을 그려줘야 했습니다. 도화서 화가 중에는 김홍도도 있었습니다.

통신사 행렬을 맞는 것은 일본에게는 큰 축제와 다름 없었습니다. 섬나라이기에 새로운 문화에 대한 기다림이 컸기 때문입니다. 통신사 행렬을 전통 민속춤으로 만든 '당인의 춤'이 아직도 일본에서 전승되고, 현재도 실제 공연되고 있는 것을 통해 통신사가 일본에 많은 영향을 주었다는 걸 알 수 있습니다.

주모,
엽전이 부족하다고 술안주로
감자 조림이 뭐요?

돈 없는 양반이
감자 조림이라도 있는 게
다행이지…

감자는 이런 반찬거리가
아니란 말이오.

아시니 다행이네.
감자로 배를 채우는
사람도 많지요.

내 말이 그 말이오.
감자 때문에 질긴 도둑질에서
벗어난 사람들
이야기를 해 보리다.

술값이나 주시지
무슨 이야기로 때우실 작정인가.
쯔쯧.

차림 · 4

감자

/

서구의 이양선을 타고 온
백성의 음식

/

낯선 이들을 통해 들어온 구황작물, 감자

감자는 고구마와 마찬가지로 아메리카가 원산지입니다. 남아메리카의 안데스 산맥 지역에서 7천 년 전부터 경작된 작물이지요. 16세기 이후 유럽인들이 아메리카 대륙을 침입하여 식민지를 만든 이후에 원주민들이 감자를 먹는 것을 보고 식품임을 알게된 작물이지요. 그러나 감자는 워낙 생김새가 울퉁불퉁하고 볼품이 없어서 유럽인들의 주목을 받지 못했습니다. 심지어 프랑스에서는 감자를 먹으면 한센병에 걸리니 절대 먹어서는 안 된다는 포고령이 내려지기도 했습니다. 그러다가 영국이 아일랜드를 식민지로 만든 이후 밀을 비롯한 주식이 되는 곡식 대부분을 강제로 수탈해 가면서 아일랜드인에게 남은 유일한 먹거리는 감자가 되었습니다. 그러나 감자에 마름병이라는 전염병이 생기면서 1845년부터 1852년까지 7년간 '감자 대기근'이 아일랜드를 덮칩니다. 영국의 빅토리아 여왕은 아일랜드의 반영 항쟁에 대한 보복으로 도움은커녕 대체 식품 수입까지 막아버렸습니다. 이때 아일랜드인의 25%가 굶주림으로 죽어

<기근(Famine)> 1997년에 작가 로완 길레스피(Rowan Gillespie)가 완성한 청동 작품이다. 아일랜드의 감자 대기근 당시를 묘사했다.

갔고, 100여만 명이 아일랜드를 탈출하기 위해 아메리카로 가는 이민선에 올라탔지만 대부분이 배안에서 굶주림과 병마에 시달리다가 생을 마쳤습니다. 현재 아일랜드의 수도 더블린 항구 입구에는 조각가 로완 길레스피가 만든 〈기근〉이라는 조각상이 서 있습니다. 피골이 상접한 한 가족이 이민선을 타기 위해 한걸음 한걸음 힘겹게 발걸음을 옮기는 모습입니다. 아일랜드 외에도 유럽의 여러 국가에서 감자는 중요한 식량이었습니다. 영국의 산업혁명 시기에는 감자가 식비를 줄이기 위해 정책적으로 노동자들에게 권장하는 식품이 되면서 빈센트 반 고흐를 비롯한 인상파 화가들의 그림에서 가족들이 모여 감자를 먹는 모습을 종종 볼 수 있습니다.

감자에 얽힌 가슴 아픈 세계사를 거론하는 것은 그 비애가 동서양이 다르지 않기 때문입니다. 일제 강점기에 우리도 산미증식계획으로 수탈을 당하고 잡곡으로 연명했고, 새 땅을 개간하기 위해 간도로 간 후 불모지에서 몸부림치면서 허기진 배를 감자로 채웠습니다. 그러다가 1920년 말부터 1921년 초까지 일제가 청산리 대첩의 보복으로 행한 간도참변으로 무자비한 살상을 당해야 했지요.

그럼 서민의 음식이었던 감자는 조선에 언제 들어왔을까요? 이와 관련해서 여러 가지 설이 있습니다. 먼저 스스로를 '간서치(看書癡, 책만 읽는 바보)'라 칭했던 이덕무의 손자인 이규경이 엮은 19세기의 대표적인 백과사전인 『오주연문장전산고』를 살펴보면, 감자는 헌종 때인 1824년에서 1825년 사이에 처음 조선에 들어 왔다고 합니다. 몰래 조선에 들어와서 깊은 산속을 헤매며 인삼을 캐던 청나라 사람들이 산 속에서 끼니를 해결하기 위해 경작해 먹던 것이 감자였다고 합니다. 이규경은 이 사람들을 '채삼자(採蔘者)'라고 불렀습니다. 그들이 국경을 넘어 청나라로 돌아간 후 밭이랑 사이에 남아있던 토란같이 생긴 작물을 우리 농민이 무심코 가져와 밭에 옮겨 심었는데, 별 돌봄이 없이도 잘 자라며 번식이 되어 자연스럽게 감자를 재배하게 되었다고 합니다. 더구나 감자를 삶아서 먹어 보니 맛 또한 좋았고 배가 불러 따로 끼니를 먹지 않아도 되었습니다. 몇 개를 쪄서 주머니에 넣은 후 밭일을 하다가 허기질 때 주머니에서 꺼내어 먹으면 세상을 다 가진 것 같이 배가 불러왔지요. 따뜻할 때에는 김이 모락모락 나면서 먹음직스러웠고 손에 잡고 먹으면 그뿐이어서 젓가락이나 숟가락도 필요 없었습니다. 조선 사람들은 이 작물의 이름을 청나라 상인에게 물은 끝에 이것이 북방 감저인 것을 알았고, 이후 북저로 불리면서 널리 식량 대용으로 먹게 되었다고 합니다. 이규경이 『오주연문장전산고』를 쓴 시기는 감자가 처음 들어온 지 20여 년이 지난 때였는데, 고구마와 달리 감자는 줄기만 옮겨 심어도 쉽게 경작할 수 있을 정도로 번식력이 강하여 한반도 북부 전역에 확대 재배되고 있다고 기록하고 있습니다. 특히 감자 생육 조건에 알맞은 강원도에서 널리 재배되어 흉년이 닥쳤을 때 양주, 원주, 철원 지역에서는 저장해 둔 감자 덕분에 굶주림을 면할 수 있었다고 합니다.

이규경은 감자의 전래에 대해 다른 설도 전하고 있습니다. 함경도 명천부에 사는 관상쟁이 김모씨가 연경을 갔다가 감자 종자를 얻어 왔다는 것입니다. 이규경의 기록을 증명하듯이 감자를 '북저' 혹은 '북감저'라고 합니다. 고구마가 일본에서 들어와 '남저'라면 감자는 북쪽에서 들어왔기 때문입니다. 하지만 고구마도 여러 이름이 있듯이 감자를 부르는 이름은 이것뿐만이 아닙니다. 땅에서 나오는 것이라고 해서 '지저(地藷)', 감자를 들어보면 꼭 말에 달려있는 방울같이 생겼다고 하여 '마령서(馬鈴薯)', 청나라 사람 오기준이 1848년 발행한 약용식물에 대한 책인『식물명실도고(植物名實圖考)』에 표기된 명칭인 '양우(陽芋)'로 불리기도 했습니다. 또 감자를 '양저(洋藷)'라고 부르기도 하는데, 북쪽이 아니라 이양선을 타고 온 서양인에 의해 처음 전래되었다는 설이 반영되었기 때문입니다. 이 내용은 1862년 김창한이 저술한『원저보(圓藷譜)』에 기록되어 있습니다. 김창한의 부친에 따르면 그는 서해안의 전라북도 연안에 살던 사람이었는데, 1832년(순조 32년)에 영길리국(英吉利國), 즉 영국의 이양선이 나타나 통상을 요구하면서 해안가에 약 1개월간 정박했다고 합니다. 1832년은 이미 조선에 감자가 들어온 지 7~8년 정도 되었을 때입니다. 당시는 통신이 느렸기 때문에 함경도 지역에서 감자가 생산되었다 해도 남쪽 지방에서는 아직 그 존재를 모를 수 있습니다. 김창한의 부친은 1개월 동안 이양선을 타고 온 서양 선교사와 접촉하게 되었고, 서양 선교사는 주민

카를 귀츨라프 독일 출신으로 동아시아에서 활동한 선교사이다. 저서로『1831~33년의 중국 연안의 3번의 항해 일지- 시암, 조선, 류큐 제도의 관찰(1834)』가 있다.

들의 마음을 사로잡기 위해 감자를 나눠주고 재배하는 법도 알려주었습니다. 김창한의 부친이 감자 재배법을 주변에 널리 알려주어 감자가 퍼져 나가게 되었으며, 김창한은 부친이 성공한 감자 재배법을 체계적으로 정리하여『원저보(圓藷譜)』를 저술했다고 합니다.

전문가들은 이 배가 1832년 조선에 최초로 모습을 나타냈던 영국 이양선 로드 암허스트호이며, 김창한 부친에게 감자 재배법을 알려준 선교사는 네덜란드 선교회 소속 목사인 카를 귀츨라프(Karl Friedrick August Gutzlaff, 1803~1851)임을 밝혀냈습니다. 그의 중국식 이름은 곽실렵(郭實獵)인데 이 사람이 바로 조선을 찾아온 최초의 선교사입니다. 조선에 감자가 전래된 것에 대한 북방설과 남방설 모두 설득력이 있는 내용인 듯합니다.

본격적으로 자리 잡기 시작한 서민의 작물

감자 역시 고구마만큼 좋은 구황작물이었지만 고구마와 마찬가지로 조선 관리들이 감자 재배의 뒷다리를 잡았습니다. 감자의 장점을 잘 알면서도 감자 재배를 허용했을 때 농민들이 감자만 심고 곡물 재배를 꺼려할 수 있다하여 감자 재배 금지령을 내린 것입니다. 그런 가운데 함경도 무산의 수령으로 부임한 이형재가 감자를 잘 경작하면 기근에 유용한 구황 작물이 될 것이라고 생각하여 농민들에게 씨감자를 달라고 했지만 구할 수가 없었습니다. 농민들은 씨감자를 내줄 경우 감자를 재배하지 말라는 포고령을 어긴 것이 발각될까봐 내놓지 않은 것입니다. 할 수 없이 수령 이형재는 농민들에게 당시로서는 값이 비쌌던 소금을 씨감자와 바꿔 가게 하여 종자를 구할 수 있었습니다. 그리고 그의 노력으로 함경도를 비롯한 한반도 북부에 감자 재배가 널리 확대될 수 있었습니다.

한편 1912년에 발간된 〈조선농회보(朝鮮農會報)〉 7월호에 의하면 감자가 선교사에 의해 1879년에 서울에 수입되어 1883년부터 재배되기 시작했다고 합니다. 고구마보다 확산 속도가 더 빠르며 키우기도 간편한 감자는 일제 강점기에 이르러 총독부가 중점적으로 권장하는 농산물이 되었습니다. 제1차 세계 대전 이후 일본에서 쌀값 상승으로 폭동이 일어나자 일제는 식민지 조선에서 쌀을 강제로 증식하여 생산하게 한 후 무차별로 본국으로 실어가 버렸습니다. 조선인들이 쌀이 부족하여 굶주림에 허덕이게 되자 간도에서 잡곡을 수입하는 한편 정책적으로 감자 재배를 권장합니다. 이때 일제가 보급한 것이 '남작'이라는 품종의 감자입니다. 미국 품종의 이 감자가 영국에 수입된 후 일본의 가와다(川田) 남작이 영국에서 일본의 홋카이도로 처음 도입하면서 감자 이름을 '남작'으로 부르게 된 것입니다. 이 감자는 분질 감자라 하여 삶으면 껍질이 벗겨지고 먹으면 입에서 부드럽게 부서지는 맛이었습니다. 그런데 해방 이후엔 분질 감자 대신 '수미'라는 미국 품종의 감자가 널리 보급되면서 진득한 맛이 있는 점질 감자를 많이 재배하게 되었습니다. 어른들은 이 감자보다 옛날 감자가 맛있다고 하며 일제 강점기 때 재배되었던 감자를 그리워하기도 합니다. 그러나 사실 그 감자는 일제가 정책적으로 보급시킨 감자일 뿐, 조선 시대 때부터 재배된 품종은 아닙니다.

한편 감자는 서늘한 곳에서 잘 자라고 더 굵어지기 때문에 강원도의 고냉 지역에서 키운 감자가 씨감자로 전국에 보급되면서 강원도 특산물의 으뜸이 감자가 되었습니다. 강원도에서 감자를 키우게 된 것은 굶주림에 허덕이며 산야 이곳저곳에 불을 질러 임시로 곡물을 재배하고 또다른 농사지을 곳을 찾아 산속을 뒤지고 다녔던 화전민들이 끼니 대신 감자를 먹은데서 시작된 것입니다. 현재 우리나라 감자 생산에서 강원도는 33%를 차지하고 있고, 두 번째로 감자를 많이 재배하는 곳인 제주도가 22%를 생산하고 있습니다. 제주도에서 생산한 감자는 특산물로써 한양으로 납품되기도 했습니다. 제주도에서는 감자를 '지실(地實)'이라고 불렀습니다. 울릉도 역시 지형상 쌀농사가 어려워 사람들이 이주하여 집중적으로 살기 시작한 1880년대부터 옥수수나 감자를 주식으로 먹으면서 울릉도를 대표하는 울릉홍감자가 탄생했습니다. 자생종인 울릉홍감자는 현재 몇 안 되는 곳에서 근근이 재배를 이어가고 있습니다.

조선에 최초로 통상을 요구한 이양선, 로드 암허스트호

『조선왕조실록』을 보면 19세기 전에도 조선에 이상하게 생긴 배로 묘사된 이양선이 여러 차례 출현했다는 걸 알 수 있습니다. 그 배들은 조선을 기항지로 찾아온 것이 아니라 폭풍우를 만나 표류해 온 배였습니다. 그러나 1832년(순조 32년)에 나타난 영국 상선 로드 암허스트호(Lord Amherst)는 조선과 정식으로 통상을 하기 위해 항해를 해 온 배로, '조선 역사상 최초의 통상을 요구한 서양 배'라는 기록을 남겼지요. 67명이 승선한 500톤 급의 영국 동인도 회사 소속의 상선으로, 3층으로 이루어져 있었으며 작은 보트 4개가 달린 배였습니다. 로드 암허스트호는 음력 6월 21일에 황해도 몽금포에 도착하여 아전들과 필담을 나눈 후 다시 남하하여 음력 6월 26일에 충청도 홍주 고대도(지금의 충남 보령시 오천면) 안항에 도착했습니다. 항해를 이끌고 있던 린제이(Hugh Hamilton Lindsay)는 홍주 목사 이민회에게 천리경, 금단추, 모직천, 서적 등의 예물과 조선 국왕에게 제출하는 서한을 주면서 문호를 개방하여 무역 협정을 맺을 것을 요청했습니다. 그들은 자신들이 싣고 온 서양포, 서양 직물과 유리 그릇, 달력을 조선의 광물과 대황(大黃) 등의 약재와 교역하게 해 달라고 요구했습니다. 그러나 조선 정부는 청의 번국(藩國)으로서 중국 황제의 허락 없이는 교섭을 할 수 없어 교역에 응할 수 없다고 거절했습니다. 그리고 사실 조선 정부는 바닷길로 수만 리 떨어져 있는 영국과 교류를 할 필요성을 느끼지 못했지요. 하지만 그들은 태안 주사창리의 주민들에게 책 등을 던져 주며 대화를 시도했는데 이때 감자도 전해진 것으로 여겨집니다. 교섭에 실패한 로드 암허스트호는 음력 7월 20일에 조선 국왕에게 보내는 주문(奏文)과 예물은 그대로 둔 채 돌아갔습니다. 오늘날 숭실대학교 부설 한국 기독교 박물관에는 로드 암허스트호의 통역관이자 조선에 최초로 나타난 선교사인 구츨라프가 기록한 『로드 암허스트호 항해기』가 소장되어 있습니다.

주모,
그 시커먼 것이 뭐요?

춘장이라고 중국 사람들이
만든 장이라네요.

되놈들이 우리 입맛에 맞게
만들었다는 그 장이구려.
혹시 자장면 먹어 보았소?

자장면이요? 중국음식인가요?
처음 듣는 텝쇼.

달짝지근한 게 아주 맛나다오.
그것도 되놈들이 우리한테 팔려고
만든 음식이라오.

중국 사람들이 먹던
음식이 아니구요?

중국 음식이긴,
내 자장면 탄생 비화를
애기해 주리다.

차림 · 5

자
장
면

조선의 아픈 근대화 역사를 품고
탄생한 음식

우리나라에만 있는 중국 음식, 자장면

자장면은 중국의 '작장면(炸醬麵)'을 우리말로 표현한 것입니다. '장(醬)을 볶아(炸) 얹어 먹는 국수(麵)'라는 뜻이지요. 그러나 중국의 작장면과 한국의 자장면은 그 맛에서 확실히 차이가 납니다. 중국의 산둥 지방에서 먹던 작장면은 국수를 차가운 물에 헹군 후 그 위에 중국 된장을 얹어 비벼 먹는 것이었습니다. 이에 비해 한국의 자장면은 막 삶아낸 뜨끈한 국수 위에 단맛이 나고 걸쭉한 소스를 부어 비벼 먹습니다. 한 마디로 "중국에는 자장면이 없다."가 정답입니다. 자장면은 한국인의 입맛에 맞게 특별히 개발한 춘장으로 만들어졌는데, 윤기가 나고 단 맛이 나는 것은 중국 된장인 미옌장(甛麵醬)에 카라멜 소스와 물기가 적절히 혼합되었기 때문입니다. 1970년까지만 해도 입학식이나 졸업식, 생일날에 축하음식으로 겨우 먹을 수 있었던 자장면의 역사는 그렇게 길지 않습니다. 그런데 이 자장면이 나타나게 된 배경에 서글픈 우리의 근대화의 역사가 자리 잡고 있습니다. 지금부터 자장면이 등장하기까지 어떤 시대적 배경이 있었는지를 알아보려 합니다.

19세기에 세도정치를 겪는 동안 부정부패로 얼룩진 혼탁한 정치 속에서 자생력을 잃어버린 조선은 홍선대원군이 집권한 이후 왕권을 회복하고 바닥난 국가 재정을 보충하는 듯 했습니다. 하지만 서양의 제국주의가 아시아로 몰려오는 중이었는데도 국제적 정세를 전혀 읽어내지 못하고 있었습니다. 홍선대원군의 집권기인 10년 동안 나라의 문을 굳게 걸어 잠그는 통상수교거부 정책이 계속되었고, 프랑스가 강화도로 쳐들어

온 병인양요와 미국이 공격해 들어온 신미양
요를 물리친 후에는 '양놈 오랑캐와 수교를 맺
는 것은 나라를 파는 것이다'라는 내용의 척화
비를 전국에 세우면서 더욱 경계 태세를 강화
했습니다. 과거에는 흥선대원군의 외교 정책
을 '쇄국정책'이라고 했으나, 최신 연구를 반영
한 교과서에서는 완전히 봉쇄한다는 의미가
강하게 느껴지는 '쇄국정책' 대신에 '통상수교

가덕도 척화비 흥선대원군
이 서양 세력에 대한 경계심
을 드높이기 위해 전국 곳곳
에 세우게 한 척화비 중 부산
가덕도에 있는 것이다.
출처: 문화재청

거부정책'이라는 표현을 쓰고 있습니다. 우리
가 나라의 문을 굳게 닫고 있던 10년 동안 세
계는 하루가 다르게 변화하고 있었지만 조선
은 그저 민족적 자부심에 취해 있었습니다. 이런 가운데 흥선대원군이
물러나고 왕비 민씨(후에 명성황후로 추존)의 외척들인 여흥 민씨가 집권하
며 일본이 일으킨 운요호 사건에 말려 들어 강화도 조약을 맺고 나라의
문을 활짝 열게 되었습니다. 강화도 조약은 우리나라가 외국과 맺은 최
초의 근대적 조약이었지만 일본이 국제정세에 어두운 조선의 등을 친 불
평등 조약으로, 일방적으로 일본에 유리한 조항들이 체결되었습니다. 병
자호란 이후 청에 패배하여 조선 스스로 '번국(藩國)'이라 칭하는 청의 속
국이 되었다는 것을 잘 알고 있는 일본은 강화도 조약 제1관에서 '조선과
일본은 동등한 자주국이다.'라는 조항을 넣어 청의 종주권을 부인하고
조선을 차지할 야심을 가졌습니다. 일본은 강화도 조약을 맺으면서 일본
의 선박들이 조선의 해역을 자유자재로 드나들 수 있는 자유해안 측량권
을 인정하도록 했습니다. 또 가장 정치 군사적으로 중요한 요충지 3곳을
개항시켰고, 조선에 거주하는 일본인들이 범죄를 저질러도 일본 법률의

적용을 받도록 하는 치외법권을 인정하게 했습니다. 이어 맺은 부속 조약에서는 최소한의 양심도 없이 무관세 주의를 채택하게 했습니다.

임오군란을 이용해 조선을 종속하기 시작한 청나라

조선과 일본이 근대적 조약을 맺고 조선의 문호를 활짝 열리게 하자, 아편 전쟁(1840년) 이후 서양 제국주의 세력에게 각종 이권과 조차권을 빼앗겼던 청은 자신의 속국이던 조선마저 일본에게 빼앗길까 봐 위기감이 들었습니다. 그래서 여러 가지 방법을 모색하면서 일본에게 빼앗긴 선수를 회복할 기회를 호시탐탐 엿보고 있었습니다. 이러한 청에게 다시 종주국의 모습을 되찾게 해 준 사건이 1882년에 일어난 임오군란입니다. 임오군란은 구식 군인들이 신식 군대인 별기군과의 차별대우에 불만을 품고 일으킨 난입니다. 당시 구식 군인들은 무려 13개월간의 급료가 체불되어 있었습니다. 앞서 흥선대원군은 매우 검소하여 각종 강력한 조치로 국가 재정을 튼튼히 확보해 놓았는데, 대원군이 하야하고 민씨 정권이 들어선지 10년이 채 지나지 않아 국가 재정이 고갈됐기 때문입니다. 그 까닭은 무엇일까요? 그것은 고종과 왕비 민씨의 사치, 그리고 매관매직을 일삼았던 민씨 정권의 부정부패 때문입니다. 『매천야록』을 지은 황현에 의하면 놀기를 좋아하는 고종은 섭정인 흥선대원군이 물러나고 모든 것을 자신이 결정하는 친정(親政)이 시작되자 매일 밤마다 잔치를 열어 광대, 무당, 소경들을 불러들여 공연을 했다고 합니다. 또 왕비 민씨는 몸이 약한 원자의 건강을 빈다며 전국 팔도의 명산에 제물을 바치며 굿을 하기도 했습니다. 이런 식으로 고종과 왕비가 하루에 천금을 소모하다 보니 내수사에 있는 물량으로는 지탱할 수 없어 호조와 선혜청의 공금을 공공연히 가져다 썼다는 것입니다. 또 황현은 『매천야록』에서 왕비 민씨가 재정이 부족해지자 민규호에게 명하여 수령 자리를 팔게 했다는 이야기를 전하고 있습니다. 민규호는 차마 관직을 매매할 수는 없다고 생각하여 수령 자리 응모자가 없도록 하기 위해 보통 1만 꾸러미 하던 수령 자리의 가격을 2만 꾸러미로 올렸다고 합니다. 그런데도 수령 자리는 남김없이 팔려나갔고 그렇게 수령 자리를 산 사람들이 백성들을 혹독하게 가렴주구하여 민규호가 후에 가슴을 치고 후회했다고 기록하고 있습니다. 그런데 임오군란은 그러한 세월이 8년이나 지난 후에 일어난 사건이었으니 당시 구식 군인에게 줄 재정이 남아 있을 턱이 없겠지요. 그러면서도 양반 자제로 구성되어 있는 별기군에게는 새로운 군복과 높은 급료, 새로운 신식 무기가 배부되자 구식 군인들의 마음엔 큰 불만이 쌓이게 되었습니다.

그러던 중 드디어 전라도에서 세곡선 한 척이 들어와 밀린 13개월의 월급 중 1개월분을 지급하겠다는 통지가 왔습니다. 구식 군인들은 기쁜 마음에 달려갔는데 급료로 나누어준 곡식은 선혜청 당상관인 민겸호의 부정 때문에 겨와 모래가 섞여있을 뿐 아니라 양도 절반에 불과했습니다. 이것에 대해 포수 김춘영과 유복만 등이 항의를 했으나, 오히려 항의를 한 구식 군인을 옥에 가두고 처형을 결정했고 이에 잔뜩 화가 난 구식 군인들이 난을 일으켰습니다. 하지만 사태 수습이 걱정됐던 구식 군인들은 홍선대원군을 찾아갔고, 다시 일어설 기회를 노리고 있던 홍선대원군은 구식 군인들을 이용하기 시작했습니다. 구식 군인들은 홍선대원군이 암시한 대로 민겸호와 일본 교관 호리모토를 죽인 후, 이 모든 것의 책임을 묻기 위해 경복궁을 난장판으로 만들면서 왕비 민씨를 찾아다녔습니다. 그러나 왕비 민씨는 이미 궁녀의 옷으로 갈아입고 궁을 빠져나간 후였습니다. 사태가 커지자 구식 군인들의 강력한 요구를 고종이 받아들였고, 섭정으로 돌아온 홍선대원군은 모든 제도를 개화 이전으로 돌려 개화 정책에 빗장을 채웠습니다. 그리고 행방불명된 왕비 민씨를 찾기는커녕 난 중에 죽었다고 하며 빈 관을 놓고 국상을 치렀습니다. 충주 장호원에서 숨어 지내던 왕비 민씨는 이 소식을 듣고 시아버지를 증오하며 분노의 감정을 억누르고 있었습니다. 하지만 임오군란으로 홍선대원군이 정권을 잡았던 시기는 33일에 지나지 않았습니다. 청군이 3,000명에 이르는 대군을 파견했기 때문입니다. 이미 청은 강화도 조약이 체결된 이후부터 조선을 주시하고 있었기에, 임오군란이 일어나자 여러 모로 사태의 배경을 파악한 후 파병을 결정했습니다. 또 대원군 역시 일본군이 임오군란에 항의하여 1,500명의 군대를 제물포에 상륙시키자 청 군대를 하루빨리 파병할 것을 요청하는 서신을 보냈습니다. 장수성은 상황이 급박해진 것을 알고 1882년 7월 10일, 마젠충에게 먼저 청군 200명을 이끌고 조선에 들어가게 했으며 7월 12일에는 모든 청군이 한성에 도착했습니다. 그리고 다음날 정오에 청군을 대표하는 딩루창(丁汝昌) 제독과 우창칭(吳長慶) 제독, 그리고 도원인 마젠충(馬建忠)이 운현궁으로 찾아가 청군이 든든하게 정권을 지켜줄 것처럼 대원군을 안심시켰습니다. 이에 예법에 따라 오후 4시경, 대원군이 답례를 하기 위해 청군 진영을 찾아 가자 대원군을 강제로 가마에 태워 남양만의 마산포로 데려간 다음, 그곳에서 청나라 군함에 태워 텐진으로 납치를 했습니다. 이후 청은 조선의 내정을 노골적으로 간섭하며 청이 추천한 사람들을 조선 정부의 고문으로 임명하고 고문이 결정한 대로 정치해 나갈 것을 강권했습니다. 이어 청은 조선에 압력을 넣어 1882년 음력 8월 28일, 직례총독 리홍장과 조선의 주정사 조영하가 중심이 되어 전문 8조의 '조중상민수륙무역장정(朝中商民水陸貿易章程)'을 체결했습니다. 이 조약은 일방적으로 조선에 불리한 내용으로 점철된, 국제적 상식을 무시하고 청에 갖가지 특권을 허용하는 조문으로 이루어져 있었습니다. 특히 전문(前文)에는 조선을 청국의 '속방(屬邦)'으로 표시하여 청국이 조선에 대한 종주국임을 분명히 했습니다. 일본에 의해 불평등 조약을 맺은 이후 또다시 맺게 된 청과의 종속적인 조약을 시작으로, 조선의 근대사는 비명을 지르며 본격적으로 비틀어지기 시작했습니다.

화교의 역사와 함께 시작된 자장면의 역사

한편 임오군란 당시 청의 우창칭 제독이 조선으로 들어올 때 함선에는 40여 명의 청국 상인들도 타고 있었습니다. 이들이 조선에 상륙하면서 한국 화교의 역사도 시작됩니다. 청은 조선의 내정을 간섭하면서 자신들이 서양 열강에게 당한 그 수법 그대로 제물포의 5천 평에 이르는 땅을 청의 조차지로 확보했습니다. 이후 이곳에 청나라 사람들이 물밀 듯이 밀려 들어와 우리나라 상권을 놓고 일본 상인과 치열한 경쟁을 벌이게 됩니다. 그리고 이것이 우리나라 최초의 서구식 근대 공원으로 자리

매김한 자유 공원 가운데에 있는 차이나 타운의 시작입니다. 청에서 들어온 중국인들은 제물포 건너편의 산둥 반도 지역에 살던 사람들이었습니다. 그들은 바다를 건너와 제물포 지역에 상점을 열면서 본국에서 먹던 대로 작장면을 만들어 먹었고 또 사람들에게 팔기도 했습니다. 입소문이 나면서 부두에서 일하던 중국인 노동자들이 중국 본토의 음식이 먹고 싶을 때마다 중국인 거주 지역의 음식점들을 찾게 되었습니다.

그러던 중 '공화춘(共和春, 인천광역시 중구 선린동 38·1)'이라는 중국 음식점에서 이제까지의 작장면과는 전혀 맛이 다른 자장면을 처음 개발했습니다. 중국 작장면에 넣는 춘장인 미옌장(甛麵醬)은 밀가루에 소금을 넣고 발효시켜 단맛이 나도록 한 것인데, 1948년 공화춘의 주방에서 화교 요리사인 왕송산씨가 이 미옌장에 카라멜 소스를 넣어 한국인 입맛에 맞는 춘장을 개발해 낸 것입니다. 더불어서 차가운 국수가 아닌 방금 수타로 뽑아낸 쫄깃쫄깃하고 뜨끈뜨끈한 국수에 소스를 부어 먹었습니다. 자장면이 처음 탄생한 공화춘은 1908년에 산둥 지역에서 이주해 온 22살의 젊은 청년 우희광이 '산둥회관(山東會館)'이라는 이름으로 문을 열었던 중국 음식점입니다. 그러다가 1911년 1월 15일, 신해혁명이 성공하면서 청나라가 역사 속으로 사라지고 중화민국이 탄생하자 우희광 역시 기쁜 마음에 산둥회관의 이름을 '공화춘'으로 바꿨습니다. 봄은 한 해의 시작이

공화춘 1908년에 지어진 중국식 건물이다. 현재 등록문화재 제246호로 지정되었으며 2012년에는 '짜장면 박물관'으로 개관했다.
출처: 대한민국역사박물관

자 새로운 생명과 희망이 싹트기 시작하는 계절이므로, 중화민국의 무한한 발전을 기원하는 마음으로 음식점의 이름을 바꾼 것입니다. 산둥 지역의 건축가와 장인을 초빙해서 지은 공화춘은 전형적인 중국식 중정형(中庭型, 건물 가운데에 정원을 두고 건물을 세운 건축) 건물입니다. 외부에는 붉은 벽돌에 중국 음식점을 상징하는 다채로운 문양을 새겼고, 붉은 색을 이용하여 2층 구조물의 모습이 눈에 잘 드러나도록 건축되었습니다.

중국의 작장면을 일진보시켜 한국인들의 입맛에 맞게 재탄생한 자장면은 입소문을 타고 사람들에게 알려져 날개 돋친 듯이 팔려나갔습니다. 특히 정부에서 1960년대~1970년대까지 분식 장려 운동을 펼치면서 한국인에게 가장 인기 있는 음식으로 자리 잡았습니다. 자장면의 원조 음식점인 공화춘도 덩달아 유명해져서 관광객들이 끊임없이 찾아오는 인천의 대표적인 명소가 되었습니다. 그러나 공화춘은 1980년대 들어 화교의 재산권을 제한하는 정부 정책의 영향으로 내리막길을 걸어가다가 1983년을 끝으로 폐업하고 말았습니다. 그렇지만 공화춘 건물은 생활사 및 근대 건축사적인 면에서 가치를 인정받아 2006년에 근대 건축물 문화재 제246호로 지정되었습니다. 또한 인천광역시 중구청에서 2010년에 이 건물을 사들여 현재는 대한민국 최초이자 다른 지역에서는 찾아볼 수 없는 유일한 '짜장면 박물관'으로 재탄생하여 연간 20만 명의 관광객이 찾고 있습니다. 비록 자장면을 탄생시켰던 공화춘은 사라졌지만 박물관에서 자장면을 만들던 그 주방의 모습을 그대로 살펴 볼 수 있습니다.

오늘날 자장면은 하루에 700만 그릇이 팔려 나가는 국민 음식이 되었습니다. 하지만 자장면이 탄생하게 된 배경에는 근대화라는 명목으로 우리의 이권을 무자비하게 빼앗긴 침탈의 역사가 자리 잡고 있음을 기억해야 합니다.

외국인이 기록한 명성황후의 모습

1895년, 일본은 조선에 대한 영향력을 되찾기 위해 자객 집단을 보내 명성황후를 시해했습니다. 그리고 일본이 지배하는 동안 철저히 명성황후를 격하하고 민비로 부르게 했으며 나라를 망친 여성으로 각인시켰습니다. 하지만 일본의 식민지에서 해방된 지 70여 년이 지난 현재, 이제는 명성황후에 대한 색안경을 걷어내는 작업을 해야 할 필요가 있습니다. 명성황후가 잘못한 것은 철저히 비판하되, 나라를 살리기 위해 노력한 모습은 제대로 평가를 해야 합니다. 이러한 인식의 변화에 도움을 주기 위해 그저 사치하고 욕심이 많았던 황후가 아닌 명석하며 따뜻한 인품을 가진 사람이었다는 외국인의 시선 속 명성황후의 모습을 소개해 보려 합니다.

> 나는 1888년 3월부터 여관(女官)의 직임을 띠고 나의 본직은 의사로써 황후의 옥체를 시위하게 된 것은 그때나 지금이나 나로서는 무한한 영광으로 생각할 수밖에 없습니다. 명성황후께서는 남자를 능가하실 만치 기개가 늠름하시와 그 야말로 여걸이셨습니다. 그런 반면(反面)에는 백장미 같으신 고결하시고 아랫사람에 대해서는 부드럽기 끝이 없으시기 때문에 황송하나마 친어머니를 대하는 듯한 카인드러한 태도로 모시게 되었습니다. 몹시 인정이 많으시사 나를 대할 때마다 나의 몸을 어루만지시며 말씀을 하셨습니다. …우리 부처가 결혼할 때는 나에게 순금완환을 친히 주셨습니다. 내가 40년간 한 시도 내 몸에서 떠나지 않은 내 왼팔뚝에 끼워있는 것은 즉 하사된 그것입니다. 나는 죽을 때도 그것만은 끼고 죽으려합니다…
>
> - 〈백민〉 1926년 6월호 특집 '순종실기(純宗實紀)',
>
> 앤니-엘너-쓰 뺑커-(Annie Ellers Bunker), "민비(閔妃)와 서의(西醫)"

물론 왕비는 나의 깊은 관심을 끌었다. 약간 창백하고 아주 가냘프며, 어느 정도 뚜렷한 얼굴과 명석하고 날카로운 눈을 가진 그는 언뜻 보기에 아름답게 보이지는 않았지만 어느 누가 보기에도 그 얼굴에서 보이는 힘과 지적이고 강한 성격을 읽을 수 있었다. 그가 말을 시작했을 때 쾌활성, 순수성, 기지, 이 모두가 그의 용모를 밝게 해 주었으며 단순한 육체적인 아름다움보다 훨씬 크고 놀라운 매력을 주었다. 나는 조선의 왕비가 가장 아름답게 보였을 때 그를 보았다...

나의 조국에 대해 많은 질문을 한 며칠 후에 그는 "조선도 미국처럼 자유롭고 힘이 있으며 또 행복했으면......"하고 다소 슬픈 듯이 말했다. ...크리스마스에 왕비 전하는 나에게 아름다운 가마를 보냈다. 그것은 왕비의 것이었는데 파란 벨벳으로 덮여 있었고 청국의 아름다운 무늬의 비단으로 안을 댄 것으로 그 속에는 칸막이, 돗자리, 옷감, 두루마기와 조선에서 만든 여러 가지 흥미 있고 호기심 나는 것과 더불어 계란, 꿩, 생선, 호두, 대추가 들어 있었다. 그리고 정월 초하루에도 그녀는 나에게 진주를 구입하는데 쓰라며 500원과 함께 나의 어린 아들을 위한 선물을 보냈다.

  - 릴리아스 언더우드(Lillias H. Underwood, M. D.), (American Tract Society, 1904)

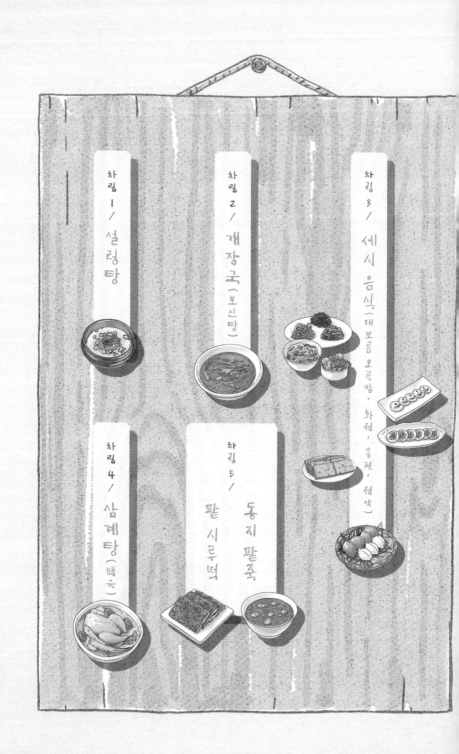

차림 1 / 설렁탕

차림 2 / 개장국(보신탕)

차림 3 / 세시 음식(대보름 오곡밥·화전·송편·전약)

차림 4 / 삼계탕(백숙)

차림 5 / 팥시루떡 동지 팥죽

- 제 3 장 -
생활사가 우러난 음식

먹고 살기 바빴던 조선 사람들의 일상

조선의 사계절을 지내오며 먹었던 음식들

주모,
날이 매우 춥소.
국밥 한 그릇 주시오.

어쩌지요?
마침 국이 동났는데요.

아, 그럼 이렇게 추운 날에는
설렁탕이 최고인데 주모도
설렁탕을 팔지 그러오?

설렁탕이요?
무슨 당치 않는 말씀을요.

하기는,
설렁탕을 만들려면 자금이
많이 들기는 하겠소.

그런데 설렁탕은
언제부터 생겨난 것인가요?

설렁탕 이야기가 궁금한 모양이니
내 이야기 보따리를 풀어 보리다.

차림 · 1

설렁탕

/

백성이 간편하게,

널리 먹을 수 있던 따뜻함

/

설렁탕의 이름은 선농제에서 온 것일까?

자고로 설렁탕은 한겨울에 먹어야 제 맛입니다. 뼈를 우려낸 뜨끈뜨끈한 뽀얀 국물에 밥을 말아 깍두기를 얹어 먹으면 몸에 파고들었던 냉기가 한순간에 사라집니다. 소를 이용하여 국물을 낸 음식엔 곰탕과 설렁탕이 있습니다. 설렁탕은 사골과 도가니, 양지머리, 사태, 우설, 허파, 잡뼈를 넣고 푹 끓여낸 것이고 곰탕은 양지머리, 사태와 곱창, 양 등을 무나 다시마와 함께 끓인 것입니다. 곰탕과 설렁탕은 먹는 방법에서도 약간 차이가 있는데, 설렁탕에는 간장이 들어가지 않고 먹는 사람이 자신의 입맛에 따라 소금을 넣어 간을 합니다. 또 마늘도 넣지 않으며, 파를 탕 속에 넣어 끓이는 곰탕과 달리 설렁탕은 먹을 때에 잘게 썬 파를 넣습니다.

그럼 설렁탕은 언제부터 만들어 먹기 시작했을까요? 또 이름은 왜 설렁탕일까요? 설렁탕의 유래와 관련하여 여러 가지 설이 있습니다. 그중

선농단 전경 농사짓는 법을 가르쳤다고 일컬어지는 고대 중국 제왕인 신농씨와 후직씨를 주신으로 하여 제사를 지내던 곳이다.
출처: 문화재청

에서 설렁탕을 조선 시대부터 먹던 전통 음식이라고 주장하는 사람들은 조선의 임금들이 선농단(先農壇)에서 제사를 지내는 행사에서 유래되었다고 말합니다. 이와 관련하여 서울특별시 동대문 구청에서는 선농단이 동대문 밖 제기동에 있었다는 것을 근거로 2015년에 선농단 역사 문화관을 개원하고 제2전시실에서 설렁탕의 유래를 자세하게 설명하고 있습니다. 이에 따르면 원래 설렁탕은 '선농단에서 내린 국밥'이라는 의미로, '선농탕'이라고 부르던 것이 '설롱탕'을 거쳐 '설렁탕'으로 불리게 되었다고 합니다. 선농대제를 지내고 적전에서 왕이 몸소 밭갈이를 시범적으로 보이는 친경이 끝난 후에, 문무백관 및 백성들이 제물로 올랐던 것을 요리하여 함께 나누어 먹던 음식이 전래되었다는 것입니다. 조선의 국왕들은 백성에게 농사의 모범을 보이고 그들의 고충을 이해하려는 마음에서 직접 농기구를 잡고 농사를 짓는 친경의식을 행했습니다. 친경 후에 조정 대신에서부터 서민까지 함께 나누어 먹던 설렁탕이야말로 백성을 위로하고 그들과 가까이 하고자 했던 왕의 애민 사상을 엿볼 수 있는 음식이라는 것입니다.

그렇다면 설렁탕을 언급할 때 빠짐없이 등장하는 선농제는 언제부터 지내온 의식일까요? 선농제는 중국 신화에 나오는 농사와 관련된 신인 신농씨(神農氏)와 후직(后稷)에게 농사가 잘되게 해 달라고 비는 제사의식입니다. 『삼국사기』의 기록에 따르면 기원전 41년 박혁거세 17년에 백성들에게 농사와 양잠을 열심히 하도록 권했으며 땅의 이로움을 충분히 이용하게 했다는 내용이 나옵니다. 또 『삼국사기』 잡지의 신라 종묘와 관련한 기록을 보면 "풍년에는 대뢰(大牢, 소·양·돼지)를, 흉년에는 소뢰(小牢, 양·돼지)를 썼다."라고 되어 있고, "입춘(立春)이 지난 후 해일(亥日)에는 명활성 남쪽 웅살곡에서 선농(先農)에 제사 지내고, 입하(立夏)가 지난 후 해일에는 신성 북문에서 중농(中農)에 제사 지내고, 입추가 지난 후 해일에는 산원에서 후농(後農)에 제사를 지냈다."라는 기록이 있어 이미 선농제가 삼국 시대부터 연례행사로 치러졌음을 알 수 있습니다. 선농제는 고려 시대에도 국가적인 의식으로 치러졌는데, 가장 먼저 선농제를 지낸 임금은 고려 제6대 임금인 성종입니다. 하지만 고려 시대에 모든 임금이 선농제를 행했던 것은 아닙니다. 선농제를 지낸 임금은 1031년에 행한 현종, 1048년에 후농제(後農祭)를 지낸 문종, 1134년과 1144년에 친경을 경작하고 제사를 지낸 인종 정도입니다. 그러다가 고려 말에 이르러 신진사대부들에 의해 백성들에게 농사의 모범을 보이기 위해 국왕이 친경을 행해야 한다는 주장이 강력히 제기되었습니다. 그 대표적인 사람이 조선 건국의 토대를 쌓았던 삼봉 정도전으로, 그는 조선을 농업 중심의 사회로 이끌기 위한 임금의 역할을 강조했습니다. 그래서인지 조선을 건국한 태조 때 적전(籍田)의 곡식과 제사용 술 등을 관장하는 관서인 사농시(司農寺)를 두었지만, 태조가 직접 나서서 친경을 하거나 선농제를 지냈다는 기록은 찾아볼 수가 없습니다.

조선 최초의 친경의식은 1475년 성종 6년 1월 25일에 치러졌습니다. 친경의식의 과정을 한번 살펴볼까요? 성종은 먼저 농민을 격려하고 왕이 친히 나서서 경작의 모범을 보이는 의의를 담은 교서를 발표했습니다. 그리고 나서 동교의 단에 가서 선농제를 행했는데, 우선 해가 뜰 때 성종이 적전에 나가 직접 쟁기를 잡고 쟁기질을 5번 하는 5퇴를 한 후 일단 물러나서 관경대에 올라갔습니다. 관경대는 적전의 밭 가는 곳이 한눈에 보이는 곳입니다. 여기서 성종이 바라보고 있으면 종친 월산대군 이정과 재상인 신숙주가 7퇴를 했고, 지금의 장관에 해당하는 관서인 이극배·정

효상과 대사헌 이서장, 대사간 정괄이 9퇴를 했습니다. 이어 서인(庶人) 1백여 명이 1백 묘(畝)를 다 갈았습니다. 성종은 친경 후의 행사 역시 성대하게 치렀는데, 노인과 유생, 기생들에게 노래를 부르도록 했고 친경에 참여한 서민들까지 모두 모여 술을 마시는 노주연(勞酒演)을 행했습니다. 실록은 이날 임금이 쟁기를 잡고 친경하는 모습에 신료(臣僚)·군교(軍校)·노인들과 길에 서서 이 광경을 바라보던 사대부집 여인들, 그리고 백성된 자들이 찬사를 했고 심지어 눈물을 흘리는 자도 있었다고 기록하고 있습니다. 세종 때 편찬된 『국조오례의』에 노주연을 행할 때 친경에 참여한 사람들에게 술과 음식을 베푼다고 되어 있으므로, 설렁탕이 베풀어졌다면 이때였을 것입니다. 그러나 소를 매우 중요시하던 조선 사회에서 밭을 갈던 소를 잡아 국을 끓여 백성들에게 베푼다는 것은 무척 중요한 의식이었을 것입니다. 이런 의식을 실록에 기록하지 않을 리가 없는데 이와 관련한 기록이 전혀 없어 친경례 때 설렁탕을 베풀었다는 유래에 의구심이 들 수밖에 없지요.

한편 농자를 천하의 근본으로 생각했던 조선 시대에도 고려 시대와 마찬가지로 친경례가 자주 행해지진 못했습니다. 그 까닭은 절차가 복잡하고 친경례 후에 베푸는 잔치가 너무 성대하여 국고낭비는 물론 백성들에게 큰 부담이 된다고 비판받았기 때문입니다. 성종 이후에 여러 번 무산되었던 친경제는 영조 때 화려하게 부활합니다. 조선 후기에 가장 강력한 왕권을 휘두른 영조는 반대 의견을 누르고 1739년, 1764년, 1767년에 3차례나 친경을 행했습니다. 그런데 이때에도 실록의 기사에 친경 의례 때 설렁탕을 먹지 않았을 것으로 생각되는 내용이 실려 있습니다.

> ... 임금이 쟁기를 끈 소의 옷을 태상(太常)에 간직하라고 명하고 또
> 어경우(御耕牛, 임금이 밭을 갈 때 사용한 소)는 죽을 때까지 태복
> (太僕)에게 먹여 기르라고 명하였다. 이에 앞서 윤순이 소를 백성에
> 게 돌려주면 잡을 염려가 있을 듯하다고 아뢰니, 임금이 그 산 것을
> 보고 차마 죽는 것을 볼 수 없다는 뜻으로 이렇게 명한 것이다...
> - 영조실록 48권, 영조 15년 1월 28일 을해 1번째 기사

이 기사를 통해 조선 시대에 친경제에 사용한 소를 잡아 국을 만들어 먹은 것이 설렁탕의 유래가 되었다는 것은 사실이 아님을 생각해 볼 수 있습니다. 특히 조선 시대는 농사에 꼭 필요한 소를 매우 중시했고 소고

기가 매우 귀하여 일반 서민들은 소고기를 잘 먹을 수도 없었습니다. 물론 왕실에서는 제사나 큰 잔치가 있을 때 소고기를 사용했지만 대량으로 탕을 만들어 백 명 이상의 사람들에게 베푸는 일은 없었습니다. 더구나 소의 도축도 법으로 엄중히 금지되어 있었습니다. 실록 기사에 의하면 소가 농사일에 중요할 뿐만 아니라, 육지에서의 물건 수송은 오직 소가 끄는 수레에 의해서만 이루어졌기 때문에 소를 도축하면 운송 수단이 없어져 문제가 심각하다고 적고 있습니다.

싼 값에 서민의 배를 채워준 뽀얀 국물

그렇다면 설렁탕은 도대체 어디서 유래된 것일까요? 이와 관련해 여러 전문가들이 중세 몽골어인 '슈루', 혹은 '슐루'에서 비롯된 것이라는 주장을 합니다. 몽골인들은 유목 생활을 하면서 이동이 간편한 게르에서 생활했고, 음식도 '공탕(空湯)'이라고 하여 커다란 가마솥에 소나 양, 염소를 통째로 물에 넣고 푹 끓인 후 익은 고기를 잘게 썰어 넣고 소금으로 간을 하여 먹었다고 합니다. 이때 '슈루' 혹은 '슐루'는 고기를 삶은 육수, 즉 국물을 지칭합니다. 몽골 기병들은 말에 식기를 매달고 다니며 진군하는 상황에서도 대량으로 끓인 고기 국물을 공급받은 덕분에 많은 군사들이 간편하게 먹을 수 있는 간편식이 만들어졌다고 합니다. 13세기에 고려가 원의 지배를 받게 되자 몽골풍의 영향으로 원나라의 이러한 음식이 고려로 들어오게 되었다는 것입니다. 그리고 그 과정에서 '슈루' 나 '슐루'가

'설렁'으로 음이 변하고 여기에 '탕'을 붙이면서 설렁탕이라고 부르게 되었다는 주장을 펼칩니다. 이에 대한 근거로 1790년 정조 때 방효언이 편찬한 『몽어유해(蒙語類解)』에 '공탕(空湯)'을 적은 후 '고기 삶은 물'이라는 해석을 붙이고 몽골어로는 '슈루'라고 적어 놓았다는 내용도 제시합니다. 이와 함께 갈비탕이나 추어탕처럼 탕자가 들어가는 음식들은 보통 음식의 재료가 탕 앞에 들어가기 때문에, 설사 설렁탕이 선농제에서 유래했다하더라도 신의 이름인 신농씨를 탕 앞에 붙인 것은 어법에 맞지 않는다고 말합니다. 하지만 몽골으로부터 유래된 것이라고 가정할 경우, 설렁탕의 '설렁'은 고기를 물에 삶은 것을 말하므로 음식의 재료를 탕 앞에 붙여도 어법에 어긋나지 않는다고 주장합니다. 한편 다른 민간 전승으로 설렁탕 국물의 색깔이 하얀 눈과 같이 뽀얗고 진해서 '설농(雪濃)'이라고 했다는 말도 있으나, 이는 설렁탕의 유래 중 가장 신빙성이 떨어지는 주장으로 여겨집니다.

한편 옛날 신문을 보면 설렁탕과 관련한 흥미로운 기사들이 보입니다. 설렁탕으로 음이 변하기 전엔 '설넝탕'으로 불리고 쓰였는데, 1924년 7월 13일자 동아일보 기사를 보면 경성 사람이라면 장교정의 설렁탕이 좋은 줄 다 안다고 하여 경성의 명물이 설렁탕이라고 했지요. 그리고 한 기사에서는 설렁탕이 선농단에서 시작되었다는 내용을 쓰고 있습니다.

1926년 8월 11일자 동아일보 칼럼에서도 설렁탕은 서울의 명물이며 서울의 큰 골목 치고 설렁탕을 팔지 않는 곳이 없다고 합니다. 다만 뚝배기가 매우 불결하므로 뚝배기에 담아내는 일은 사라졌으면 한다는 주장을 펼치고 있습니다. 담배 한 갑이 10전이었던 당시 설렁탕은 15전으로 비교적 싼 가격에 팔렸습니다. 설렁탕이 쌌던 이유는 천민 중의 천민으로 사회적 대우가 열악했던 백정들이 일터를 근대 도시로 옮겨 고기를 파는 정육점을 운영했는데, 고기를 팔고 남은 부산물로 직접 설렁탕을 끓여 싼값에 팔았기 때문입니다. 그런데 문제는 비위생적이라는 것인데, 급기야는 설렁탕에서 구더기가 나오는 사태까지 일어납니다. 냉장 시설이 발달하지 못했던 시대에 잘못 보관을 한 고기로 끓인 설렁탕에 허연 구더기가 둥둥 떠 있었다고 합니다. 또 당시만 해도 설렁탕에 밥이 따로 나오지 않았습니다. 뚝배기에 찬밥을 넣고 준비하고 있다가 손님이 오면 국물을 붓고 원하는 고기 부위를 넣어 주는 식이었습니다. 설렁탕에 국수가 들어가는 것은 현대의 산물로, 6.25 전쟁 이후 미국에서 밀가루가 수입되고 1960년대와 1970년대에 분식 문화가 장려되면서 생겨난 것이라고 합니다.

조선의 일등 개국공신 정도전의 최후

조선의 임금에게 농업의 중요성을 역설한 삼봉 정도전은 신진사대부 중에서도 급진적인 개혁 사상을 가진 사람이었습니다. 조선의 건국은 바로 정도전의 추진력에 의해 성공적으로 진행되었습니다. 그는 조선이 건국되자 왕권보다는 신권의 힘으로 나라를 통치하기 위해 이성계의 성장한 아들들을 모두 무시하고, 이성계가 사랑하는 신덕왕후 강씨와 손을 잡고 고작 12살의 어린 막내 방석을 세자로 책봉시켰습니다. 그러나 역시 조선을 건국하는데에 1등 공신이었던 이성계의 다섯째 아들 이방원은 이를 받아들이지 못했지요. 잔뜩 불만을 가진 이방원은 결국 1398년에 제1차 왕자의 난을 일으켜 정도전을 무참히 죽여 버립니다.

이방원은 제1차 왕자의 난 당시 사병들을 총집결시키고는 먼저 정도전과 함께 정국을 주도하고 있는 개국공신 남은을 찾아 그 자리에서 죽였습니다. 이방원이 태종이

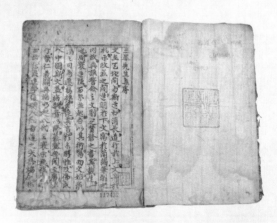

『삼봉선생집』권1 삼봉 정도전(1337~1398)의 시문집이다. 현재 알려진 『삼봉집』은 정조 15년에 규장각에서 재편집하고 교정하여 간행한 것으로, 14권 7책을 가리킨다.　　　출처: 문화재청

된 후 편찬한 태조실록에는 정도전이 전 판사 민부의 집 침상 아래 숨어 있다가 엉금엉
금 기어 나와 이방원에게 살려달라고 애원했지만, 이방원이 부하를 시켜 그 자리에서
정도전의 목을 베게 했다고 기록되어 있습니다. 하지만 『삼봉집』에는 그가 죽기 전에
읊었다는 '자조(自嘲, 스스로를 비웃음)'라는 시가 전해 내려옵니다.

조심하고 성찰하는 것에 공을 들이며
책 속에 담긴 성현의 말씀 저버리지 않았네.
삼십년 긴 세월, 고난 속에 쌓아온 업적이
송현 정자 한잔 술에 허사가 되었네.

여기에서 '송현 정자'란 이방원이 군사를 일으켜 정도전을 죽이기 위해 달려오고 있
을 때, 정도전이 조선을 세우며 함께 고생한 개국공신 남은과 술을 마시고 있던 정자를
말합니다. 이 시조는 실록의 기사와는 다르게 죽는 순간에도 초연함을 잃지 않았던 또
다른 그의 최후를 생각해 보게 합니다.

주모, 고놈 저 누렁이가
참 맛있게 보이오.

아이고, 선비님,
그 무슨 해괴한 말씀이세요?

허허, 이렇게 더운 날
땀이 비질비질 날 때는
보신탕이 최고인 것 모르시오?

보신탕이요?
저 누렁이는 제 자식과 같답니다.
그런 소리 마셔요.

그렇다면 아쉬운 대로
육개장이라도 내 주시오.

육개장은 내 드릴 수 있지요.
얼큰하게 잡수시면 이열치열로
더위가 달아날 것이구먼요.

내 주모의 정성을 보아
보신탕과 육개장에 대한
이야기를 해 주리다.

개장국

(보신탕)

/

궁궐에서 주막까지,
조선에서 사랑받았던 보양식

/

개장국의 또 다른 이름들, 보신탕과 육개장

보신탕이라는 이름은 현대의 산물입니다. 조선 시대에 부르던 원래 이름은 개장국인데, 개고기를 이용하여 국을 끓였다고 해서 붙여진 이름으로 한자어로는 '개 구(狗)'자를 써서 '구장(狗醬)'이라고 했습니다. 여기서 개장국과 육개장은 동종 음식입니다. 이게 무슨 말일까요?

개장국의 주재료인 개고기를 먹지 않는 집에서는 개고기 대신 소고기를 넣어 끓였는데 그것을 '육개장'이라고 했기 때문입니다. 개장국이 조선 시대 이후로 일반 가정집에서도 즐겨 먹는 음식이었다면, 19세기에 이르러 소고기를 마음껏 먹을 수 있는 대지주의 부엌에서 개장국이 화려하게 변신하여 탄생한 음식이 육개장입니다. 이와 관련하여 1830년에 최한기가 지은 『농정회요(農政會要)』에는 개고기 수육법과 육개장을 같은 쪽에 같은 요리법으로 설명하고 있습니다. 예를 들면, 삶은 개고기를 손으로 찢어서 국에 넣듯이 육개장도 개고기 대신 소고기를 손으로 찢어서 넣으며, 둘 다 미나리를 넣어 조리하라고 되어 있는 식입니다. 서울 토박이인 필자가 어렸을 때 어머니가 끓여 주던 육개장에는 지금같이 고사리나 콩나물은 없었고 미나리가 가득 들어 있었습니다. 바로 『농정회요』에 적힌 방법 그대로입니다. 개장국과 육개장이 같은 류의 음식이라는 건 1946년에 최남선이 쓴 『조선상식문답』을 보아도 알 수 있습니다. 여기에서도 "복날에 개를 고아 자극성 있는 조미료를 얹은 이른바 '개장'이라는 것을 시식하여 향촌 여름철의 즐거움으로 삼았다. 개고기가 식성에 맞지 않는 자는 쇠고기로 대신하여 이를 육개장이라 하여 시식을 빠뜨리지 않는다."라고 했습니다.

육개장은 서울의 대표음식이라고 할 수 있지만, 분지 지역으로 다른 곳보다 유달리 더위가 심한 대구에서도 여름에 즐겨 먹는 음식입니다. 그런데 대구에서는 육개장을 '대구탕'이라고 합니다. 생선 대구가 재료라 거나 도시 이름인 '대구(大邱)'에서 유래된 탕이 아니라 큰개를 이용해 끓인 탕(대구탕, 大狗湯)이라는 뜻으로 붙여진 것입니다. 이 역시 육개장이 개장국에서 유래되었다는 사실을 알려주고 있습니다. 어떤 이들은 '육개장'을 '육계장'으로 쓰는데, 그것은 현대에 들어 요리를 잘하는 사람들이 소고기 대신 닭고기를 이용하여 변형된 국을 만들었기에 '닭 계(鷄)'자를 써서 만들어진 이름입니다.

그런데 프랑스 여배우 브리지트 바르도를 비롯한 서양의 동물 애호가들뿐만 아니라 일부 우리나라 사람들은 반려견으로 충실히 인간을 섬겨온 개를 식용할 수 있느냐며 거칠게 항의를 합니다. 반려동물에 대한 인식이 높아지는 요즘, 그 논란은 더욱 커지고 있습니다. 하지만 우리의 식습관을 그저 야만적이고 미개한 것으로 치부하는 것은 옳지 않은 태도입니다. 사실 우리뿐만 아니라 로마인들 역시 개고기를 먹었다고 합니다. 개고기는 우리 조상들이 여름의 폭염을 이겨내기 위해 슬기롭게 개발한 보양식으로, 인간의 몸에 도움을 주기 때문에 식용을 해 온 것입니다. 유네스코가 지정한 세계 기록 유산인 허준의 『동의보감』에도 "개고기는 성(性)은 온(溫)하며 미(味)는 함산(鹹酸)이고 독이 없다. 오장을 편안하게 하며 혈맥을 조절하고, 장·위를 튼튼하게 하며, 골수를 총족시켜 허리·무릎을 온하게 하며, 양도(陽道)를 일으켜 기력을 증진시킨다."고 했습니다. 『동의보감』이 아니더라도 전해 내려오는 이야기에 의하면 개고기는 남성에게는 양기(陽氣)를 든든하게 해 주고 몸을 보양해주며 부스럼을 고처 준다고 했고, 아이를 낳은 여성에게는 개의 발목을 삶아 먹으면 젖이 잘 나오게 해 준다고 알려져 왔습니다. 그래서 개를 한약재와 함께 고아서 개소주로 만들어 매일 먹거나, 한약재와 함께 가마솥에 푹 쩌서 묵같이 만든 후 소금과 후추를 넣고 따뜻하게 겨우내 마시면 허약한 몸이 튼실해질 수 있다고 믿었지요. 큰 병을 앓고 회복기에 있는 환자들의 보양식으로도 으뜸이어서 폐결핵을 앓고 있거나 늑막염 혹은 산후 회복 중인 사람들이 일부러 찾아 먹는 음식이기도 했습니다.

문화 상대주의 입장에서 개고기를 먹는 풍습을 존중할 필요가 있지만, 세월이 흐르면서 개장국은 여러모로 수난을 겪게 됩니다. 크리스트교 신자였던 이승만 대통령은 그의 종교관에 마땅치 않던 '개장국'이라는 이름 대신에 몸을 보신하게 해 주는 탕이라는 뜻의 명칭인 '보신탕'으로 부르게 했습니다. 하지만 이때만 하더라도 보신탕은 말 그대로 몸을 보신하게 해 주는 탕이었지 개장국을 콕 집어 가리키는 말은 아니었습니다. 그런데 이승만 정부의 이러한 지시 때문에 '개장국=보신탕'으로 생각하게 되었습니다. 그러다가 1988년에 88서울 올림픽이 열릴 때는 서울에 찾아오는 서유럽인들의 눈을 의식하여 판매를 금지했고, 그 사이에 엉뚱하게 이름이 바뀌어 사철탕 혹은 영양탕으로 불리게 되었습니다.

귀한 소 대신 보양을 위해 모두가 즐겨 먹은 개장국

그렇다면 우리나라 역사에서 개장국에 대한 기록은 언제부터 등장할까요? 고려 시대는 불교 사회였기 때문에 살생하여 육식을 하는 것을 즐기지 않았습니다. 그러다가 앞서 언급한 바와 같이 원의 지배를 받게 되면서 고기국을 즐겨 먹게 됩니다. 하지만 고려 말만 하더라도 세시 음식으로 삼복 더위에는 팥죽을 먹었다는 기록이 있어, 조선 시대에 들어서부터 개장국을 즐겨 먹게 되었다는 것이 전문가들의 판단입니다. 조선 시대에는 소의 도축이 법으로 금지되어 있었기 때문에 보양식으로 언제나 손쉽게 구할 수 있는 개를 이용한 개장국을 먹게 된 것으로 추정됩니다. 개고기와 관련한 요리법을 가장 먼저 다룬 책은 1487년, 성종 18년에 의원 전순의가 편찬한 것을 손순효가 출간하여 성종에게 올린 『식료찬요(食療纂要)』입니다. 다만 이 책은 요리책이 아닌 의서(醫書)로 항문 주변에 난 부스럼 치료법으로 잘 익은 개고기를 쪽즙에 담가 7일 동안 먹을 것을 권했는데, 이를 통해 조선 시대에 개고기가 식용화 되었음을 알 수 있습니다. 이후 조선에서는 세월이 흐르며 자연스럽게 개고기를 조리하여 먹게 되었습니다. 중국 궁궐에는 '견인(犬)'이라 하여 개를 요리하는 전문 요리사까지 있었다고 하나, 조선에서는 일반 가정집에서도 스스럼없이 개를 잡아 개장국을 끓였습니다. 궁궐에서는 개장국은 아니지만 개고기를 재료로 한 찜을 만들어 진찬상에 올렸습니다. 1796년 정조가 직접 기록한 6월 18일의 『일성록』을 보면 어머니인 혜경궁 홍씨에게 바친 진찬 중에 '구증(狗蒸)'이 들어있다는 내용이 있는데, '구증'이란 개고기로 만든 찜입니다. 이를 통해 18세기에 궁궐 음식으로 개고기가 사용되었음을 알 수 있습니다. 중종실록에는 척신인 김안로가 개고기를 좋아하여 김안로에게 잘 보이려는 작자가 크고 살찐 개를 사다가 먹였다는 기사가 나오는데 이때가 중종 29년, 1534년입니다. 이미 16세기에 반가에서도 일반적으로 개고기를 조리하여 먹었다는 사실을 잘 알 수 있습니다. 또 공자가 개고기를 먹었다는 기록이 남아 있어 성균관 유생들 역시 개고기를 즐겨 먹었다고 합니다.

그럼 조선 사람들은 어떤 요리로 개고기를 즐겼을까요? 17세기에 편찬된 여러 요리서에서 다양한 개고기 요리 방법을 찾아볼 수 있는데, 6가지에 이르는 개 요리법을 기록한 책이 있으니 그것이 현종 11년, 1670년에 석계 이시명의 부인 안동 장씨 장계향이 한글로 저술한 요리서 『음식디미방』입니다. 이 책에는 개장을 비롯하여 개장꼬치 누르미, 개장국 누르미, 개장찜, 누렁개 삶는 법, 개장 고는 법이 소개되어 있습니다. 그 중 '개장'이란 갖은 양념을 한 개고기를 다져서 개의 창자 속에 넣어 쪄낸 순대를 말하고, '누르미'란 삶은 개고기를 저민 후 꼬치에 껴서 양념장을 부어 구운 것에 다시 걸쭉한 즙을 끼얹어 먹는 요리입니다. '개장국 누르미'는 누름적 위에 개장국을 끼얹어 먹는 것입니다.

이 책 내용 중 흥미로운 것은 누렁개 삶는 법입니다. 중국 사람들은 개를 요리하는 전문 요리서인 『삼육경(三六經)』이라는 책에서 개고기 중 가장 맛있는 고기는 누렁개라고 소개했는데, 『음식디미방』 역시 누렁개 삶는 방법을 설명하여 우리나라에서도 누렁개를 가장 맛있는 것으로 여겼음을 보여줍니다. 『음식디미방』의 누렁개 삶는 방법은 매우 독특합니다. 누렁개를 잡기 전에 먼저 털빛이 황금색인 황계를 먹이고 5~6일이 지난 후, 개를 잡아 뼈를 발라낸 고기를 잘 씻어 청주와 참기름을 넣고 항아리에 담아 중탕하는 방법으로 만들었습니다. 이것은 마치 노성 간장 게장을 만들 때 게에게 소고기를 먹이는 것을 연상하게 합니다.

그 이후 18세기에서 19세기에 이르면 장터에서 개고기를 손쉽게 살 수 있었고 주막에서도 개장국을 사 먹을 수 있었습니다. 이 시기의 개고기 요리법을 담은 대표적인 요리서에는 1835년경 서유구가 편찬한『임원십육지(林園十六志)』와 그의 형수이며 유일한 여류 실학자로 평가 받고 있는 빙허각 이씨가 1809년에 편찬한『규합총서』, 1819년에 김매순이 한양의 연중행사를 기록한 책『열양세시기(列陽歲時記)』, 그리고 1849년에 홍석모가 쓴『동국세시기(東國歲時記)』가 있습니다. 이 중에서도『규합총서』는 여성들에게 도움을 줄 수 있는 모든 정보를 담고 있는 책으로, 증구법(蒸狗法)을 이용한 개 요리법과 관련하여 중요한 정보를 알려 주고 있습니다.『규합총서』보다 십 년 후에 출간된『열양세시기』에도 개장국은 시절 음식으로, "복날에 개장국을 끓여 양기를 돕는다고 했다."라고 소개하고 있습니다. 한편 보통 개장국을 언급할 때 사용하곤 하는『동국세시기』의 내용은『임원십육지(林園十六志)』의 내용을 받아쓰기한 것으로, 그 내용은 이렇습니다. "개고기와 총백(葱白, 파 흰 뿌리)을 넣고 문드러지게 끓이고 닭고기나 죽순을 넣으면 맛이 더욱 좋은데 이를 '구장(狗醬, 개장국)'이라 한다. 혹은 국으로 만들어 고춧가루(번초설, 番椒屑)을 조미하고 흰 쌀밥을 말아먹는다. 땀을 내어 더위를 물리치고 허한 것을 보충해 줄 수 있다.『사기』에는 진덕공 2년에 처음으로 삼복제사를 지내는데 성안 사대문에서 개를 잡아 충재(蟲災, 해충으로 인해 생기는 농작물의 해)를 막았다고 한다. 개를 잡는 것은 곧 복날의 행사로 되어 오늘날 풍속에 개장이 복날의 음식이 되었다."『동국세시기』에는 위의 글 사이에 삼복(三伏)에 하는 세시 풍속을 기록하며 "...그것을 먹고 땀을 흘리면 더위도 물리

「농가월령가(農家月令歌)」 농가에서 치른 행사와 세시풍속, 권농 등을 월별로 나눠 노래한 월령체 장편가사이다.　출처: 국립중앙박물관

치고 보신도 된다. 저자에서도 이것을 많이 판다…"라고 적혀 있습니다. 그런데 이 내용이 우리에게는 매우 중요합니다. 저잣거리는 장터를 말하는 것이기에 홍성모가 살았던 19세기 중엽 당시 사람들이 개고기를 흔하게 먹었다는 사실을 보여주기 때문입니다. 다산 정약용의 차남 정학유가 지은 「농가월령가」 '8월령八月令'에는

…며느리 말미받아 본집에 근친갈 제

개 잡아 삶아 건져 떡고리와 술병이라.

초록 장옷 반물 치마 장속(裝束)하고 다시보니

여름 동안 지친 얼굴 소복(蘇復)이 되었느냐…

라는 내용이 있어 개고기가 친정 부모를 뵈러 갈 때 선물로 가져갈 정도로 값어치 있는 음식이었다는 사실을 알 수 있습니다.

이렇게 우리나라에 맛있는 음식으로 자리 잡은 개장국은 19세기 이후 조선에 들어온 서양 선교사들 눈에 어떤 인상을 남겼을까요? 이와 관련하여 『조선천주교회사』를 발간한 프랑스 파리 외방전교회 소속 신부인 달레(Dallet, Claude Charles)는 이렇게 언급하고 있습니다. "돼지와 개가 엄청나게 많으나, 개는 지나치게 겁이 많으므로 푸주의 고기로밖에 거의 쓰이지 않는다. 개고기는 맛이 퍽 좋다고 한다. 그야 어쨌든 조선에서는 가장 훌륭한 음식의 하나다."

이런 내용으로 보아 그들 역시 개장국을 조선 사람이 즐겨 먹는 훌륭한 음식으로써 그 가치를 인정한 것으로 생각됩니다. 그러던 것이 일제 강점기에 이르러 일인들의 눈에는 문명화되지 못한 조선인들의 야만적인 식습관으로 인식되었고, 나아가 제1공화국 때는 이승만 정권에 의해 감추고 싶은 음식이 되어 개장국 대신에 보신탕으로 불리게 된 것입니다. 세계사적으로 볼 때 앞에서도 언급한 고대 로마인을 비롯해서 북아프리카인들, 심지어 프랑스 사람들도 1692년부터 3년 연속 지속된 이상 기온 때문에 개고기를 먹었다고 하며, 유명한 관광 지역인 루체른을 비롯하여 3% 정도의 스위스인들이 개와 고양이 고기를 즐겨 먹는다고 합니다. 때문에 우리나라 사람들이 개고기를 먹는 것 역시 전통 음식의 맥을 이어가는 것으로 인정해 줄 필요가 있습니다.

고기를 너무 좋아해 병에 시달린 세종대왕

　　조선의 역대 국왕들 중에서 가장 위대하다는 세종이 지독한 책벌레라는 것은 잘 알려진 사실입니다. 반면 그는 운동을 좋아하지 않을 뿐 아니라 말 타고 사냥하는 것 역시 싫어했습니다. 세종은 육식을 매우 좋아한 반면 채식은 잘 하지 않아 몸이 비대했기 때문입니다. 세종이 평상시에 고기를 좋아했다는 사실은 실록에도 잘 드러나 있습니다. 태종이 세상을 떠나고 지극한 효자인 세종이 석 달 후에 졸곡을 치렀는데도 고기나 생선이 들어있지 않은 소선(素膳, 조선 시대에는 부모님이 돌아가시면 고기나 생선을 입에 대지 않으며 부모님의 죽음의 고통을 자식이 같이 안으려 했음)만을 들자, 이를 걱정하는 성산부원군 이직을 비롯한 신하들이 세종에게 고기 먹기를 청하는 글이 있습니다.

> ...또 전하께서 평일에 육식이 아니면 수라를 드시지 못하시는 터인데, 이제 소선(素膳)한 지도 이미 오래되어, 병환이 나실까 염려되나이다...
>
> - 세종실록 17권, 세종 4년 9월 21일 을해 4번째 기사 1422년

　　그만큼 세종은 왕자 시절부터 고기 없이는 밥을 먹지 않을 정도로 편식을 했습니다. 더구나 하루 종일 격무에 시달렸을 뿐 아니라, 쭉 앉아서 정책을 연구하거나 한글 개발에 힘쓰고 민생을 돌보는 데에 하루를 다 보냈습니다. 기록에 의하면 그는 35세 이후에는 하루에 물을 한 동이 넘게 마셨다고 하는데, 이것으로 보아 전문가들은 세종이 '소갈증'으로 불리는 당뇨병을 앓았을 것으로 추측합니다. 세종은 안질도 앓았다고 하는데, 그 안질은 당뇨병의 합병증인 당뇨망막병증으로 불리는 눈병일 가능성이 높습니다. 이외에도 세종은 무려 50여 가지에 이르는 이상 증세(두통, 이질, 부종, 풍증, 등창(종기), 수전증, 다리 저림 등)을 보였다고 합니다. 이러한 질환들은 대부분 고기를 많이 먹어 혈관이 막혀 생긴 혈액 순환 장애 질환과 일에 대한 스트레스에서 온 것입니다. 이런 병

들은 운동을 기피하고 일중독자로 살아간 세종 자신이 자초한 병이었습니다. 하지만 한편으로는 세종의 넘치는 학구열 덕분에 훈민정음과 같은 역사에 길이 남는 업적이 탄생할 수 있었습니다.

세종대왕의 서문 『훈민정음 해례본』은 새로 창제된 훈민정음에 대한 한문 해설서로, 세종 28년에 집현전 학사들이 세종의 명에 따라 만든 것이며 세계기록유산이기도 하다. 해당 사진은 이 책에 실린 세종이 전하는 서문으로, 훈민정음 창제 동기를 쓴 것이다. 출처: 문화재청

주모,
달이 이렇게 밝으니
대보름이 가까이 왔나 보오.

가까이라니요?
바로 내일이지 않습니까요?

아, 그래서 오늘
오곡밥을 했구려.

물론입지요.
나물도 정성들여 마련했사오니
잡수셔요.

부럼은 없소?

주막이니 술만 있고
부럼이 마땅치 않네요.
그런데 대보름에 부럼은
왜 먹을까요?

부럼을 먹는 까닭이라.
그럼 지금부터 세시 음식들에 대해
이야기를 해 주리다.

세시 음식

(대보름 오곡밥,
화전, 송편, 전약)

농경 사회인 조선의 생활상을
때마다 담은 음식들

새해를 건강하게 시작하기 위한 영양식, 정월대보름 오곡밥

'세시(歲時)'를 다른 말로 세사(歲事)·월령(月令)·시령(時令)이라고도 합니다. 세시 음식은 농경사회인 우리나라에서 음력을 기준으로 그 달, 혹은 그때가 되면 전통적으로 해 먹었던 음식들을 말합니다. 요즘은 '명절음식' 또는 '이 때 먹는 음식'이라고 부릅니다. 각 시기의 농사일과 기후에 맞춰 해 먹은 음식인 만큼 그 어떤 것보다 조상들의 생활상이 밀접하게 반영된 음식들이라 할 수 있습니다.

음력 1월 정월부터 12월에 이르기까지 수많은 세시 음식이 있지만, 여기에서는 대표적인 네 가지 음식만 소개하려 합니다. 첫 번째로 음력 1월 정월의 명절은 1월 초하룻날인 설날과 15일인 대보름입니다. 그 중에서 정월 대보름날 먹었던 음식을 살펴보도록 하겠습니다.

휘영청 밝은 달이 뜰 때 가족끼리 둘러 앉아 먹는 대보름 음식은 오늘날까지도 그대로 이어지고 있습니다. 음력 정월 보름을 보통 상원이라고 했는데, 상원은 중원(7월 보름)이나 하원(10월 보름)보다 더 의미 있는 날이었습니다. 대보름 전날이나 대보름 아침에는 오곡밥을 지어 묵은 나물과 복쌈을 싸서 먹었습니다. 묵은 나물은 농가에서 한 해 전에 수확했던 각종 호박, 무청, 고구마 줄기, 취 말린 것, 고사리 말린 것 등으로, 이것들을 물에 불려 삶고 갖은 양념을 하여 무쳐 먹었습니다. 아직 추위가 가시지 않은 대보름은 열량 있는 시절식이 필요할 때여서, 우리 조상들은 겨우내 말려 놓은 나물들을 먹으면서 열량을 보충한 것입니다. 김 등을 곁

들어 먹는 것이 복쌈인데, 새해에는 복이 가득하기를 바라는 마음에서 새해의 복을 싸서 먹는다는 '복쌈'으로 부른 것입니다. 이 음식들과 함께 먹는 오곡밥엔 찹쌀, 차수수, 팥, 차조, 콩 등이 들어가는데, 여러 가지 곡식을 먹음으로써 다음 해에도 모든 곡식이 잘 자라기를 기원하는 마음이 담겨 있습니다. 옛날 어른들은 오곡밥을 만들 때 부정이 타지 않도록 몸을 정결히 한 다음 부뚜막을 지키며 정성껏 오곡밥을 지었습니다. 어머니들은 그동안 제대로 끼니를 잇지 못했던 아이들이 올해는 풍년이 들어 잘 먹게 되기를 간절히 바라며 한 명 한 명의 밥그릇에 따끈한 오곡밥을 가득 담아주었습니다. 그리고 꼭 복김을 싸서 먹으라고 잔소리를 합니다. 자식이 그 해의 복을 꼭꼭 싸 먹기를 기원하는 것입니다.

오곡밥에 대한 첫 기록은 『동국세시기』에 '오곡잡밥(五穀雜飯)'이라는 이름으로 등장합니다. "정월대보름날에 오곡잡밥을 지어서 이웃과 나누어 먹는다. 특히 영남지역에서는 하루 종일 이 밥을 먹는다. 이렇게 밥을 나누어 먹는 것은 제삿밥을 나누어 먹는 옛 풍습을 본받은 것이다." 이와 함께 오곡밥을 영양이 부족하고 마른 아이에게 나누어 주면 그 아이를 구제할 수 있었다는 이야기를 기록하고 있습니다. 오곡밥을 다른 말로 '백가반(百家飯)'이라고 하는데 그 뜻은 백 집에서 나누어 먹으면 좋다는 의미입니다. 조리나 대소쿠리를 가지고 여러 집을 돌아다니며 찰밥을 얻어와 디딜방아에 앉아 먹으면 얼굴에 버짐이 피지 않으며, 또 보름날 붉은 음식을 먹으면 벌레에 물리지 않고 여름철에 두드러기도 나지 않는다는 말도 있습니다. 그래서 대보름 전날 아이들은 집집마다 돌아다니며 소쿠리에 오곡밥을 한줌씩 가져와 먹었는데 주인은 이것을 보아도 모른 척 했습니다. 세 집 이상 다른 성을 가진 사람들이 오곡밥을 먹어 주어야 복이 많이 들어오고, 많은 사람들이 오곡밥을 먹어야 일꾼을 많이 얻고 풍년이 온다고 믿었기 때문입니다. 가뭄이 오면 굶는 것이 다반사였던 조선 시대에 대보름날 먹는 오곡밥은 1년을 건강하게 지낼 수 있는 힘과 영양소를 주는 최고의 웰빙 식품이었습니다.

대보름날 반가를 비롯한 여유 있는 집들은 약밥을 해 먹었습니다. 약밥은 '약식'이라고도 하는데 찹쌀에 꿀과 참기름, 밤, 대추, 잣 등의 귀한 식재료가 많이 들어가 일반 서민들은 꿈도 꾸지 못했지요. 하지만 일설에 의하면 반가의 약밥이 먹고 싶었던 서민들이 그것을 흉내 내어 만들기 시작한 것이 약식이라는 설도 있습니다. 한편 오곡밥을 하루에 아홉 번 먹는 것이 좋다고도 했는데, 이것은 밥을 자주 많이 먹고 한 해 동안 부지런히 일하라는 뜻이 담겨있다고 합니다. 오곡밥은 지역에 따라서 좀 더 세밀한 의미를 가지기도 했습니다. 전라남도에서는 오곡밥을 '세성받이밥' 혹은 '조리밥'이라고 하는데 오곡밥으로 한해 농사를 점치기도 했습니다. 또 지방에 따라서는 오곡밥이나 찰밥을 장독대와 문 앞 등 집안 곳곳에 조금씩 놓아 두어 집안의 가신들에게 1년 동안 농사가 잘 될 것과 가족들이 건강할 것을 기원하기도 했습니다.

또한 대보름날 아침에는 오곡밥과 함께 부럼이라 하여 밤, 호두, 은행, 잣 등을 깨물어 먹으며 한 해 동안 부스럼이 없고 무사태평하기를 기원했습니다. 부럼과 관련하여 『경도잡지』에는 "밤과 무를 깨물며 축원하는 것을 '작절(嚼癤)'이라 한다."라고 적었고, 『열양세시기』에는 "밤 세 개를 깨무는 것을 부스럼과 열매를 씹는 것이라 하여 '교창과(咬瘡果)'라 한다."라고 했습니다. 『동국세시기』에는 대보름날 부럼을 먹는 이유와 부럼을 깨무는 것에 대한 명칭 및 의주 지방의 풍속까지 기록되어 있는데, "(보름날)이른 새벽에 날밤·호두·은행·무 등속을 깨물며, '일 년 열두 달 동안 무사태평하고 종기나 부스럼이 나지 않게 해주십시오.' 하고 축수한다. 이를 부럼을 깨문다 하여 '작절(嚼癤)' 또는 이를 단단하게 하는 방법이라 하여 '고치지방(固齒之方)'이라고도 한다. 의주 지방 풍속에 어린 남녀들이 새벽에 엿을 깨무는 것을 '치교(齒較)'라 한다."라고 남기고 있습니다. 여기에서 치교는 '이 내기'를 말하는 것으로, 누구 이가 튼튼한지를 겨룬다는 뜻입니다. 또한 궁궐에서도 대보름이 되면 부럼을 먹었습니다.

대보름에 먹었던 음식은 또 있습니다. 바로 귀밝이술로,『동국세시기』에는 정월 대보름날 아침에 차가운 청주 한잔을 마시면 귀가 밝아지고 일 년 동안 즐거운 소식을 듣는다 하여 남녀노소 모두가 마셨다고 기록되어 있습니다. 일설에는 성리학의 도학에서 말하는 세상의 번잡함 중에서 도리를 옳게 들으려는 의지를 나타내는 '치롱(治聾)'이 민간에 전해져서 귀밝이술이 된 것으로 분석하기도 합니다. 귀밝이술을 먹을 때는 어른들이 "귀 밝아라, 눈 밝아라."라고 덕담을 합니다. 아이들에게도 입술에 술을 묻혀 주었습니다. 전북 지역에서는 귀밝이술을 굴뚝에도 부었는데 그 이유는 혹시 부스럼이 나더라도 굴뚝에서 사라지는 연기처럼 얼른 없어지라는 소망이 들어 있었습니다. 강원도 평창에서는 특이하게도 귀밝이술을 남의 집에 가서 얻어먹었는데, 그래야 귀가 빨리 열려 남의 얘기를 잘 듣게 된다고 믿었기 때문입니다. 또 보통 청주를 먹을 때는 따뜻하게 데워먹는데 귀밝이술을 차갑게 먹는 것은 잡귀를 물리치는 벽사의 의미가 있다고 여겨집니다.

입 안에서 봄을 느끼다, 답청절엔 진달래 화전

이번에는 3월로 가 보겠습니다. 삼월의 세시 음식을 먹는 날로는 답청절(踏靑節)이 있습니다. 답청절은 음력 3월 3일로 삼짇날이라고도 합니다. 이 날이 되면 온갖 꽃들이 활짝 피어나 들판엔 꽃향기가 가득해집니다. 그러면 집에만 갇혀 살던 부녀자들이 들뜬 마음으로 전을 부칠 때 쓰는 무쇠 그릇인 번철을 들고 산으로 나서며 자유를 즐겼습니다. 부녀자들은 찹쌀가루 반죽으로 전을 빚은 후 그 위에 진달래 꽃을 올린 화전을 만들어 꿀을 발라 먹었는데, 이것을 '진달래 화전'이라고 했습니다. 이 화전(花煎)을 순수한 우리말로는 '꽃달임' 또는 '꽃지짐이'라고 합니다. 이 삼

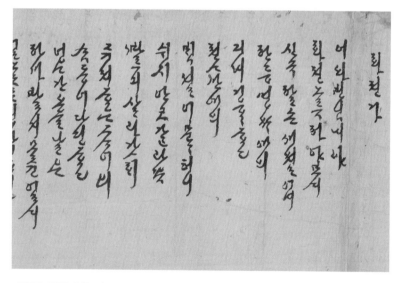

<화전가>(한글가사) 영남 지역 여인들 사이에 구두로 내려오는 노래를 한글 가사로 쓴 것으로 제작 연대는 1814년으로 짐작된다. 봄철에 여인들이 화전을 만들어 먹으며 부른 가사이다.

출처: 국립중앙박물관

진날을 궁궐에서도 즐겼다는 사실은 『조선왕조실록』 중 세조 실록과 성종 실록의 기사를 통해서도 잘 알 수 있습니다. 세조 때 기사에는 두견꽃이 필 때 귀부인들까지 장막을 치고 아들과 며느리를 불러 호화와 사치를 앞 다퉈 준비한다 하여 이를 '전화음(煎花飮)'이라 불렀다는 기록이 있습니다. 또한 성종은 삼월 삼일과 구월 구일을 즐기는 일을 금하자고 청한 신하의 의견에 공자까지 들먹이며 반대를 했습니다. 특히 아름다운 후원을 가진 창덕궁은 조선 왕들이 가장 사랑하던 궁궐로, 봄이 오면 후원에서 봄을 즐기며 화전을 먹었다고 알려져 있습니다.

　여러 서적에서 화전을 각기 다른 이름으로 다뤘는데, 1611년 허균이 저술한 『도문대작(屠門大嚼)』에서는 화전을 '전화법(煎花法)' 또는 '유전병(油煎餠)'이라 했고 『음식디미방』 역시 '전화법'이라고 기록하고 있습니다. 화전을 만드는 재료에 대해서는 『증보산림경제』 이후엔 찹쌀가루로만 만들고 있고, 『동국세시기』에는 화전에 녹두가루를 사용한다고 했습니다. 화전에 주로 쓰인 진달래는 춘곤증을 몰아내고 몸을 보강하게 만드는 진달래 화채에도 사용하곤 했습니다. 1896년에 쓰인 작자 미상의 『동규곤요람(閨壺要覽)』에는 진달래 화채를 봄의 화채로 소개하고 있습니다. 또 『동국세시기』에는 "음력으로 3월 3일, 삼짇날에 모두 산 언덕이나 개울가에 나가 꽃구경을 하며, 만발한 진달래꽃을 꺾어다가 진달래 꽃잎을 찹쌀가루에 반죽한 화전을 부쳐 먹고, 진달래주나 화채를 만들어 먹으며 풍류를 즐겼다."고 쓰여 있습니다. 진달래 화채는 새콤한 오미자를 우린 물에 잣과 함께 띄워 먹곤 했는데, 청아한 자줏빛이 아름다운 오미자 물에 띄워진 진달래꽃과 잣을 먹으며 봄날을 마음껏 느낄 수 있는 음식이었지요.

가을의 풍요를 즐겼던 한가위의 송편

다음으로 알아볼 세시 음식인 송편은 우리에게 중요한 명절인 음력 8월 15일, 중추절 또는 한가위에 먹는 떡입니다. 우리가 익히 알 듯이 조상들은 햇곡식으로 빚은 송편과 햇과일로 차례를 지냈습니다. 이때 먹는 세시 음식으로는 송편 외에도 토란국, 화양적, 누름적, 닭찜 등이 있습니다. 그런데 보름달이 뜨는 추석에 송편은 왜 반달 모양으로 빚는 걸까요? 그 이유는 반달이 차올라 보름달이 되기 때문에 더 발전해 나간다는 희망을 담았기 때문입니다. 이렇게 한가위에 빚는 송편을 오려송편이라고 하는데, 여기에서 '오려'란 올벼를 말하는 것으로 올해 수확한 햇벼로 만든 송편이라는 의미입니다. 연한 솔잎을 따서 그 위에 쪄 내는 것은 소나무의 정기를 받으라는 뜻이지요.

그럼 송편은 언제부터 만들기 시작한 것일까요? 언제부터인지 확실하진 않으나 고려 말의 3은 중 한 명인 목은 이색이 쓴 『목은집』의 기록을 토대로 보면 고려 시대 때 이미 일반화된 것으로 생각합니다. 조선 시대에 들어 송편에 대해 가장 먼저 기록을 남기고 있는 책은 1680년경 저술된 작자 미상의 『요록(要錄)』으로, 이런 기록을 남기고 있습니다. "백미가루로 떡을 만들어 솔잎과 켜켜로 쪄서 물에 씻어낸다." 솔잎이 들어가는 떡이므로 송편을 말하는 것입니다. 또 성호 이익의 『성호사설(星湖僿說)』 권4 「만물문(萬物門)」에는 "떡 속에 콩가루 소를 넣고 솔잎으로 쪄서 만드는데 이는 송병이라는 것이다."라는 기록이 있습니다. 앞서 언급한 적이 있는 빙허각 이씨의 『규합총서(閨閣叢書)』에는 송편에 대한 기록과 함께 이미 19세기에 우리가 현재 먹고 있는 식재료들이 거의 사용되고 있음을 알 수 있습니다. "쌀가루를 곱게 하여 흰 떡을 골무떡보다 눅게 하여 쪄서 꽤 쳐 굵은 수단처럼 가루 묻히지 말고 비벼 그릇에 서려 담고 떼어 얇게 소가 비치게 파고, 거피팥꿀 달게 섞고 계피, 후추, 건강가루 넣어 빚는다. 너무 잘고 동글면 야하니 크기를 맞추어 버들잎같이 빚어 솔잎 격지 놓아 찌면 맛이 유난히 좋다."

이외에도 20세기 초에 저술된 『부인필지(婦人必知)』나 『시의전서(是議全書)』에서도 거피팥가루, 거피녹두고물, 대추, 꿀, 팥, 계피, 밤, 호두 잣 등의 다양한 소가 들어간 송편을 소개하고 있습니다.

그런데 송편을 추석에만 먹는 것이 아니라 2월 초하룻날인 중화절에도 먹었다는 사실을 알고 계신가요? 이때의 송편은 한가위에 먹는 송편과 구별하여 '삭일송편' 혹은 '삭일송병'이라 했습니다. 이 송편은 유달리 크기가 컸는데, 노비들에게 각자의 나이 수대로 나눠주며 송편을 먹고 힘껏 농사를 지어주어 풍년이 들기를 기원하는 마음이 담겨 있었습니다. 일종의 노비에 대한 격려품이라고 할 수 있습니다. 그런데 이 송편과 관련한 속담이 하나 있습니다. 바로 '푼주의 송편 맛이 주발뚜껑 송편 맛만 못하다'라는 것인데요, 여기에서 푼주는 아가리가 넓은 사기그릇을 말합니다. 이러한 속담은 숙종 때 일화에서 생겨났다고 합니다. 어느 날 숙종이 가난한 선비들이 많이 사는 남산골로 미행을 나갔습니다. 밤이 깊었는데 어느 허름한 오두막집에서 호롱불에 의지하여 낭랑하게 글을 읽는 소리가 들렸습니다. 글을 읽는 소리가 맑아서 대견한 마음에 들창으로 방안을 엿보니, 글을 읽는 남편 옆에서 젊은 아내가 삯바느질을 하고 있었습니다. 한참 글을 읽던 남편이 아내에게 배가 출출하다고 하자 아내가 살며시 미소를 지으며 일어나 벽장 안에서 주발 뚜껑에 송편 두 개를 꺼내놓았습니다. 선비는 반가워서 얼른 한 개를 집어 먹고는 나머지 한 개는 사랑하는 아내의 입에 쏙 넣어 주었습니다. 이 모습을 지켜본 숙종은 흐뭇한 미소를 지으며 궁궐로 돌아왔습니다. 그리고 이튿날 왕후에게 송편을 먹고 싶다는 전갈을 보냈습니다. 그랬더니 왕후가 궁인들에게 명하여 커다란 푼주에 송편을 높이 쌓아 내왔습니다. 이것을 본 숙종은 자신을 돼지로 생각하느냐며 송편 그릇을 내동댕이쳐 버렸습니다. 이때부터 '푼주의 송편 맛이 주발뚜껑 송편 맛만 못하다'라는 속담이 생겨났다고 합니다.

동짓달에 먹는 든든한 보양식, 전약

마지막으로 소개할 시기는 동짓달이라고 부르는 음력 11월입니다. 동짓달을 민간에서는 작은 설이라는 뜻으로 '아세(亞歲)'라고 했는데, 이는 새해에 버금가는 한 해의 시작을 알리는 날이라는 뜻입니다. 동지의 대표 음식인 동지 팥죽에 대해서는 다음 장에서 상세히 설명할 것이고, 여기서는 동짓달에 해 먹는 최고의 보양식 전약을 소개하려 합니다. 우리에게 다소 생소할 수 있는 전약은 동짓달에 해 먹는 최고의 보양식입니다. 전약은 소가죽을 진하게 고아 만든 아교에 대추고와 꿀, 마른 생강, 관계라고 부르는 두꺼운 계수나무 껍질, 정향(丁香), 후추 등을 넣어 오래 고은 다음, 차게 굳혀서 먹는 지금의 젤리 같은 것입니다. 『동국세시기』에는 "동지에 내의원에서 전약을 만들어 진상한다. 각 관청에서도 이를

정조가 오재순에게 전약을 고풍으로 내려준 것에 관련된 문서 1792년(정조 16년) 12월 19일에 활쏘기에 함께 한 검교제학 오재순에게 정조가 동짓날에 먹는 전약을 고풍으로 내려준 것에 관한 문서다. 여기서 고풍이란 국왕이 활쏘기를 할 때 수행한 신하들에게 물품을 내리는 것을 가리킨다.

만들어 나누어 갖는다."고 했습니다. 창덕궁에 전약을 고던 은(銀)솥이 남아 있는데 청동 화로에 참숯으로 센 불을 준비한 다음, 은솥을 걸고 그 안에 물에 잠기지 않도록 받침으로 놓는 경그레를 놓고 전약을 오랜 시간 달였다고 합니다.

전약의 재료에 대해『동의보감』은 백청 1두, 아교 1두 3승, 관계라고 부르는 질 좋은 계피 6포, 말린 생강을 말하는 건강 1량 4돈, 후추 5돈, 정향 3돈, 대추를 씨 빼고 살만 도리는 대추육 8홉이 필요하다고 했습니다. 만드는 방법으로는 우선 아교질을 만들기 위해 소가죽과 소머리, 우족 등 콜라겐 성분이 많은 부위를 진하게 고아 놓습니다. 여기에 대추살을 고아 구멍이 굵은 체에 받쳐 대추고를 만든 다음 아교에 섞습니다. 잘 섞어 아교가 된 상태에서 꿀과 마른 생강, 관계, 정향, 후추 등을 넣은 후 장시간 푹 고아서 굳히면 됩니다. 한편『시의전서』에서는 소를 사용하지 않고 사슴뿔을 고은 녹각교를 사용한다고 했고, 신숙주의 문집인『보한재집(保閑齋集)』에서는 전약을 만드는 재료로 우유나 마유를 사용한다고도 했지요. 전약은 족편(足片)같이 야들야들하고 묵보다는 더 쫄깃한 것으로, 궁중에서 겨울에 혹한을 이기고 몸을 따뜻하게 보하는 음식으로 이용되었을 뿐 아니라 임산부의 경우에는 뱃속의 아기를 편안하게 해 준다고 합니다. 또 하나 흥미로운 것은 전약이 주술적인 면에서 악귀를 물리치는 효능이 있는 것으로 생각되기도 했다고 합니다.

숙종이 사랑한 고양이, 금묘(金猫)이야기

  18세기 조선 중흥기의 기초를 쌓은 임금이 바로 숙종입니다. 숙종은 화가 나면 입맛대로 대신들을 갈아치우는 환국을 단행하거나, 인현왕후나 희빈 장씨를 일말의 동정심도 없이 내치기도 해서 그를 차가운 성품을 가진 인물로 생각할 수 있습니다. 그러나 사실 숙종은 자비롭고 따뜻한 마음도 가지고 있었습니다. 숙종은 궁궐에서 어미를 잃고 울고 있는 새끼 고양이를 거두어 궁인들에게 돌보아 주도록 했습니다. 그리고 틈날 때마다 고양이에게 지극한 사랑과 정성을 기울이며 예뻐했습니다. 이와 관련한 기록이 숙종 시대의 문인인 이하곤이 쓴 『두타초(頭陀草)』와 김시민이 쓴 『동포집(東圃集)』 등에 남아 있습니다. 그 중 김시민이 지은 〈금묘가(金猫歌)〉의 일부를 살펴보겠습니다.

  궁중에 황금빛 고양이 있었으니/ 宮中有猫黃金色
  임금께서 사랑하시어 아름다운 이름 지어주셨네/ 至尊愛之嘉名錫
  금묘야, 하고 부르면 문득 나타나니/ 呼以金猫猫輒至...
  금묘는 홀로 임금 곁에서 좋은 음식 먹으며 자랐네/ 金猫獨近侍玉食...
  임금의 손길만은 받아들여 온몸에 은택이 두루 미쳤네/ 御手撫摩偏恩澤...

  하지만 불행히도 이 금묘는 임금이 잡수실 귀한 음식을 훔쳐 먹었다는 죄명 하에 절로 귀양을 가게 되었습니다. 그런데 이상한 일이 일어났습니다. 1720년에 숙종이 승하하자 어떻게 알았는지 금묘가 삼일 밤낮을 먹지 않고 슬프게 운 것입니다. 이 소식을 전해들은 숙종의 계비인 인원왕후가 고양이를 다시 궁궐로 데려오게 했습니다. 궁궐에 도착한 금묘는 어떤 행동을 보였을까요? 금묘는 궁궐에 도착하자마자 숙종을 모셔둔 빈전에 달려가 끊임없이 고개를 기울이며 자그마치 20일 동안 슬퍼하다가 삶을 스스로 마감했습니다. 인원왕후는 금묘를 가륵하게 여겨 비단으로 머리를 감싸고 수레에 실어 숙종이 잠든 명릉 한켠에 묻어 주도록 했습니다. 피비린내 나는 정치 싸움과 궁궐 여인들의 암투가 벌어졌던 숙종 시대에 전하는 금묘 이야기는 잔잔한 감동을 선사합니다.

주모,
이 삼복더위에 먼 길을 걸어왔더니
온 몸에 기력이 빠져 주저앉을 것 같소.

어머나, 이 땀 좀 보세요.
도포도 엉망이고 꼭 물에 빠진
생쥐 같으시네요.

허허, 그 무슨 소리요.
내 백숙만 먹으면 다시 불끈 힘을 낼 수 있으니
얼른 어린 닭 하나 잡아 주오.

아이, 어쩌나.
복날이라고 오는 분마다 닭을 잡아
달라 해서 남아있는 닭이 없습니다요.

이런 낭패가 있나.
백숙 먹을 것만 생각하고 잰 걸음으로 달려왔건만.

그런데 복날에는 왜 백숙을 먹는 것일까요?

일단 장국이라도 말아주시오.
그동안 내 백숙 이야기를 해 주리다.

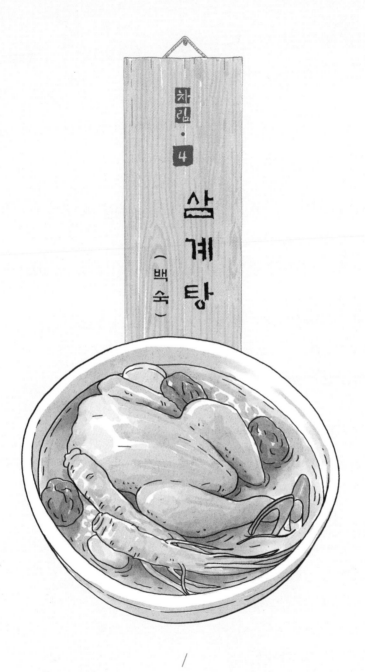

차림 · 4

삼계탕

(백숙)

더위를 열로 이겨내기 위해 먹은 보양식

더위를 이기기 위해 먹었던 연계백숙

　조선 사람들이 삼복더위에 먹었던 대표적인 세시 음식은 연계백숙입니다. 『일성록』 정조 때 기사에 의하면 여러 해 자란 닭을 '진계(陳鷄)'라고 하고 부화한 지 얼마 안 된 닭을 '연계(軟鷄, 영계)'라고 하며, 진계도 아니고 연계도 아닌 것을 '활계(活鷄)'라고 했습니다. 보통 우리가 영계백숙이라고 할 때의 영계는 사실 연계를 말하는 것인데, 연계에서 연은 말 그대로 연하고 부드럽다는 뜻입니다. 보통 6개월 이전의 닭을 연계라고 합니다. 복날이 되면 흔히 삼계탕을 먹었는데 조선 시대에는 아직 인삼이 일반화 되지 않았기 때문에 연계의 배를 갈라 그 속에 찹쌀만 넣고 실로 꿰맨 다음 통마늘과 함께 푹 고아서 먹었습니다. 이 연계백숙은 고상한 반 갓집의 음식이었습니다.

　닭은 『본초강목(本草綱目)』에 "보양(補陽)하는 성질이 있어 속이 차가워지는 것을 방지하는 효과가 있다."고 했습니다. 『동의보감(東醫寶鑑)』에도 "닭고기에는 독이 약간 있으나 허약한 몸을 보호하는 데 좋기 때문에 식사요법에 많이 쓰고, 또한 간의 양기를 도움으로써 체내의 부족한 양기(陽氣)를 보충하는 효과가 있다."고 했지요. 또한 인삼은 대표적인 보양 식품으로 기력이 약한 사람의 원기를 보양시키고 정신을 안정시키는 데에 탁월한 효과가 있어 일찍이 중국과 일본에까지 널리 알려진 조선의 최고 약재입니다. 그러나 조선 시대의 대표적인 조리서인 『음식디미방』과 『산림경제』, 『규합총서』, 『시의전서』, 『주방문』, 『부인필지』에서 인삼이 들어간 삼계탕을 일컫는 '계삼탕'이라는 음식은 찾을 수 없습니다. 닭

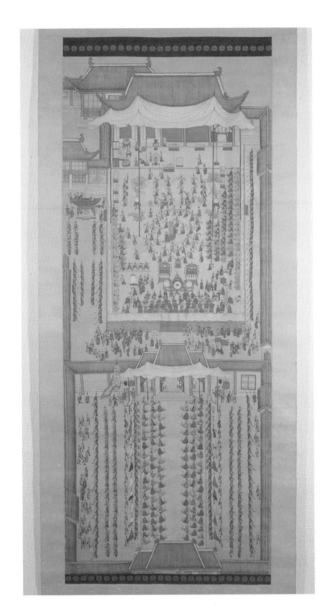

<봉수당진찬도(奉壽堂進饌圖)> 정조가 행한 현륭원 행차 가운데 가장 중요
한 행사였던 혜경궁 홍씨의 회갑연 때 베푼 진찬 장면을 그린 작품이다.

출처: 문화재청

고기를 갖은 양념을 하여 찌는 연계찜(연계증, 軟鷄蒸)은 나와 있습니다. 정조가 혜경궁 홍씨의 회갑연 때 진찬연을 올렸던 날은 음력 6월이었는데 바로 이때 연계증을 올리고 있습니다.

다만 작자 미상의 19세기 말에 쓰인 조리서인 『시의전서』에는 "좋은 연계를 백숙하여 건져서 뼈를 다 바르고 살은 뜯어 육개장 하듯 하되……"라는 연계탕 조리방법이 나와 있습니다. 이 백숙에 인삼을 넣으면 계삼탕이 되는 것입니다. 계삼탕에는 음양오행설이 들어 있습니다. 닭은 평(平)한 성질의 음식이고 인삼은 뜨거운 온(溫)성을 가진 음식으로, 이 삼계가 합해지면 화(火)가 됩니다. 음양오행설의 상극 법칙에 따르면 '화극금(火剋金)'이라 하여 화는 금을 극살한다고 합니다. 그런데 복(伏)은 금(金)에 해당하므로 복날에 계삼탕을 먹게 된 것입니다. 또한 열로 열을 다스리는 '이열치열(以熱治熱)'의 음식법으로 만든 것이 연계백숙을 발전시킨 계삼탕입니다. 그 원리는 다음과 같습니다. 여름이 되면 무더운 날씨에 땀을 배출하면서 내부 혈류가 빨리 움직입니다. 그렇게 내부 혈류량이 줄어들면 속이 차가워지고 위의 기능이 약화됩니다. 이때 차가운 것을 먹으면 배탈이 나거나 설사를 일으킬 수 있습니다. 선조들은 여름에 약해진 배를 편안하게 다스릴 수 있도록 연계백숙과 계삼탕을 개발한 것입니다. 성질이 따뜻한 닭이 열을 내는 인삼, 속을 다스리는 마늘, 황기 등과 함께 삶아지면서 원기를 보충하고 입맛을 돋게 하는 구실을 합니다. 여름철에 땀을 많이 흘렸을 때 삼계탕 한 그릇을 먹으면 다시 원기를 얻는 듯한 느낌이 드는 것은 이러한 이치입니다.

임금을 위한 오골계 백숙, 그리고 삼계탕의 탄생

한편 궁궐에서는 오골계를 진상 받아 오골계 백숙을 수라상에 올렸습니다. 오골계는 원래 중국 당나라에서 들어왔는데 조선 시대의 대표적인 진상 품목이었습니다. 『동의보감』에도 오골계는 놀란 사람, 임산부, 풍맞은 사람, 신경통, 타박상을 입은 사람에게 탁월한 효과가 있다고 나와 있습니다. 이 오골계를 찹쌀과 마늘, 황기, 엄나무, 대추, 밤 등과 함께 푹 끓인 것이 오골계 백숙입니다. 또한 조선 시대에는 오리백숙이나 꿩백숙을 해 먹기도 했는데, 꿩이나 오리의 경우에는 누린내가 많이 나기 때문에 닭백숙보다 한약재를 더 보강해 끓여야 했습니다.

조선 시대만 해도 인삼은 일반 가정에서 늘 먹는 것이 아닌 귀한 약재였습니다. 때문에 반가에서만 뜨거운 여름철에 몸을 보하기 위해 백숙에 삼을 넣어 만드는 '계삼탕(鷄蔘湯)'을 먹었습니다. 하지만 점차 19세기 이후 중국과 일본 등 해외에서 인삼의 효과가 널리 알려지면서 인삼의 중요성이 부각되기 시작했습니다. 또 농가에서는 상업 작물의 일환으로 인삼을 널리 재배하게 되면서 시중에서도 쉽게 수삼을 구할 수 있게 되었습니다. 그리하여 '계삼탕'이라고 불리던 음식이 슬그머니 삼을 앞세워 '삼계탕'이라고 불리게 된 것입니다.

성리학을 연구하던 서원에서 닭백숙과 술을 먹었다고?

조선은 성리학의 나라입니다. 조선의 지배층인 양반 유생들은 평생 동안 유학을 깊이 탐구하며 유교에서 가르치는 이상적인 선비가 되기 위해 노력했습니다. 그러한 선비들이 자신의 몸을 경건히 하며 선현에 제사를 지내고 학문 연구를 하던 곳이 바로 서원입니다. 서원을 처음 국가의 공식적인 지방 교육기관으로 격상시킨 사람이 '동방의 주자'로 추앙되는 퇴계 이황(1501~1570)입니다. 그는 1548년에 단양군수로 부임했으나 형인 이해가 충청도 관찰사로 부임해 오자, 형제가 같은 도에서 근무할 수 없게 되어 있는 상피(相避)제도에 의해 경상북도 풍기 군수가 되었습니다. 그는 이곳 풍기에서 교육적 기능과 선현에 대한 제사의 기능을 함께 담당하고 있는 백운동 서원을 발굴해 내어 조선의 가장 핵심적인 지방 교육기관으로 발전시켰습니다. 퇴계 이황이 서원의 기능을 당시 임금인 명종에게 적극 추천한 덕분에 임금이 직접 쓴 액자를 하사받고 면세, 면역의 혜택과 함께 토지와 서적을 지원 받을 수 있었습니다. 퇴계 이황의 적극적인 노력으로 백운동 서원은 조선 역사상 최초로 사액서원인 소수서원이 되었으며, 해가 거듭될수록 전국의 산 좋고 물 좋은 곳에 선비의 학통을 잇는 서원이 세워졌습니다. 그리고 도산서당에서 후학 양성에 힘쓰던 퇴계가 세상을 떠난 후, 1574년 도산서당 자리에 도산서원이 들어섰습니다. 선조가 조선의 명필로 소문난 석봉 한호에게 도산 서당의 현판을 쓰게 했을 정도로 도산 서원은 가장 품격이 있고 존중받는 곳이었습니다.

그런데 『조선왕조실록』 중 영조 실록에는 어사 박문수가 도산 서원의 부패를 파헤치는 상소 내용이 실려 있습니다. 도산 서원에서 닭백숙을 먹는 등의 백태가 일어났다는데, 그 내용은 다음과 같습니다.

> 병조 판서 박문수가 안동에서 서원을 허문 일로 인해 상소하여... 서원의 폐단
> 에 관하여 극력 진달하기를,
> "벼슬이 경상(卿相 판서 등 현재의 장관이상의 벼슬)에 이르고 현달한 자손이

있으면, 부호로서 신역(身役)을 기피하는 무리들이 사우를 세우자는 의논을 수창하고, 본가의 자제들은 영곤(營閫 감영, 지금의 도청소재지)과 수재(守宰 고을의 수령)에게 간청하여 크게 서원을 창건하여 단청을 찬란하게 꾸밉니다. 간사한 백성 가운데 군역에 걸리는 것을 두려워하여 온 서원에 투속하는 자들이 많아서 수백에 이르는데, 돈을 거두고 쌀을 모으는 것이 문득 세금을 거두는 관청과 같으며, 닭을 삶고 개를 잡아서 실컷 먹고 마시는 한 장소를 만들고 있습니다. 그러나 수령이 된 자들이 두려워하고 꺼려서 끌리는 대로 돌아보고만 있으므로, 백골(白骨 죽은 사람)과 인족(隣族 가까운 친족)에게 거두는 폐단이 모두이에 말미암고 있습니다. 선정신 김상헌의 후손 김창흡은 근대의 고사(高士)입니다. 일찍이 시를 짓기를, '퇴계가 처음으로 백운 서원 세우니, 나라 살리고 백성 혁신할 길 여기 있다고 여겼는데, 술 고기만 풍성하고 글 읽는 소리 끊겼으니, 도도한 온갖 폐단을 후세에 와서 알았네. 하였습니다. … 신이 극력 말하여 그치지 않는 것이 어찌 까닭이 없겠습니까?

- 영조실록 47권, 영조 14년 8월 9일 기축 3번째 기사 1738년

이 기사를 통해 놀랍게도 퇴계 이황을 기리는 조선 학문의 전당, 도산서원에서 양반들이 닭백숙이나 개장국을 끓여 먹으며 술판을 벌였던 사실을 알 수 있고, 흥선대원군이 전국의 600여 개 서원을 47개소로 줄이면서 혁파에 나선 이유 역시 이해할 수 있습니다.

아,
마침 잘 오셨네요.

주모,
뭐 좋은 일이라도 있소?

어제 고사를 지내서
고사떡을 드리려고요.

허허,
그것 참 고맙구려.
그런데 혹시
동지 팥죽은 없소?

안 끓였을리가요.
한 그릇 드릴까요?

고맙소.
역시 동지에는
팥죽이 제일이라오.
내 고마우니 팥죽을
왜 끓이는지
이야기 해 주리다.

차림 · 5

팥시루떡   동지팥죽

/

집안의 잡귀를 쫓기 위해 쑤었던
붉은 음식들

/

집안의 가신을 위한 고사에 쓰인 팥 시루떡

고사떡은 고사를 지내기 위해 만든 시루떡을 말합니다. 고사의 어원이 어디서 왔는지는 확실하지 않습니다. 다만 육당 최남선은 '고시레' 혹은 '굿'과 같은 것으로 분석하면서 무당을 불러 푸닥거리를 하는 큰 굿이 아닌 중간 크기의 의례가 고사라고 했습니다.

우리 조상들은 보통 10월 상달이 되면 한 해 농사에 감사하면서 시루떡과 햇과일, 술을 놓고 정성껏 제사를 지냈습니다. 특히 '안택(安宅)'이라하여 집안의 가신에게 가족의 안녕과 건강과 복을 기원하는 의례를 지냈지요. 『동국세시기』에도 "무당을 불러다가 성주신을 맞이하여 떡과 과일을 차려놓고 집안이 편안하기를 기원한다."라고 써 있습니다. 필자가 어릴 때도 어머니께서 고사떡을 쪄서 집안 구석구석에 놓고 두 손을 하염없이 비비며 가족의 무병장수와 복을 빌었던 기억이 새록새록 떠오릅니다. 집안의 가신은 구획을 나누어 곳곳에 위치하고 있었는데, 가신 중 가장 대표적인 신이 성주신입니다. 성주신은 집안 최고의 신으로 집을 짓

성주(성주신) 가신들 중에 집의 건물을 지키는 성주신의 신체이다. 한지와 쌀알, 나뭇가지, 무명실 등을 이용해 만들었다.
출처: 국립중앙박물관

고 지키며 집안의 모든 일이 잘되도록 관장합니다. 또 조왕신과 터주신, 변소신도 있습니다. 조왕신은 부뚜막신이라고도 하는데 부엌을 관장하는 신입니다. 터주신은 보통 터줏대감이라고도 불리는데, 장독대에 위치하면서 집터를 지켜주고 재복을 주는 지신을 말합니다. 변소신은 성주신의 아래에 있는 여신입니다. 필자의 외할머니께서는 몇 백 년 된 한옥을 현대식으로 고치려는 외숙모께 변소는 절대 고치지 못하게 하셨습니다. 외숙모는 할 수 없이 재래 변소는 그대로 두고 현대식 화장실을 따로 지어야 했습니다. 아마도 변소신이 가정의 수호신으로 성주신의 지배를 받는다고 생각했기 때문인 것 같습니다. 때문에 변소에 들어갈 때는 반드시 헛기침을 하여 변소신에게 용무가 있어 들어감을 알렸습니다. 고사를 지낼 때는 집안 구석구석의 이런 신들에게 팥 시루떡을 만들어 갖다놓았습니다. 고사를 지낼 때 올리는 시루떡은 귀신을 물리치는 벽사(辟邪)의 의미로 반드시 붉은 팥을 넣어 만들었습니다. 귀신은 붉은 색을 무서워하고 기피한다고 믿었기 때문입니다. 고사떡을 놓는 장소는 성주신이 머물고 있는 대들보, 터주신이 머물고 있는 장독대와 마당, 조왕신이 머물고 있는 부엌, 변소신이 머물고 있는 변소를 비롯하여 삼신 할머니가 머물고 있는 안방, 외양간, 대문 대청, 우물가도 포함됩니다. 그리고 고사를 주관하는 주부는 가정의 안녕과 무병과 건강, 복이 가득하기를 두 손을 정성껏 비비며 빌었습니다. 고사를 지낸 다음에는 아이를 시켜서 이웃과 골고루 나누어 먹었습니다.

그런 만큼 고사를 지낼 음식은 무척이나 정성을 들여 만들었습니다. 고사떡을 만들 때는 반드시 새로 수확한 햅쌀을 사용했습니다. 디딜방아로 쌀을 빻아서 별이 초롱초롱 보이는 새벽에 일어나 정성스럽게 시루에 떡을 쪘습니다. 팥 시루떡 외에도 고사에 사용하는 제물에는 북어, 삼색실, 명태, 나물, 적, 탕 등이 있었습니다. 탕은 제사 때 쓰는 식으로 양지머리를 삶아 무, 두부를 넣어 끓였고, 적으로는 배추적이나 무적을 놓았습니다. 음식을 모두 만든 후 고사를 지낼 때는 목욕재계를 하고 부정타지 않도록 모든 것을 조심스럽게 행동했습니다. 임신한 며느리는 근처에 아예 얼씬도 하지 못하게 했지요. 행여 부정이 들면 떡이 잘 익지 않고 김 소리가 푹푹 나면서 설익는다고 생각했습니다. 부정이 타지 않도록 아궁이에 정성스럽게 불을 지피며 맑은 물을 떠서 시루를 향해 휘두른 다음, 솔잎으로 물을 찍어서 아궁이 주변에 뿌렸습니다.

귀신을 쫓기 위해 쑤어 먹은 동지 팥죽

팥 시루떡과 함께 동지가 되면 집집마다 꼭 해 먹는 것이 있습니다. 바로 팥죽입니다. 온갖 잡귀를 쫓는 벽사의 뜻으로 쑨 것이지요. 팥죽으로 고사를 지낼 땐 먼저 팥죽을 사당에 올리고는 집안 곳곳에 그릇에 담은 팥죽을 놓아두었습니다. 심지어는 벽에도 팥죽을 뿌렸습니다. 이렇게 함으로써 집안에 들어오려는 귀신들을 내몰 수 있다고 생각한 것입니다.

팥죽을 쑤어 귀신을 막는 풍속은 사실 중국에서 유래한 것입니다. 중국 남북조 시대인 6세기에 양(梁) 나라의 종름이 형초 지방의 세시 풍속을 담은 책인 『형초세시기(荊楚歲時記)』에는 다음과 같은 기록이 있습니다. 중국의 공공씨(共工氏)가 재주 없는 아들을 두었는데 동짓날에 죽어서 역귀(疫鬼), 즉 전염병을 퍼트리는 역질에 걸린 귀신이 되었다고 합니다. 그런데 동짓날에 죽은 이 역귀는 붉은 색의 팥을 두려워했기 때문에 동짓날에 팥죽을 쑤어 역귀를 쫓는 풍습이 생겼다는 것입니다. 이러한 내용은 『동국세시기』에도 인용되어 있습니다. 그런데 영조는 이것이 믿을 수 없는 내용이므로 벽에 아까운 팥죽을 뿌리는 행위를 중지하라는 명을 내리기도 했습니다. 상당히 과학적인 사고입니다.

"...또 동짓날의 팥죽은 비록 양기의 회생을 위하는 뜻이라 할지라도 이것을 문에다 뿌린다는 공공씨의 설(說)도 너무 정도에 어긋나기 때문에 역시 그만두라고 명하였는데, 이제 듣자니 내섬시에서 아직도 진배를 한다고 하니, 이 뒤로는 문에 팥죽 뿌리는 일을 제거하여, 잘못된 풍속을 바로잡으려는 나의 뜻을 보이도록 하라."*

- 영조실록 115권, 영조 46년 10월 8일 경진 1번째 기사 1770년

시기에 따라 동지를 일컫는 말이 다른데 동지가 초순에 들면 애동지(兒冬至), 중순에 들면 중동지(中冬至), 하순에 들면 노동지(老冬至)라고 합니다. 중동지와 노동지는 팥죽을 쑤지만 애동지에는 팥죽을 쑤지 않았습니다. 애동지에 팥죽을 쑤면 그 가정의 아이에게 좋지 않다고 생각했기 때문입니다. 팥죽을 쑬 수 없기 때문에 팥 시루떡을 해 먹기도 했습니다. 또한 팥죽은 세시 음식으로써 동지 뿐 아니라 다른 달에도 먹었습니다. 그러나 동짓날 먹는 팥죽은 나이를 먹기 위해 꼭 필요한 음식이라고 생각했기 때문에 팥죽에 자신의 나이대로 새알을 넣었습니다. 동짓날 팥죽을 먹지 않으면 병치레에 시달리고 잡귀가 집안에 나쁜 일을 가져온다고 생각했으며 쉽게 늙어버린다고 여겼기 때문입니다. 팥죽을 끓이는 방법으로 서유구가 지은 『임원경제지(林園經濟志)』「정조지(鼎俎志)」에는 "찐 팥, 가루 낸 멥쌀로 죽을 끓인다. 찹쌀가루로 새알 모양으로 만들어 그 속에 넣고 다시 끓여 꿀과 같이 먹는다. 이날 팥죽을 문판에 뿌려서 악을 피하였다."라고 나와 있습니다. 팥죽을 문판에 뿌리는 이유에 대해서는 『형초세시기』의 기록을 근거로 들고 있습니다.

한편 동짓날 돌아가신 어머니께 다녀오던 임금이 거리의 노인들에게 팥죽을 나누어 준 기사가 『조선왕조실록』 중 영조 실록에 나와 있습니다. 추운 겨울에 궁인들이 나누어주는 따뜻한 팥죽을 먹고 감격한 걸인들의 모습이 눈에 보이는 듯 합니다.

> 임금이 육상궁(毓祥宮)에 나아가 전배(展拜)하고 환궁하는 길에 여경방에 들러서 나이 60세 이상 되는 본방 백성을 불러오도록 한 다음 노상에서 쌀을 내려 주고, 또 선전관에게 명하여 종로 거리의 걸인들을 데려오도록 한 다음 팥죽을 먹여 주었으니, 이날이 바로 동지일이기 때문이다.
>
> - 영조 실록 115권, 영조 46년 11월 6일 무신 1번째 기사 1770년

여기서 '육상궁(毓祥宮)'이란 영조의 생모인 숙빈 최씨의 신주를 모신 곳입니다. 훗날 이곳에 왕위에 오른 아들을 낳은 후궁들의 위패를 함께 모셔 '7궁'이라고 불렀습니다. 영조는 숙빈 최씨에 대한 지극한 효심을 가지고 있었기에 육상궁에 자주 참배를 했는데, 동짓날 육상궁에서 참배하고 오는 길에 이런 선정을 베푼 것입니다. 이렇듯 우리나라 사람들은 동짓날이면 언제나 팥죽을 생각했고 그것은 마음의 그리움이 되어 시상을 일으키기도 했습니다. 아래에 소개하는 시는 조선 후기의 문신인 계

곡 장유가 자신의 문집에 지은 시입니다. 그가 동짓날과 팥죽을 어떻게 시상에 연결했는지 한번 읽어볼까요?

> ... 팥죽 끓어 먹는 동짓날 아침 / 煮豆淸晨粥
>
> 율관(律管) 속 갈대의 재 저절로 날아가네 / 吹葭玉管灰
>
> 줄 지어 서서 하례도 못하는 몸 / 鵷班阻朝賀
>
> 쇠하고 병든 신세 저절로 슬퍼지네 / 衰疾自生哀
>
> > - 계곡집 제29권 일양시생(一陽始生)의 날에 흥에 겨워 지은 시

시 제목에 나오는 '일양시생'이란 동지를 나타내는 말입니다. 이때 처음 양(陽)이 천지간에 생겨났다고 하여 일양시생날이라고 했습니다. 장유는 동짓날 아침에 팥죽을 끓여먹으며 나이를 한 살 더 먹게 됨을 자각하게 되었고, 곧 설날이 다가와 임금께 신하들이 줄지어 서서 하례를 하는데 자신은 늙고 병들어 하례에 참가하지 못하는 것을 한탄하는 시입니다.

어머니를 향한 영조의 애틋한 효심을 품은 소령원

영조의 어머니인 숙빈 최씨는 궁녀들 중에서도 가장 신분이 낮은 무수리 출신이어서 비빈들의 세숫물 시중을 들거나 빨래나 청소 등의 허드렛일을 하던 궁녀였습니다. 영조가 신분이 낮은 어머니의 묘를 릉으로 격상시키기 위해 대신들과 싸우다가 즉위한 지 29년 만에 겨우 세자와 후궁의 무덤에 붙이는 '원(園)'자를 얻어냈는데, 이곳이 바로 현재 사적 제358호로 파주시 광탄면 영장리에 위치한 소령원(昭寧園)입니다. 조선 시대에는 왕과 왕비의 무덤에 '능(陵)'을 붙이고 세자와 후궁의 무덤에는 '원(園)'자를, 대군과 공주, 옹주, 후궁, 귀인의 무덤에는 '묘(墓)'자를 쓰게 되어 있었습니다. 연잉군을 애지중지 키우던 숙빈 최씨는 향년 49세로 1718년 3월 19일, 영조가 즉위하기 6년 전에 눈을 감아 '묘'에 모셔지게 되었습니다. 영조는 어떻게든 어머니 무덤을 '릉'

소령원 영조의 어머니인 숙빈 최씨(1670~1718)의 원소이다. 현재 이곳은 일반인에게 비공개로 되어 있다.

으로 격상시키려고 했지만 강력한 조정 신료들의 반대에 부딪혀 뜻을 이루지 못했습니다.

소령원에는 대대로 왕릉을 지키는 관리인 능참봉이 있었는데, 여기에 관해서 전해지는 이야기가 있습니다. 어느 날 영조가 모화관 부근에서 나무를 팔고 있는 나무꾼에게 어디서 해 온 나무인지를 물었습니다. 그랬더니 나무꾼이 평상시 하던 말대로 '소령릉'에서 해 왔다고 했습니다. 이에 영조는 당장 대신들 앞에 이 나무꾼을 부른 다음 그 앞에서 물으니 그는 같은 대답을 했지요. 그러자 영조는 대신들에게 호통을 치면서 백성들은 소령릉이라고 하는데 조정 대신들만 왜 소령원이라 하느냐고 야단을 쳤다고 합니다. 영조는 이 나무꾼에게 통훈대부의 작위를 내린 후 능에서 나무를 돌보는 능세원일을 하게 했습니다. 이후 소령원에는 대대로 능참봉과 능을 순회하는 능순원, 능을 지키고 관리하는 능수복이 있었다고 합니다. 영조가 직접 시묘살이를 했던 소령원에는 현재 그가 세운 추모비가 있습니다. 마지막 구절에 '붓을 잡고 옛일을 써 내려가니 눈물이 앞을 가린다.'고 적혀 있어 어머니에 대한 영조의 애틋한 효심을 잘 알 수 있습니다.

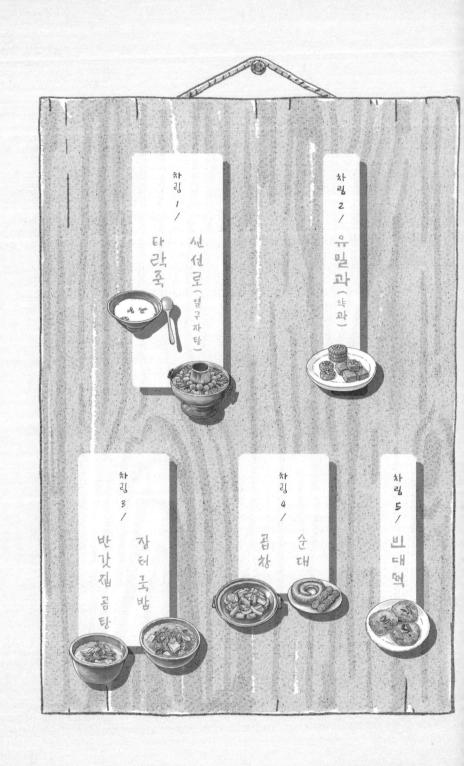

- 제 **4** 장 -

신분에따른 삶이 스며든 음식

모두가 같은 사람일 수 없던 시절

누군가에겐 사치로, 누군가에겐 끼니였던 음식들

선비님, 소식 들으셨나요?
임금께서 이곳 온천으로 행차를
오신다고 합니다요.

나도 들었네.
주모가 임금님 행차에
관심이 많은 모양이군.

음식 만드는 사람인지라
임금님이 잡수시는 음식이
항상 궁금합지요.

아마도 여행 중이시니
타락죽이 바쳐질 것일세.
궁중에 계시다면 열구자탕을
수시로 드시겠지만...

타락죽이 뭡니까요?
열구자탕은 들어본 적이
있습니다만.

임금께서 드시는 귀한 음식이라오.
수라상에 올라갔던 음식들에 대해
말해주도록 하겠네.

차림 · 1

타락죽

신선로(열구자탕)

/

조선의 최고 권력자
임금의 수라상에 올라간 음식들

/

온갖 귀한 음식들이 가득했던 임금의 밥상, 수라상

이번에는 임금의 밥상에 올라가곤 했던 타락죽과 열구자탕, 즉 신선로에 대해 알려드리려 합니다. 그 전에 임금의 밥상인 수라상에 대해 살펴보고 가는 것이 좋을 것 같습니다. 수라는 몽골어에서 유래된 말로, '왕과 왕비가 잡수시는 진지'를 뜻하는 말입니다. 수라상은 임금께 올리는 밥상을 높여 이르는 것이지요. 그 진지를 조리하는 곳을 수라간이라고 합니다. 태조 실록의 기사를 보면 경복궁 궁궐을 지을 때 국왕이 집무를 하는 정전이 5간인데 수라간을 그에 못지 않은 4간으로 잡았다고 나와 있습니다. 수라간의 규모와 비중이 그만큼 컸다는 것을 알 수 있습니다. 그런데 1828년과 1830년 사이에 순조의 아들인 효명세자의 명으로 그린 〈동궐도〉를 보면 궁중의 부엌에 해당하는 부분에 수라간뿐만 아니라 소주방이라는 곳이 표기되어 있습니다. 수라간과 소주방을 어떻게 구별해야 하느냐에 대해 아직도 이견들이 존재하지만, 대체로 소주방에서 불을 이용하여 음식을 조리하면 수라간에서 그 음식들을 받아 상을 차려낸 것으로 생각하고 있습니다. 소주방은 내소주방과 외소주방으로 구분됐는데, 내소주방은 왕실 가족의 일상식을 조리하는 곳이고 외소주방은 진풍정(進豊呈), 진작(進爵), 진연(進宴), 수작(受爵) 등의 큰 잔치와 선원전 등에서 지내는 차례와 제사, 고사 등의 조리를 담당하는 곳이었습니다. 또 생과방이라는 곳도 있었는데 평상시 수라 외에 각종 죽과 식혜, 다과, 과일, 떡 등을 만드는 곳입니다.

음식은 소주방에서 조리하지만 임금께 직접 수라상을 올리는 것은 내

시부와 내명부의 궁인들이
담당했습니다. 내시부의 환
관은 수라에 올리는 음식을
관리 감독했고, 직함이 '수
라간차지상궁(水剌間次知尙
宮)'인 주방 상궁은 임금께
올리는 밥상인 수라상을 책
임졌습니다. 그럼 수라상은
언제, 몇 번이나 올려졌을

수라상 임금께 올라가는 아침과 저녁의 진지상인 수
라상의 차림새이다. 12첩 반상차림으로 원반과 곁반,
전골상의 3상으로 되어 있다.   출처: 문화재청

까요? 하루에 5번 수라상이 올라갔는데 이른 아침상을 초조반, 아침상을
조수라, 저녁상을 석수라라 불렀고, 점심에 간식을 드리는 것을 주다소
반과(晝茶小盤果) 혹은 낮것상, 밤중에 잡수시는 상을 야다소반과(夜茶小盤
果) 혹은 야참이라고 했습니다. 이른 아침에 죽이나 미음 등인 초조반을
올리고, 10시가 지나서 조수라를 올렸습니다. 낮것상인 주다소반과에는
다과를 올리고, 오후 5시경에 다소 이른 저녁상인 석수라가 올라갑니다.
그리고 밤중에 야다소반과라고 하는 야참이 올라갔는데 약식이나 식혜,
혹은 면이었습니다. 그런데 영조같이 검약함을 실천했던 임금은 가뭄이
왔을 때 반찬 수를 줄이게 했을 뿐 아니라, 평상시에도 하루에 5번이 아
닌 3번만 차리도록 했습니다.
　　수라상에 올라간 음식은 12첩 반상이 기준이었습니다. 기본 반찬이
올라가는 밥상인 대원반과 함께 수라 시중을 들기 위한 곁상인 소원반
과 책상반도 들어갔습니다. 임금이 먹는 밥으로 반드시 백반이라 부르는
흰 쌀밥과 홍반이라 부르는 팥밥 두 가지를 올렸고, 탕도 미역국을 가리
키는 곽탕과 곰탕 두 가지를 올렸습니다. 물론 대원반에도 음식을 놓는

배치 방식이 정해져 있었습니다. 앞줄 왼쪽에 밥, 오른쪽에 국을 놓고 그 옆으로 은잎 사시 두 벌을 놓습니다. 뒷줄에는 가시 등을 뱉는 토구와 청장, 초장, 초고추장, 젓국, 겨자즙 등 각종 장을 놓았습니다. 대원반 중앙에는 구이와 편육, 젓갈, 채소, 장아찌 등이 놓였습니다. 중앙의 다음 줄에는 마른 찬과 조림, 전유어, 채소 등이 놓였고 가장 뒷줄에는 침채로 불렸던 김치 종류와 동치미, 젓국지 등이 놓였습니다. 곁상인 소원반에는 전골함과 팥반, 은제 잎수저 한 벌, 양사시, 상아사시가 놓입니다. 그 뒷줄에는 별식이 되는 육회와 수란, 은공기 세 개를 두었고 끝줄에는 숭늉과 차를 다릴 기구들과 사기 그릇 세 개를 놓았습니다. 책상반에는 앞줄 왼쪽부터 곰탕, 찜, 더운구이를 놓았고 뒷줄에는 전골, 고추장조치, 젓국조치 등을 놓았습니다.

이렇게 잘 차려진 각 상 앞에는 상궁들이 앉아서 수라 시중을 들었습니다. 특히 책상반 앞에 앉은 수라 상궁은 숯불을 피운 풍로에 은제로 만들어진 전골틀을 올려놓고 전골을 끓여서 즉석 요리식으로 올려 드렸습니다. 우리가 익히 알고 있는 임금이 수라를 들기 전에 미리 맛을 보아 독이 들었는지 확인했던 기미 상궁은 소원반 앞에 앉은 상궁을 말하는데, 보통 왕이나 왕비를 어릴 때부터 모셔온 사람이 맡았습니다.

귀한 약재였던 타락죽과 즐거움을 주는 탕인 신선로

타락죽은 임금의 수라상 중에서 이른 아침상인 초조반에 올렸던 음식입니다. 타락죽의 '타락(駝酪)'은 우유를 말하는데 유목민족인 돌궐족이 사용하는 '토라크'라는 말에서 유래했습니다. 『조선왕조실록』의 명종실록 기사를 보면 타락죽은 임금께 올리는 것인데 윤원형이 함부로 우유를 짜는 기술을 가진 낙부(酪夫)를 불러 타락죽을 만든 후 자녀와 첩까지 먹였다고 대사헌이 고발하고 있습니다. 그만큼 조선 시대에 우유는 왕이나 왕족 등만 먹을 수 있는 귀한 약재였습니다. 『동의보감』에서 우유를 목위에 앵두만한 창이 생기는 '앵도창(櫻桃瘡)'의 특효약으로 소개하고 있을 정도였습니다. 그래서 고려 시대부터 우유를 전담하는 관청이 있었고 조선 시대에도 '타락색(駝酪色)'이라는 관청을 두어 우유를 관리했습니다. 한양의 내사산 중 하나인 낙산은 실록에서는 타락산, 민간에서는 낙타산으로 불렸는데, 바로 이곳에 왕실에 우유를 공급하는 목장이 있었습니다. 조선 시대에 우유를 생산한 소는 우리가 지금 한우로 부르고 있는 황소로, 요즘의 점박이 모양을 가진 젖소가 아니었습니다. 따라서 궁중에 바쳐지는 우유는 새끼를 낳은 어미 소의 젖을 짜서 진상해야 했기에 더욱 귀했습니다.

타락죽은 내의원에서 10월 초부터 정월까지 암소 젖을 짜서 만들었습니다. 내의원에서 멥쌀을 곱게 갈아 우유를 넣고 타락죽을 만들어 임금께 진상을 하면, 임금은 이것을 대왕대비 등 궁중의 노인들에게 올리거나 기로소의 대신들에게 하사품으로 내렸습니다. 이 타락죽을 전하는 문헌도 여러 가지인데 이수광이 지은 『지봉유설』과 빙허각 이씨의 『규합총서』, 1910년대에 나온『부인필지』, 1913년에 방신영이 지은『조선요리제법』등이 있습니다.

특히 타락죽을 좋아한 고종과 약방 기생에 관련한 이야기가 전해오기도 합니다. 내의원에 소속한 의녀를 약방 기생이라고도 하는데, 이는 연산군이 의녀를 기생으로 만든 이후 붙여진 이름입니다. 이 약방 기생은 고종의 건강을 위해 한 달에 한두 번 고종의 침소를 찾았습니다. 약방 기생은 침통을 가지고 들어가지만 주로 하는 일은 고종과 정담을 나누고 승은을 입는 것입니다. 약방 기생이 고종의 침소에서 하룻밤을 지새우고 그 이튿날이 되면 초조반으로 타락죽이 들어오곤 했습니다. 고종은 약방 기생과 타락죽을 나누어 들었기에 약방 기생을 '분락기(分酪妓)'라고도 불렀다고 합니다. 타락죽을 올릴 때는 마른 반찬이 한두 가지 올라갔는데 북어무침, 북어 보푸라기, 다시마를 묶어 튀긴 매듭자반 등이 있습니다. 또 새우젓국으로 간을 하여 끓인 맑은 조치와 나박김치 또는 동치미 등의 시원한 국물 김치가 올라갔습니다. 또 간을 맞출 수 있도록 소금이나 꿀을 함께 올렸습니다.

이번에는 궁중 최고의 음식으로 많게는 25가지 재료가 들어갔다는 열구자탕에 대해 알아보겠습니다. 궁중 전골인 '열구자탕(悅口子湯)'의 이름에는 '먹으며 즐거움을 주는 탕'이라는 뜻이 담겨있는데, 일명 '신선로(神仙爐)'라고 합니다. 이 신선로의 유래와 관련하여 조선말 문신이며 서예가인 최영년이 1925년에 출판한『해동죽지』에서는 열구자탕이 궁중에서 탄생한 음식이 아니고 사화를 피해 승려가 되었던 허암 정희량이 창안한 음식이라는 이야기를 전하고 있습니다. 이야기 내용을 살펴보면, 연산군 때 무오사화로 의주로 유배를 갔던 허암 정희량은 시를 잘 짓고 음양학에 밝으며 자신의 운명을 점칠 수 있는 능력이 있어 이후에 더 큰 사화가 있을 것을 내다보았습니다. 그래서 그는 모친상을 당하여 묘살이를 하던 도중 승려가 되겠다며 깊은 산으로 들어가 나오지를 않았습니다. 허암은 '이천년(李千年)'이라는 이름으로 승려 생활을 하며 전국을 유랑했습니다. 그러던 어느 날 퇴계 이황이 소백산에서『주역』을 읽다가 만난 노승을 허암으로 짐작했고, 그에게 세상에 나오기를 청했지만 자신은 불충에 불효로 도저히 세상에 나올 수가 없는 사람이라고 하며 홀연히 사라졌다고 합니다.『해동죽지』는 이러한 일화를 전하며 열구자탕은 선인(仙人) 생활을 하던 허암이 신선이 해 먹는 식에 따라 화로 하나에 여러 채소를 넣어 익혀 먹었던 것이고, 허암이 선계로 간 후에 사람들이 그가 사용하던 화로를 신선의 화로라 하여 '신선로'라고 부르게 되었다고 합니다. 이 때문에 숯불을 담을 수 있는 화통이 달려있는 그릇에 먹는 열구자탕을 '신선로'라고 부른다는 것입니다. 이 글을 쓰다 보니 어릴 때 신선로를 만들어 주시던 어머니가 생각납니다. 어머니께서 작고하신 후 신선로 그릇은 필자의 차지가 되었는데, 실제로 제사 지내는 제기 같이 생긴 그릇 한가운데에 숯을 담아 불을 피우는 곳이 있습니다.

신선로 열구자를 끓이는 그릇으로, 반구형의 그릇 가운데에 위가 좁은 원통형의 용기가 달려 있으며 그 바닥에는 구멍이 나 있다. **출처: 국립중앙박물관**

이 열구자탕에 대한 기록은 18세기부터 등장하기 시작합니다. 1740년 영조 때의 역관이었던 이표가 지은『소문사설(謏聞事說)』에서 '열구자탕(熱口子湯)'이라는 음식을 이렇게 소개하고 있습니다. 합 가운데에 둥근 통이 있으며 이 원통 안에 숯불을 피우고 합 둘레에 돼지고기, 생선, 꿩, 홍합, 해삼, 소의 양, 간, 대구, 국수, 고기, 만두 등을 돌려 넣고 파, 마늘, 토란 등을 고르게 배열해 놓은 다음 맑은 장국을 넣고 끓여 몇 사람이 둘러 앉아 뜨거울 때 먹으며, 야외 모임이나 겨울밤에 모여 앉아 술자리를 벌일 때 매우 좋다고 했습니다. 특히 열구자탕을 끓이는 기구는 우리나라 사람들이 중국에서 사 온 것이라고 하여, 열구자탕이 원래 중국에서 탄생한 음식임을 암시합니다.

그런데 1829년 서유구가 저술한『임원십육지』에서는 열구자탕을 담는 그릇에 대해 자세히 설명하고 있지만, 신선로라는 표현은 쓰지 않았습니다. "놋쇠로 관을 만들고 중앙에 철통자를 둔다. 모양은 입이 넓은 항아리와 같으며 뚜껑이 달렸다. 손가락 길이만한 숯불이 들어가고, 둘레는 지(池, 연못 모양)를 이루고 7~8사발의 물이 들어간다. 물을 넣은 후에 장국을 부으며 뚜껑을 닫고 항 속에 숯불을 넣고 끓인다. 탕이 끓고 재료가 고루 익으면 수저로 떠 먹는다."

반면 19세기 중엽에 조재삼이 지은『송남잡지(松南雜識)』에서는 열구자탕이라 하지 않고 '열구지(悅口旨)'라는 용어를 사용했습니다. 열구자탕을 신선로라고도 부른다는 말을 최초로 전한 문헌은『동국세시기』입니다. 홍석모는『동국세시기』에서 열구자탕이 겨울철 서울 풍속이라고 하면서, "서울 풍속에…또 쇠고기나 돼지고기에 무 오이 채소 나물 등 푸성귀와 계란을 섞어 탕을 만들어 먹는데 이것을 열구자탕 또는 신선로라고 부른다."라고 썼습니다. 이런 기록 등을 통해 신선로라는 명칭의 시작뿐 아니라, 궁중에서 먹던 열구자탕이 18세기 이후에는 약식의 형태로 민간에서도 겨울철에 해 먹는 음식으로 자리 잡았음을 알 수 있습니다. 물론 궁중에서 만든 열구자탕은 민간에서 만든 것과는 비교할 수 없을 만큼 고급스러웠습니다. 소고기 완자와 함께 쇠 간과 쇠 천엽, 미나리, 생선 등으로 갖가지 전유어를 만들어 각종 채소와 화려하게 담고 은행과 호두, 잣 등의 견과류를 넣어 보기만 해도 입맛이 당기도록 조리되었는데 그 국물이 일품이었습니다. 그릇도 민가에서 쓰는 놋그릇이 아니라 은제 신선로를 사용했습니다. 다산 정약용은 창덕궁에 있던 규장각에서 검서관으로 근무할 때 정조가 내려 주었던 열구자탕을 회상하는 시를 남기기도 했습니다.

규장각에서 밤이 깊도록 글자를 교열하느라 / 奎瀛校字夜迢迢
학사와 등불만 적막 속에 마주하고 있었네 / 學士燃藜對寂寥
성상께서 열구자탕을 내려 베풀어 주셨는데 / 悅口子湯宣賜至
명을 받아 이것을 가져온 이는 유명표였다네/ 領來者是柳明杓
　　　- 『다산시문집』 제6권, 송파수작(松坡酬酢), 선조 기사(先朝紀事)

현대판 남자 셰프들이 궁중에 있었다면?

현대 사회에서 '셰프'라고 부르는 최고의 음식 전문가는 남자인 경우가 많습니다. 조선 시대에도 궁중 음식의 총책을 남자인 '반감(飯監)'이 맡았습니다. 반감은 '궐내각차비(闕內各差備, 궐에서 특별한 사무를 위해 임시로 임명된 직)'에 속하지만 종6품까지 품계가 올라갔습니다. 반감 아래로는 각색장들이 철저한 분업체제로 조리를 했습니다. 육류 조리는 '별사옹(別司饔)', 밥은 '반공(飯工)', 구이는 '적색(炙色)'이 맡았고, 두부를 담당하는 '포장(泡匠)', 술을 담당하는 '주색(酒色)', 차를 담당하는 '다색(茶色)', 떡을 담당하는 '병공(餅工)', 찜을 담당하는 '증색(蒸色)' 등이 있었습니다.

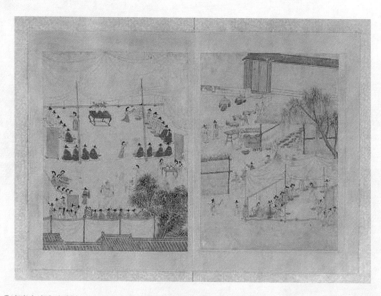

『의령남씨가전화첩』중 <선묘조제재경수연도(宣廟朝諸宰慶壽宴圖)> 태조 년간부터 중종 년간, 명종 년간, 선조 년간, 영조 년간에 있었던 특정 사건 또는 행사에 관련된 의령남씨를 기념하여 만들어진 화첩 모음이다. 그 중 <선묘조제재경수연도(宣廟朝諸宰慶壽宴圖)> 부분으로, 1605년에 선조가 재신들의 노모를 위해 열어준 경수연에서 남자 요리사인 숙수들이 요리를 하고 있는 모습이 담겼다.

출처: 문화재청

잔치가 있을 때는 힘이 센 남자 조리사들이 대거 필요했는데, 이들을 '숙수(熟手)'라고 불렀습니다. 잔치 음식은 굽이 높은 고배 찬기에 30~45cm까지 음식을 쌓아 올리기 때문에 남자 숙수들이 절대적으로 필요했습니다. 1887년에 행해진 신정왕후 조대비의 만경전 팔순 축하연을 기록한 『진찬의궤』에 따르면 팔순 잔치 2년 전부터 잔치 준비를 하기 시작하여 예행연습까지 했는데, 숙설소 규모만 190칸에 숙수도 100인이나 되었다고 합니다. 숙수를 진두지휘하는 작업반장을 '대령숙수(待令熟手)'라고 했는데, 이들은 대대로 대령숙수직을 세습했습니다. 1907년에 고종이 헤이그 특사를 계기로 강제로 폐위되면서 숙수들도 대거 궁궐 밖으로 퇴거를 명령받았습니다. 그들은 생계를 위해 궁중 요리를 일반 사람들에게 선보이는 요릿집을 열게 되었고, 이것이 제3공화국까지 권력을 쥔 정치인들이 드나들던 대형 한식 요릿집의 기원이 되었습니다.

주모, 배가 출출한데 야밤에
주전부리할 것이라도 좀 주구려.

여기가 무슨 구중궁궐인 줄 아세요?
이런 촌구석에 무슨 야식 거리가 있겠어요?

하긴 내가 너무 큰 것을 바랐나 보오.

그럼 누룽지 말린 것이라도 드릴까요?

그것이라도 준다면 출출한 배를
달랠 수 있을 것 같소.
내 그 대신 반가에서 잘해 먹는 유밀과인
약과 만드는 방법을 알려 주리다.

일 없습니다요.
만들려고 해도 입에 거미줄 겨우
걷어 먹고 사는 처지라서요.

그렇긴 하지만,
날이 밝을 때까지 유밀과 이야기로
시간이나 보내 보세.

차림 · z

유밀과

(약과)

임금의 음식이었지만
사치를 과시하는 대상이기도 했던 다과

임금이 먹는 다과의 단골 메뉴였던 유밀과

'유밀과(油蜜果)'라는 말은 현재는 쓰지 않는 말입니다. 하지만 약과나 강정은 많이 들어보았을 것입니다. 유밀과는 밀가루에 참기름과 꿀을 섞어 반죽한 것을 기름에 튀긴 후 꿀을 발라 먹는 고급 과자를 말합니다. 반면 강정은 유밀과라고 하지 않고 '유과(油菓)'라고 합니다. 밀가루로 만든 유밀과와 달리 유과는 찹쌀가루로 만들었습니다.

조선 시대에는 공장이 없었기 때문에 모든 과자류도 직접 수작업으로 만들어 먹었습니다. 물론 일반 백성들은 밥 한 끼 먹기도 힘든 시절이었기 때문에 귀한 꿀과 참기름, 잣가루 등이 들어가는 유밀과는 넉넉한 계층이 아니면 여간해선 만들어 먹을 수 없었습니다. 유밀과를 대표하는 것이 바로 약과입니다. 약과는 '약(藥)'이 되는 과자(菓子)'라는 뜻으로, 이수광은 『지봉유설(芝峯類說)』에서 약과는 밀가루와 꿀과 기름이 함께 들어가 매우 몸에 좋다고 했습니다. 또 빙허각 이씨도 『규합총서(閨閣叢書)』에서 이수광과 같은 말을 하고 있습니다. "밀(蜜)은 4시정기(四時精氣)요, 청(淸)은 백약(百藥)의 으뜸이며, 기름은 살충(殺蟲)과 해독(解毒)을 하기 때문이다." 여기에서 '청(淸)'이란 꿀을 말하는 것으로, 유밀과를 만들기 위해서는 튀겨진 과자에 꿀을 바르는 집청 과정이 필요합니다.

유밀과는 모양에 따라 여러 가지 이름이 있습니다. 궁궐 등에서 쓰는 아름다운 꽃 모양의 약과 판에 박은 것을 약과라고 하는데 큰 것은 대약과, 작은 것은 소약과라고 하고 다식판에 박아 만든 것은 다식과, 사각 모양으로 모지게 만든 것은 모약과, 내천자 모양의 칼집을 내고 꽈배기 모양으로 뒤집어서 튀겨 내는 것은 매자과, 대추 소를 넣어 만두 모양으로 만드는 것은 만두과라고 합니다. 이 중에서 매자과 혹은 타래과라고 불리는 유밀과는 꽈배기 모양이기 때문에 혼인이 꼬아질 수 있어 길례에는 쓰지 않고 제사를 지낼 때 만들어 올렸습니다.

약과와 다식 등 유밀과는 임금께 드리는 낮것상 혹은 주다소반과의 단골 메뉴였습니다. 정조가 어머니 혜경궁 홍씨에게 차려 드린 음식이 자세하게 기록되어 있는 『원행을묘정리의궤(園幸乙卯整理儀軌)』를 보면 시흥행궁에 도착하여 혜경궁 홍씨에게 차려드린 간식상인 주다소반과에 무려 17그릇이나 올라간 것을 알 수 있습니다. 검은 칠을 한 소반에 장식용 꽃인 상화만 11개가 장식되었고, 17그릇 중 생과일 등을 꿀에 조린 정과와 함께 유밀과 역시 올라있었습니다. 유밀과는 원래 고려에서 불교행사인 연등회와 토속신 행사인 팔관회 또는 크고 작은 연회가 있을 때 왕족, 귀족, 사원, 부유한 민가에서 빠뜨리지 않고 만든 음식입니다. 고려 시대 때 유밀과를 많이 쓴 것은 국교인 불교에서 살생을 금지했기 때문에 고기나 생선 등을 제향 음식이나 각종 연회 음식으로 사용할 수 없어서였습니다. 그 대신에 유밀과를 괴서 상에 놓은 것입니다.

유밀과를 만들려면 밀가루는 물론 꿀과 기름, 계피, 잣 등 고급 재료가 많이 들어가서 재료를 마련하느라 집집마다 허리가 휠 정도였습니다. 『음식디미방』을 보면 '약과 만드는 법'이 잘 나와 있습니다. "밀가루 1말에 꿀 2되, 기름 5홉, 술 3홉, 끓인 물 3홉을 합해서 반죽하여 모양을 만들고 기름에 지진다. 즙청 1되에 물 1홉 반만 타서 묻힌다." 이후에 만드는 방법이 점차 발전하면서 반죽에 청주나 소주를 넣었고, 즙청에는 계핏가루, 후춧가루, 생강가루, 생강즙 등을 섞고 잣가루를 뿌리기도 했습니다.

궁궐에서조차 사치스러워 금했던 다과

이처럼 호화스러운 재료가 필요했기 때문에 물가가 상승하거나 가뭄
이 들었을 때는 유밀과 금지령이 내려졌습니다. 이와 관련한『고려사절
요』명종 22년 기사를 한번 볼까요?

> 지금 풍속이 실속은 없으면서 화려함만를 숭상하여 무릇 공사간(公
> 私間)에 잔치를 베풀 적에는 남보다 낫기를 다투어, 곡식을 진흙과
> 모래같이 쓰고 기름과 꿀 보기를 뜨물 찌꺼기같이 하며, 다만 외관
> 의 아름다움을 위하여 낭비함이 한이 없다. 지금부터는 유밀과(油
> 蜜果)를 쓰지 말고, 과실(果實)로써 대신하되, 작은 잔치에는 3그릇
> 을 초과하지 말고, 중간 잔치에는 5그릇을 초과하지 말고, 큰 잔 치
> 에는 9그릇을 초과하지 말게 하며, 찬(饌) 역시 3가지를 초과하지
> 말게 할 것이며, 만약 부득이하여 더 쓰게 되더라도 포(脯)와 젓[醢]
> 을 번갈아 들여 정식(定式)으로 삼을 것이다. 영(令)과 같이 하지 않
> 는 사람이 있으면 관련 관청이 죄를 탄핵할 것이다.” 하였다.
>
> *-『고려사절요』13권 명종 22년 임자년 五月 기사*

충선왕 2년 경술년 1310년 7월 기사에도 왕을 맞이할 때 산대놀음으
로 환영하는 일, 공사 연회에 유밀과를 만들고 금 비단실로 장식하는 일
등을 모두 금하고 있습니다. 그런데 한편으로 유밀과가 사치스러운 만큼
매우 맛이 좋아서 우리나라뿐만 아니라 원나라에서도 환영받았다는 사
실을 알려주는 기록도 있습니다.『고려사』에는 충렬왕이 참석한 진왕의

딸과 세자의 결혼식에서 고려에서 가져간 유밀과를 썼다는 내용이 있습니다.

> 임진일. 왕(충렬왕)과 공주가 황제의 궁궐을 찾아갔다.
> ○ 세자가 황제에게 백마를 폐백으로 올리고 진왕(晉王)의 딸에게 장가들었다. 이날 잔치에서는 모두 고려에서 만든 유밀과(油蜜果)를 썼으며 여러 왕과 공주 및 대신들이 모두 황제가 베푼 잔치에 참석했다.
>
> - 충렬왕 22년(1296) 병신년 11월 임진일 기사

이규경이 19세기에 펴낸 백과사전식 저서인 『오주연문장전산고(五洲衍文長箋散稿)』에도 이때 잔치에 참석한 원나라 각왕들과 공주, 대신들로부터 유밀과가 격찬을 받았다는 기록이 있습니다. 이로부터 유밀과는 고려를 대표하는 떡의 대명사가 되어 '고려병(高麗餠)'이라고 불리며 원나라가 지배하는 내내 인기를 누렸습니다.

조선 시대에도 유밀과는 사치스러운 기호품으로 취급되어 명나라 사신을 위한 '연향(宴享)'을 베풀 때나 제사를 지낼 때, 회갑연을 할 때, 혼인식 외에는 만들지 못하게 했습니다. 『일성록』 정조 16년 임자년인 1792년 기사에서 좌의정 채제공이 말하기를, 능침 제향 때 유밀과를 정갈하게 준비하는 것은 400년 동안 해온 전례라고 했습니다. 또 같은 기사 속에는 유밀과를 잘 만들고 못 만드는 것은 전적으로 숙수 솜씨에 달렸다고도 했습니다. 이러한 내용을 통해 유밀과가 궁중의 제향에서 없어서는 안 될 중요하고도 귀한 차림이었다는 것을 확인할 수 있습니다. 또 그만큼 재료가 많이 드는 사치스러운 음식이어서 궁중에서도 특별한 때에

만 만들었다는 사실도 알 수 있지요. 일반 사가에서는 유밀과 사용을 엄격히 금했는데 『조선왕조실록』에서만 보아도 태조, 세종, 세조, 성종, 연산군, 중종, 명종, 숙종, 영조, 정조 실록 기사에서 유밀과를 금한다는 기사가 반복되고 있습니다. 급기야 고종 때 흥선대원군이 반포한 조선 최고의 법전인 『대전회통』에는 "헌수(獻壽, 환갑 잔치에 장수를 빌며 술잔을 올리는 것), 혼인, 제향 이외에 조과를 사용하는 사람은 곤장을 맞도록 규정한다."고도 했습니다. 법을 잘 지켰으면 이런 기사가 반복될 리 만무하겠지요. 나라에서 법으로 금하고 있어도 사람들은 계속 유밀과를 만들어 과시하고 즐겨 먹어 골치를 앓았습니다. 특히 사위를 맞이하는 혼례 3일째에 유밀과로만 큰 상을 차리는 통에 이를 엄격히 금지하는 내용이 실록 기사에 실려 있습니다.

> "... 신하들의 공·사(公私) 연회에는 유밀과(油蜜果) 쓰는 것을 금지한 것이 《육전(六典)》에 기재되어 있사온데 제 3일에 이르러 유밀과 등으로 큰 상을 거의 사방 열 자 폭이나 되도록 가득하게 차려서 사위와 신부에게 주고, 그 퇴물을 거두어 싸서 시집으로 보내며, 또 사위를 맞은 이튿날에 축하객이 뜰을 메우도록 밀려 와서 잔치하고 즐기는 등의 일은 일절 금지할 것이며..." 하니, 그대로 따랐다.
> - 세종실록 43권, 세종 11년 2월 5일 신사 7번째 기사 1429년

중종 때 기사에는 부모님 상을 당했을 때 유밀과 차려 사람들을 밤새게 하는 '영철야(靈撤夜)'에 대한 문제가 대두되었습니다.

"...그 부모의 상장(喪葬)에 가재를 기울여 유밀과를 많이 만들어서 제기 놋그릇에 높이 괴어 놓고, 손님을 모아 풍악을 벌이게 하면서, 이를 이름하여 '영철야'(靈撤夜)라고 합니다. 가난한 사람은 이 풍습에 구애되어 기한이 지나도록 장사를 치르지 못하니, 이는 아름다운 풍속이 아닙니다. 청컨대 관찰사에게 하유하여 통절히 혁파하는 것이 합당합니다."

- 중종실록 8권, 중종 4년 6월 4일 갑자 1번째 기사 1509년

한편, 원래 유밀과는 과실이나 새의 모양으로 만들었다고 합니다. 유밀과를 상에 쌓게 되면서 넓적한 모습으로 바뀌었다고 『성호사설』은 전하고 있습니다. 제사에는 유밀과를 정성스럽게 차려 올리는데, 제대로 만들어 내지 못해 관련된 사람들이 엄벌에 처해진 기록도 있어 흥미롭습니다.

하교하기를,

"제향(祭享)의 소중함이 어떠한데 원릉, 수릉, 경릉의 제사에 쓰고 물린 약과(제사를 지낸 후 퇴물한 약과)가 아주 모양을 이루지 못하였는가? 어찌 이러할 도리가 있겠는가? 해당 전사관(典祀官)은 나문(拿問 죄인을 잡아다 심문함)하여 엄히 감죄(勘罪 죄인을 심리하여 처단함)하고, 봉상시의 원역(員役 벼슬아치 밑에서 일을 보는 사람)과 숙수 등은 해당 관청으로 하여금 법에 비추어 엄히 다스리게 하라."
하였다.

- 헌종실록 13권, 헌종 12년 11월 7일 무자 1번째 기사

1846년 청 도광(道光) 26년

헌종의 사랑을 위한 공간이었던 석복헌, 그리고 낙선재

　　조선의 제24대 임금인 헌종은 불우한 임금입니다. 세도정치를 물리치고 기사회생할 수 있는 지도력과 두뇌를 가지고 있었던 아버지 효명세자가 22살의 나이로 병사한 후 고작 8살에 즉위하여, 안동 김씨와 풍양 조씨 사이에서 기를 펴지 못하다가 그도 결국 23살이라는 젊은 나이로 눈을 감았기 때문입니다. 짧았던 생전에 선조들에 대한 지극 정성의 마음을 가지고 있었던 헌종은 능묘에 바칠 유밀과가 단정하게 빚어지지 않은 상태에서 제기 그릇에 올라가자 불 같이 화를 냈다고 합니다.

　　한편 헌종이 너무 어린 나이에 왕위를 계승하자 할머니인 순원왕후 김씨가 궁궐의 가장 큰 어른으로서 헌종이 성장할 때까지 수렴청정을 했습니다. 그런데 헌종은 아버지 효명세자를 닮아 인물이 좋아서 잘생긴 만큼이나 여색을 밝혔습니다. 그는 궁궐 밖에 '기정(旗亭)'을 지어놓고 변복 차림으로 찾아가 마음에 드는 여성을 만났다고 합니다. 이렇게 방황을 한 것은 조강지처인 효현왕후가 15살에 가례를 올린 후 2년 만에 병으로 세상을 떠났기 때문이기도 했습니다. 허수한 마음을 달랠 길 없던 그를 위해 계비를 맞아들이기 위한 금혼령이 내려졌습니다. 보통 세 번째 심사인 삼간택은 왕실 어른들이 주재하기 때문에 당사자인 헌종은 최종 후보에 오른 세 명의 규수를 볼 수 없지만, 헌종은 관례를 무시하고 직접 삼간택에 참여했습니다. 헌종은 다소곳이 앉아 있는 김재청의 딸이 참 마음에 들었지만 순원왕후는 헌종의 마음도 모른 채 홍재룡의 딸을 계비로 정했습니다. 속을 끓이던 헌종은 계비인 효정왕후가 후사를 낳지 못한다는 구실을 붙이고는 김재청의 딸을 불러들여 후궁으로 삼고 내명부 정1품인 빈에 봉했습니다. 그녀가 헌종이 그토록 사랑했던 경빈 김씨입니다.

　　헌종은 안동 김씨와 외척 풍양 조씨 사이에서 부침하던 중, 1847년에 정치쇄신과 왕권강화를 도모하기 위한 정책을 연구할 서재를 창덕궁 뒤뜰에 세웁니다. 그 서재가 바로 낙선재인데, 헌종은 낙선재에서 많은 시간을 머물며 독서와 사색에 잠겼습니다. 또한 효정왕후의 눈길에서 벗어나기 위해 낙선재 옆에 경빈 김씨를 위한 처소인 석복

창덕궁 낙선재 헌종 13년(1847년)에 지은 건물로 창덕궁과 창경궁의 경계에 위치하고 있다. 조선왕가의 실제 침전으로 사용되었으며 1884년 갑신정변 직후엔 고종의 집무소로 쓰이기도 했고, 영친왕 이은이 살았던 곳이자 이방자 여사가 기거했던 곳이기도 하다. 　　　　　출처: 문화재청

헌(錫福軒)과 할머니 순원왕후가 기거할 수강재(壽康齋)를 지었습니다. 이 세 건물은 회랑으로 연결되어 있어 자유롭게 드나들 수 있었습니다. 아마도 경빈 김씨가 낙선재에 있는 헌종에게 유밀과를 낮것상으로 차려 보내거나, 경빈 김씨가 그리운 헌종이 회랑을 건너오면 경빈 김씨가 다과상을 차려와 함께 유밀과를 먹었을 지도 모릅니다. 그러나 허무하게도 석복헌을 지어 경빈 김씨의 처소로 삼은 지 1년 만에 헌종은 병으로 승하하고 말았습니다. 지아비를 잃은 경빈 김씨는 인사동의 사가에서 헌종에 대한 그리움으로 세월을 보내다 세상을 떠났습니다.

주모 ,
얼른 국밥 한 그릇
말아주오.

배가 많이 고프셨나 봅니다.
자, 뜨끈하게 얼른 드시어요.

한 숟갈 떠먹으니 역시 주모
솜씨가 보통이 아니오.

무슨, 선비님 댁 곰탕만 할까요.
반갓집 곰탕은 고기도 많이
들어갈 텐데...

허허,
음식이란 격이 맞아야
제 맛이 나는 법이오.
집이라면 곰탕이겠지만,
이런 주막에서는 역시
국밥 아니겠소?
이번엔 곰탕과 국밥 이야기를
풀어 보리다.

차림 · 2

장터국밥

반갓집 곰탕

느릿한 양반의 삶과
한시 바쁜 백성의
삶을 끓여낸 탕반

양반집에서 느긋하게 끓여 먹었던 반갓집 곰탕

혹시 '반테 난다'는 말을 들어본 적 있으신가요? 국어사전에는 없는 말이지만, '반테 난다'란 예의범절이 있고 모습이 단정하여 양반댁 자제같이 보인다는 뜻입니다. 마찬가지로 '반가(班家)'란 양반가문을 말하고 반갓집 곰탕이란 양반 가문에서 잘 끓여 먹던 곰탕을 가리키는 것입니다. 특히 서울 북촌 양반 가문에서 먹던 곰국이 널리 알려지면서 반갓집 곰탕으로 불리게 되었습니다. 감히 상것들은 입도 대 보지 못하던 음식, 그것이 반갓집 곰탕입니다. 곰탕의 '곰'은 푹 고아서 국물을 낸다는 뜻입니다. 설렁탕같이 뼈를 넣어 장시간 고는 것과는 다릅니다. 곰탕은 양지머리, 아롱사태, 도가니, 소양, 소곱창, 곤자소니(소의 창자와 항문 사이에 달린 기름기가 많은 부위) 등을 자르지 않은 덩어리 무와 함께 푹 고은 후, 파와 마늘과 간장과 후춧가루 등을 넣어 끓입니다. 그리고 상에 올릴 때 국에 곰국거리를 얇게 썰어 얹어 냅니다. 이 곰탕의 유래에는 두 가지 설이 있습니다. 몽골에서 먹는 고기를 맹물에 넣고 푹 끓여 먹는 '공탕(空湯)'에서 유래되었다는 설과, 은근한 불에 고기가 흐물흐물해지도록 푹 고아 만든 국에서 유래되었다는 설입니다.

곰탕은 궁중에서 항시 준비하는 음식으로, 수라를 올릴 때 팥반과 함께 올렸습니다. 조선 시대에는 소고기가 흔하지 않아서 탕을 끓일 때도 꿩고기를 많이 사용했고, 손님들이 많이 올 경우엔 닭고기를 사용하기도 했습니다. 1670년에 정부인 안동 장씨가 쓴 『음식디미방』에도 '국에 타는 것'이라 하여 손님이 많이 올 때는 암탉을 몇 마리 삶아서 그 국물과 고기를 여러 가지로 이용한다고 했습니다. 그런데 『음식디미방』에 소고기 삶는 법이나 누렁개 삶는 법 등은 자세히 나와 있으나 곰국 끓이는 법은 나와 있지 않습니다. 각종 어육을 이용한 다양한 요리방법이 가득한데도 곰국은 찾아볼 수가 없습니다. 이에 비추어 봤을 때 곰탕은 서울 북촌 양반 가문의 전통 음식으로 추정됩니다. 또한 세도 있는 가문에는 솔거노비라 하여 집에 함께 사는 노비들이 있었기 때문에, 반갓집에서 곰국을 끓일 때도 안주인은 가끔 들어가 전통적인 가문의 방법으로 잘 고아지고 있는지만 확인하고 정작 아궁이에 불을 지피며 만든 사람은 그 집안의 노비였을 가능성이 높습니다.

바쁘게 살아가는 백성들을 위한 패스트푸드, 장터 국밥

이번에는 곰탕에 이어 대표적인 국물 음식이었던 국밥에 대해 알아보려 합니다. 국밥은 한자어로 표기할 때 '탕반(湯飯)'이라고 합니다. 하지만 그것을 서민들만 먹었던 것은 아니었습니다. 『승정원 일기』에 보면 영조가 탕반이 싫어서 밥을 물에 말아 먹었다는 기사도 있습니다. 또 탕반은 진찬 등의 과정을 기록한 궁중 의궤에도 기록되어 있어 큰 잔치나 행사가 진행될 때 악공과 궁인들, 노래를 부르는 여령들이나 군인들이 먹었다는 내용이 남아 있습니다. 한양에는 탕반을 파는 거리인 '탕반가(湯飯家)'가 있었는데 둥근 종이통에 하얀 종이 술을 붙여서 장대 끝에 매달아 놓았습니다. 탕반가 중에서도 무교 탕반이 유명했고 수교 탕반집이나 백목 탕반집도 이름이 있었습니다. 그중 무교 탕반이나 수교 탕반집에는 벼슬아치들이 드나들었고, 백목탕반집에는 돈 많은 상인들이나 할 일 없는 백수들이 드나들며 한 끼를 때우고 가기도 했습니다. 또 헌종도 미복을 하고 궁궐 밖에 나왔다가 탕반가에 들러 국밥을 먹고 가기도 했습니다. 이러한 탕반가의 국밥이나 반갓집에서 끓여내는 곰탕, 궁궐에서 끓이는 곰탕 등은 모두 밥상을 받아 차분하게 그릇을 비우는 형태입니다.

그러나 장터에서 끓여내는 장터국밥은 다릅니다. 반갓집 곰탕이 불을 줄여가며 느긋하게 끓여서 좌정하고 앉아 먹던 음식이라면, 장터 국밥은 솜씨 좋은 주모가 주막 혹은 장터에서 커다란 가마솥을 걸어놓고 길 가는 나그네들 혹은 보따리나 등짐을 이고 다니며 갈 길이 바쁜 보부상 등을 위해 만든 길거리 음식이었습니다. 엄밀히 말하면 신분에 따른 음식이라기보다는 갈 길이 바쁜 직업을 가진 사람을 위해 만든 음식이라고 볼 수 있습니다.

18세기의 천재 화가 단원 김홍도가 그린 『김홍도필 풍속도 화첩(金弘道筆 風俗圖 畵帖)』의 〈주막〉을 살펴보겠습니다. 패랭이를 쓰고 있는 나그네가 몹시 시장했던지 마지막 한 숟가락까지 싹싹 긁어 먹는 모습이 보입니다. 대를 가늘게 쪼개어 만들어낸 댓개비로 성기게 엮어 만든 패랭이는 말총으로 정교하게 만든 갓인 흑립과 달리 천민이나 보부상이 쓰던 것이었습니다. 실학자 이긍익이 쓴 『연려실기술』에서 전하는 내용에 의하면, 임진왜란 당시 왜병들이 흑립을 쓴 자는 양반이라 하여 잡아가고 패랭이를 쓴 자는 극빈자라 하여 잡아가지 않았으므로 양반들도 패랭이를 쓰고 다니는 것이 한때 유행이었다고 합니다. 보부상들은 패랭이에 목화솜을 달고 다녔는데 그림 속 나그네는 그렇지 않은 것으로 보아 천

『김홍도필 풍속도 화첩』, <주막> 간이주막에서 행인들이 요기하는 광경을 그린 것이다.
출처: 국립중앙박물관

민 나그네로 생각됩니다. 그가 기울이고 있는 주발은 옆에 소찬만 있는 것으로 보아 국밥 그릇인 듯합니다. 이 주막에는 제대로 앉는 곳도 없어 나그네는 개다리 소반을 땅에 놓고 임시로 만든 낮은 의자에서 식사를 하고 있습니다. 이 나그네 옆에는 식사를 끝낸 다른 주막 손님이 식사 값을 치르고 있는데, 배가 훤히 드러날 정도로 의관을 제대로 갖추지 않은 모습입니다.

이에 비해 『신윤복필 풍속도 화첩』의 〈주사거배(酒肆擧盃)〉를 보면 제대로 의관을 갖춘 양반들이 두세 사람씩 모여 서서 술을 먹고 있는 모

『신윤복필 풍속도 화첩』, 〈주사거배(酒肆擧盃)〉 조선 후기의 화가인 혜원 신윤복(1758~?)이 그린 풍속화 화첩 중 주막을 배경으로 한 그림이다. 부뚜막 앞에 서 있는 주모가 중탕해 낸 술을 손님에게 따라 내어주고 있고, 부뚜막 위에는 안주를 담은 그릇들이 놓여 있다. 손님 중에는 도포를 쓴 선비와 노란 초립을 쓴 무예청 별감, 깔때기를 쓴 나장도 있다.

출처: 문화재청

습을 볼 수 있습니다. 여기서 '주사(酒肆)'란 술집을 말하는 것입니다. 이 사람들은 시장기를 해결하기 위해 국밥을 먹는 것이 아니라 현대 사회의 스탠드바처럼 간단히 술을 먹으며 담소를 나누기 위해 주사를 찾아왔습니다. 여기에서 '서서 먹는 술집'이라는 '선술집'이 생겨난 것입니다. 이 그림의 가장 오른쪽에 서 있는 사람을 보면 더 재미있습니다. 나졸이라고도 부르는 나장으로, 죄인을 압송하거나 매로 치는 역할을 맡은 사람입니다. 나장은 더그레 혹은 까치등거리라는 옷을 걸치고 깔때기라 부르는 끝이 뾰족한 모자를 쓰고 다녔습니다. 일에 스트레스가 많아서 그런지 술을 걸치고 가고 싶어서 술집에 들어섰는데 이미 다른 양반들이 자리를 차지한 것을 보고 못마땅한 시선을 보내고 있습니다. 나장의 시선에서 알 수 있듯이, 김홍도의 주막은 빨리 먹고 길을 떠나려는 사람들을 담았는데, 신윤복의 주사에는 한가로이 술집에 들른 사람들이 머물고 있습니다. 그 누구도 바빠 보이는 사람이 없습니다. 이런 곳에서는 술을 먹기 위한 안주를 팔지 국밥을 팔 것 같지는 않습니다. 주막에 걸어 놓은 솥에서 끓고 있는 것은 국밥이 아니라 술과 안주를 따뜻하게 데우는 데에 사용되는 조선판 전자렌지인 끓는 물입니다. 부뚜막에 있는 것들을 보아도 국밥 그릇으로 보이는 것은 없습니다.

장터의 주막은 시골의 주막이나 도회지의 술집과는 다른 다급함과 분주함이 있습니다. 장터의 주막에는 손님이 끊이지 않고 드나들어 무척 바빠 보입니다. 여기저기에서 주모를 부르며 빨리 국밥을 끓여 내라고 성화를 하는 이런 사람들이 신속하게 먹고 일어서기 위해서는 반갓집 곰탕같이 제대로 된 소반에 반찬과 흰쌀밥을 갖추어 내는 것은 불가능했을 것입니다. 때문에 커다란 국그릇에 나물과 간장에 조려낸 장산적을 올려

주고 양념장을 얹어 내는 식이 되었습니다. 이와 관련하여 『시의전서』에서는 탕반 끓이는 법에 대해 이렇게 설명하고 있습니다. "좋은 백미 깨끗이 씻어 밥을 잘 짓고 장국을 부어 넣어 잘 끓여 나물을 갖추어 국을 말되 밥을 홀홀하게 말고 나물 갖춰 얹고 약산적하여 위에 얹고 후춧가루 고춧가루 다 뿌리니라." 바쁜 사람들이 빨리 먹고 일어설 수 있게 조리된 음식인 장터 국밥은 일종의 '조선판 패스트푸드'라고도 할 수 있습니다.

백성들의 삶과 함께 달려온 국밥집

대표적인 장터 국밥집으로는 함안 5일장인 가야장에서 끓여내던 함안 국밥집과 영천의 장터 국밥집, 그리고 안성 국밥집 등이 있습니다. 그런데 이 국밥집들에는 공통점이 있습니다. 『시의전서』에서 말하는 것과 같이 장국에 나물과 장산적을 얹는 식이 아니라, 사골과 잡뼈로 우려낸 매우 진한 사골 육수에 밥과 나물, 고기류를 올려 내고 있다는 것입니다. 그것이 가능했던 데에는 세 곳의 입지 조건에 그 답이 있습니다. 가야장의 국밥은 워낙 진하고 맛있어 입소문을 타게 됐는데, 그도 그럴 수밖에 없는 것이 가야장에서 500m 정도만 가면 도항동 우시장의 도축장이 있어 이곳에서 신선한 쇠고기 부산물을 얻을 수 있었기 때문입니다. 함안 주막집 주모들은 이곳에서 가져온 쇠고기와 선지, 각종 내장 등을 콩나물, 무과 함께 푸짐하게 끓여내어 국밥을 만들었는데 그 맛이 일품이었습니다. 게다가 함안은 진주, 의령, 창녕, 마산과 인접해 있을 뿐 아니라, 대구와 포항을 출발하여 남해안 쪽으로 가거나 하동, 사천을 출발하여 서울로 올라가는 사람들 모두 들러 가는 교통의 요지였습니다. 이곳의 주모들은 새벽 일찍 일어나 길 떠나는 사람들을 위해 장터 국밥을 끓이느라 부산을 떨었습니다.

한편 영천과 관련하여 이런 속담이 있습니다. '잘 가는 말도 영천 장, 못 가는 말도 영천 장'이 그것입니다. 경주 황남대총을 발굴하기 전, 구한말 사진을 보면 나그네가 조랑말을 타고 황남대총에 난 길을 건너가는 사진이 있습니다. 조선 시대에 조랑말은 이 지역의 중요한 교통 수단이었는데 영천에서 대구, 경주, 경산, 포항, 군위, 의성, 영일까지는 80리 거리로, 조랑말을 타고 꼬박 하루가 걸렸습니다. 동해안에서 잡힌 고등어가 상하지 않도록 영천 장을 넘어갈 때 소금을 뿌려 알맞게 절여야 했는데, 그 일을 하려면 일단 어느 곳에 짐을 풀고 주린 배를 채울 요깃거리가 필요했습니다. 바로 이때 영천장의 주막집에 들러 먹음직하게 끓여 놓은 장터 국밥을 먹었던 것입니다. 함안 장터와 마찬가지로 영천 장터와 가까운 거리에 영천 우시장이 있어 국 맛을 깊게 만들어 줄 신선한 소 부산물을 얻을 수 있었습니다.

요즘도 판매되고 있는 한 식품회사의 라면 이름을 대부분 들어보았을 것입니다. 바로 안성탕면인데, 이처럼 라면의 이름으로 붙여질 만큼 조선 시대 5대 장터 중 하나인 안성에서 끓여낸 장터 국밥은 별미 중의 별미였습니다. 보통 안성탕이라고도 불리는 안성 장터 국밥이 별미인 이유는 역시 근처에 안성 우시장이 있기 때문입니다. 주막집 주모들은 이곳에서 풍부한 쇠고기 부산물을 얻어 와서 가마솥을 걸어 놓고 장장 오랜 시간 동안 불을 지펴 장터 국밥을 끓여냈습니다. 안성 국밥이 맛있는 이유는 10여 시간 동안 장작불을 한 번도 꺼트리지 않고 끓여 사골이 진하게 우러나와 국 맛을 깊게 만들어 주기 때문입니다. 이 국물에 삶은 양지머리 고기를 총총히 찢고 무청시래기와 고사리 등의 각종 나물을 넣은 후 양념장을 곁들여 내었습니다.

　　현재 전국에서 유명한 곰탕집으로는 나주 곰탕집이 있습니다. 나주 곰탕은 반갓집 곰탕에서 유래한 것이 아니라, 나주 우시장에서 가져온 소 부산물을 넣고 네다섯 시간을 끓여낸 국밥을 전남 나주 읍성에서 열리는 5일장의 장사꾼들에게 팔던 것이 입소문을 타게 된 것입니다. 나주 곰탕의 특색은 사골은 적게 넣고 양지, 사태, 갈비살 등 양질의 소고기를 풍부히 넣어 국물을 우려내는 데에 있습니다. 여기에 무, 파, 마늘을 많이 넣어 고기 누린내를 없앤 후 여러 번 토렴 과정을 거치고 끝으로 계란 지단과 대파를 올려 냅니다. 토렴이란 국밥을 그릇에 담을 때 이미 담겨 있는 재료에 따뜻한 육수를 부었다 따랐다 하여 음식 재료를 따뜻하게 만들면서 육수 맛이 배이게 하는 것을 말합니다. 나주 곰탕의 역사에 대해 어느 곳은 4대를 내려온 것이라고도 하고, 옛날 신문에서는 1980년대 후반에 이르러서야 그에 대해 다루고 있기도 합니다.

조선 최초이자 유일한 안성의 여자 꼭두쇠, 바우덕이

안성은 국밥 외에도 '안성맞춤'으로 유명합니다. 서울의 내노라하는 반상가들은 안성에서 유기를 맞췄는데, 안성유기는 맞추기만 하면 잘 만들어져 이런 말이 나오게 되었습니다. 그런데 조선 후기에 국밥과 안성유기 만큼 유명한 남사당패가 안성에 있었습니다. 바우덕이라는 꼭두쇠가 이끄는 남사당패였는데, 여기에서 남사당패란 천민 남성들로 구성된 유랑 예인 집단으로 전국을 돌아다니며 농악, 접시 돌리기, 재주 넘기, 줄타기 탈놀이, 인형극 등의 묘기를 보여주었습니다. 독특한 것은 남사당패를 이끈 꼭두쇠인 바우덕이가 여성이라는 것입니다. 그녀는 15세의 나이에 여자의 몸으로 꼭두쇠에 올랐는데, 본명은 김암덕(1847~1870)입니다. 김암덕은 조선 숙종 때 안성시 서운면 청룡리에서 태어나서 고작 5살 때부터 남사당의 기예를 익히기 시작했습니다. 미색이 아름다웠을 뿐 아니라 뛰어난 재주 덕분에 흥선대원군으로부터 정3품에 해당하는 옥관자를 하사 받기도 했습니다. 그녀는 특히 소고와 선소리를 신명나게 잘하여 보는 이들의 감탄을 자아냈습니다. 바우덕이가 꼭두쇠가 되어 공연했던 안성의 남사당놀이는 모두 여섯 마당으로 되어 있었습니다. 풍물 놀이와 접시 돌리기인 버나, 어릿광대와 꾼이 재담을 나누면서 땅재주를 펼치는 살판, 줄을 타는 어름, 그리고 탈놀이인 덧뵈기와 꼭두각시놀음인 덜미가 그것입니다. 현재도 안성에서는 매년 바우덕이를 기리는 바우덕이 축제가 그녀의 사당이 있는 안성시 청룡리 불당골에서 펼쳐지고 있습니다.

박첨지 놀음 남사당놀이 중 인형극을 일컫는 덜미를 선보이는 모습이다. 덜미는 인형극에 나오는 중요등장인물에 따라 꼭두각시놀음과 박첨지놀음, 홍동지 놀음으로 나눠 부르는데 오늘날까지 전승되는 유일한 우리나라 전통인형극이다.

출처: 문화재청

주모, 내 먼 길을 걸어오니
입 속이 칼칼하고 배가 몹시 출렁거리오.
오랜만에 곱창을 좀 구워주구려.
곱창구이에 탁주를 먹으면
속이 든든해질 것 같소.

꿈 깨세요.
곱창이 어디 그렇게 흔합니까요?
마침 오징어 순대가 있는데 드릴까요?

아, 그럼 오징어 순대라도
먹어 볼 것이니 듬뿍 좀 주시오.

욕심도 많으셔라.
오징어 순대라고 어디 구하기 쉽습니까요?
그나마 오늘 장터가 열려서 자식 놈이
애미 먹으라고 얼마간 사가지고 온 것이랍니다.

거 효자 났구려.
자식이 가져온 순대를
길 가는 나그네에게 성큼 내주니,
내 주모 마음이 부처 마음 같아
곱창과 순대 이야기를 풀어 주리다.

차림 · 4

순대

곱창

/

반갓집에서 먹던
고급 음식이 서민이 즐겨먹는
음식이 된 과정

/

양반들은 반기지 않은 상민들의 보양식, 곱창

곱창은 '소의 소장(小腸)'을 말하는데, 모양이 구불구불하게 생겨서 곱창이라고 합니다. '곱'은 '동물의 지방'을 일컫는 말으로, 지방 덕분에 기름지고 맛이 있으며 값 또한 싸서 상민들에게 인기 있는 보양식이었습니다. 환자가 병을 앓은 후 회복을 할 때 우시장이나 장터에서 곱창을 얻어와 회복식으로 먹이기도 했습니다. 하지만 궁궐이나 반가에서는 잘 먹지 않는 음식이었습니다. 『조선왕조실록』이나 『승정원 일기』, 『일성록』 등 어디를 보아도 곱창과 관련된 기사는 전혀 찾아볼 수가 없습니다. 구불구불하게 생긴 모습이 흉측하고 고기를 먹을 수 없는 사람들이 고기 대용으로 곱창을 얻어서 먹는다는 생각을 했기 때문입니다. 곱창을 구운 것이나 곱창에 고춧가루를 넣어 끓인 곱창전골은 소위 '불상놈 음식'으로 인식했으니까요. 그런 편견과 달리 『동의보감』에서는 곱창은 "정력과 기운을 돋우며 비장과 위를 튼튼히 해 준다."고 말하고 있습니다.

사실 곱창은 독특한 냄새가 있어 요리하기가 쉽지 않습니다. 곱창의 냄새를 제거하기 위해서는 충분히 물에 담가 핏물을 뺀 후, 밀가루와 소금을 넣고 주물러서 소장 내의 부산물들을 밖으로 밀어내어 제거합니다. 곱창 구이를 할 땐 석쇠에 올려놓고 구우면 되지만, 곱창 전골을 만들기 위해서는 무와 생강을 함께 넣어 물에 삶아 건져야 합니다. 이때 너무 오래 삶으면 질겨지므로 끓는 물에 넣어 곱창이 오그라들기 시작하면 재빠르게 건져낸 후 갖은 양념을 하여 놓으면 완성입니다.

사실 반가의 고급음식이었던 순대

한편 순대는 동물의 피와 내장을 이용하여 만들어 낸 음식에서 시작되었습니다. 6세기 중엽에 남북조 시대 북위의 고양 태수 가사협이 편찬한 중국에서 가장 오래된 농업 기술 관련 서적인『제민요술(齊民要術)』의「양반장도(羊盤腸搗)」에는 양의 대장을 꺼내서 속까지 깨끗이 씻은 후 양고기를 대나무 대롱처럼 썰고 여기에 갖은 양념을 한 다음 대장 속에 넣어 구워 먹으면 매우 맛있다는 내용을 소개하고 있습니다. 이를 통해 중국과 예로부터 교류를 했던 우리나라에도 오래 전에 순대를 만드는 방법이 들어왔을 것으로 추정됩니다. 유목민족들은 예로부터 이렇게 동물의 내장을 조리해 먹는 법이 발달했습니다. 우리나라 순대 조리법이 삶는 것인데 비해, 중국의 북방 민족들이 만든 순대는 구워 먹는다는 것에서 차이가 있습니다.

조선 시대에 순대를 만드는 방법에 대해 가장 먼저 전하고 있는 조리서는『음식디미방』입니다. 그러나 돼지가 아닌 개를 이용하여 순대를 만드는 방법을 전하고 있습니다. 이것을 '개장(犬腸)'이라고 했습니다. 서정대학교 교수인 오순덕 교수는 2012년 한국식생활문화학회지 27호에「조선시대 순대 종류 및 조리 방법에 대한 문헌적 고찰」을 발표했는데, 이 논문을 통해 조선 시대 문헌 속에 나타난 순대의 종류를 잘 살펴 볼 수 있습니다. 오 교수에 의하면 조선 시대 순대의 종류로 조선 시대 중기에는 3종, 후기에는 12종의 총 15종이 소개되어 있다고 합니다. 다만 1830년에 최한기가 지은 농서인『농정회요(農政會要)』에도 소고기를 이용한 '우장증방(牛腸蒸方)'이 실려 있는데 이 책은 조사한 책에 포함되어 있지 않습니다. 또 오교수가 순대의 원조로 소개한 『증보산림경제(增補山林經濟)』
보다 『산림경제(山林經濟)』에 먼저 실려 있었습니다. 이 두 책의 우장증
방 조리법을 제외하고 오교수가 조사한 바에 의하면 순대를 만드는 고기
의 종류는 개고기 1종, 쇠고기 7종, 돼지고기 2종, 양고기 3종, 생선 2종
이었다고 합니다. 특히 『주방문』의 '팽우육법(烹牛肉法)'은 소의 좋은 살을
간장과 새우젓국에 후추를 넣고 삶은 후, 선지와 밀가루, 산초, 천초 등의
양념을 넣고 소의 대창에 집어넣어 삶아 먹는 방법으로 순대의 원조가
되었다고 했습니다. 조선 시대 문헌에 나타난 순대 만드는 방법 중 현재
의 순대 만드는 방법과 아주 유사하게 소개되어 있는 것이 홍만선이 지
은 『산림경제(山林經濟)』와 그 내용을 보완하여 1766년에 의관 유중림이
펴낸 『증보산림경제(增補山林經濟)』의 '우장증방(牛腸蒸方)'이라는 조리법입
니다. 그 방법은 이렇습니다. "소의 창자는 안팎을 깨끗하게 씻어 각각 1
자 가량 자른다. 이와 달리, 소의 살코기를 가져다가 칼날로 자근자근 다
지고 여러 가지 양념, 기름, 장과 골고루 섞어 창자 안에 꼭꼭 메워 넣은
다음 실로 창자 양끝을 맨다. 솥에 먼저 물을 붓고 대나무를 가로로 걸치
고 소 창자를 대나무에 고이 앉혀 물에 젖지 않게 하고 솥뚜껑을 덮는다.
약하지도 세지도 않은 불로 천천히 삶아 아주 잘 익기를 기다려서 꺼내
어 차게 식히고 칼로 말발굽 모양으로 썰어 초장에 찍어 먹는다."

   그럼 순대라는 명칭이 가장 먼저 나타난 문헌은 무엇일까요? 바로 19
세기 말 작자 미상의 조리서로 반가의 조리법을 상세하게 밝힌 『시의전
서』입니다. 여기에 처음으로 '도야지 순대'라는 명칭의 조리법이 소개되
어 있습니다. "(돼지의) 창자를 뒤집어 깨끗이 빤다. 숙주, 미나리, 무를 데
쳐서 배추김치와 함께 다지고 두부를 섞은 다음 파, 생강, 마늘을 많이 다

져 넣는다. 깨소금, 기름, 고춧가루, 후춧가루 등 각종 양념을 많이 섞어 피와 한데 주물러 창자에 넣고 부리를 동여매어 삶아 쓴다."

동물의 창자를 이용하여 만드는 순대는 돼지 피를 함께 사용해야 하기 때문에 반가에서 조리하기가 쉽지 않았을 것으로 생각됩니다. 하지만 『음식디미방』을 쓴 정부인 안동 장씨는 개의 창자를 이용하여, 시의전서는 돼지의 창자를 이용해 순대를 만들었습니다. 이 같은 내용을 보았을 때 순대가 서민들이 주로 먹던 음식이었다는 세간의 평가가 잘못된 것임을 알 수 있습니다. 바꾸어 말하자면 개장이나 우장중방, 『규합총서』에서 말하는 쇠창자찜, 『시의전서』의 도야지 순대는 오히려 반가에서 만들어 먹는 고급음식이었습니다.

한편 순대는 만들어 먹고 싶은데 소 창자나 돼지 창자를 구하기 힘들었던 지방에서는 동태 순대나 오징어 순대를 만들어 먹었습니다. 동태 순대는 명태를 하룻밤 절인 후 아가미로 내장을 들어낸 다음 명태 뱃속에 각종 야채 등을 양념과 함께 다져 소로 넣는 것입니다. 겨울철 별미로 소를 넣은 후 입을 꿰매어 밖에서 얼렸다가 먹을 만큼만 쪄서 초장에 찍어 먹었습니다. 오징어 순대 역시 이와 같은 방법으로 오징어의 몸통 속에 각종 다진 야채를 양념과 함께 버무려 소로 넣고 실로 꿰맨 후 쪄서 먹었습니다.

순대가 반가의 음식이 아니라 서민들이 주로 먹는 음식으로 인식된 것은 1970년대 이후 양돈 사업을 장려한 영향으로 당면이 들어간 순대가 만들어지면서부터입니다. 순대가 대중화가 되면서 장화를 신고 돼지 피가 범벅이 된 바닥에서 순대를 만들게 되자, 이 과정에서 위생적인 사람들이 먹기에는 부담스러운 음식으로 인식되기 시작했습니다. 또 반가에서는 보통 국을 소고기로 끓이는 반면, 장터를 중심으로 돼지 창자로 만든 순대를 넣고 새우젓으로 간을 맞춰 먹는 순대국밥이 생겨나면서 순대는 더욱 서민들을 위한 음식으로 여겨지게 되었습니다.

여담으로 현재 전국적으로 유명한 병천 순대는 그 역사가 수십 년 정도로, 유관순 열사가 3.1 운동 당시 만세를 불렀던 아우내 장터 근처에 50여 년 전에 돈육 가공 공장이 생겨나 그 부산물을 처리하는 과정에서 생겨난 순대입니다. 백암 순대도 그 전통은 50년 정도일 뿐입니다. 백암 근처 경기도의 죽성(현재 안성군 죽산면)에서 만들던 전통 순대를 백암 5일장에서 '풍성옥'을 운영하던 함경도 출신의 이억조가 가져와 순대와 국밥을 만들던 것이 그 시초입니다.

김정호와 함께 세계지도 목판본을 새긴 혜강 최한기

1830년에 나온 『농정회요』를 저술한 최한기(崔漢綺, 1803~1877)는 수많은 책을 저술한 것으로 유명합니다. 다산 정약용이 『자찬묘지명』에서 자신의 저술을 499권이라고 밝혔는데, 최후의 실학자이자 실학의 계승자라고 일컬어지는 혜강 최한기의 저서는 1,000권에 달합니다. 비록 진사에 합격한 후 관직으로 나가지는 않았지만 집이 유복했기 때문에 능력이 닿는 만큼 방대한 도서를 구매하여 읽으며 지식의 기반을 넓혀 갔습니다. 그에게 행복이란 새로운 책 속에서 그가 몰랐던 지식을 얻고 책을 통해 새로운 사람을 만나는 것이었습니다. 그는 기학(氣學)을 이룬 대학자입니다. 기학이란 동양의 기철학에 서양의 근대 과학, 그 중에서도 물리학을 접목시켜 이론으로 체계화한 학문입니다. 혜강은 인간과 우주의 합일을 강조하여 천문관측기구, 항해술, 수학 등 서양 과학을 적극 수용하려고 했습니다.

그가 신뢰하는 지기가 바로 고산자 김정호였습니다. 평생 동안 우정을 쌓아온 두 사람은 1834년, 두 사람의 일생에 있어 일대 역작을 완성해 냅니다. 그것이 대추나무 판본에 새겨 완성한 〈지구전후도〉입니다. 〈지구전후도〉는 중국에서 1800년경에 만들어진 양반구형 세계지도를 참고하여 만든 것인데, 매우 정교한 우리나라에서 가장 오래

지구의(地球儀) 최한기가 제작한 것으로 여겨지는 지구의로, 직경 24cm 크기의 청동으로 만들었다. 10도 간격으로 경선과 위선이 있고 북회귀선과 남회귀선, 황도를 표시하고 있는데, 황도에는 24절기가 새겨져 있다.

출처: 문화재청

된 세계지도 목판본으로 기록되어 있습니다. 이 외에도 최한기의 학문적 성과는 무척이나 방대합니다. 빛의 굴절현상을 잘 이해하여 물고기가 우리 눈에 떠 보인다는 점을 체득하고 있었고, 밀물과 썰물의 발생 원인을 기로 둘러싸인 지구와 달의 운동 메커니즘으로 설명했습니다. 실제로 그가 1836년에 펴낸 『기측제의』에서 지구가 둥글고 자전한다는 것을 역설했습니다. 1857년의 『지구전요(地球典要)』에서는 지구의 자전과 공전을 주장한 코페르니쿠스의 지동설과 세계 여러 나라의 지리, 역사, 물산, 학문 체계 등을 소개했고, 1866년에 지은 『신기천험(身機踐驗)』에서는 인체를 신기가 움직임을 주는 기계와 같은 것이라고 하면서 서양의학을 소개하기도 했습니다.

주모, 빈대떡을 부치는 구려.
내 코가 개코여서 멀리서도
그 냄새를 맡아 서둘러 달려왔다오.

개코 맞네요.
다른 손님들도 줄서서 기다리는데
좀 기다리셔야 차례가 오겠어요.

하루 종일 먼 길을 달려오느라
시장기를 참기 어려우니 나부터 좀
먼저 주면 안 되겠소?

하여튼 오시기만 하면
언제나 떼를 쓰신다니까요.
할 수 없지요.
몹시 시장하시다니 다른 손님들을
좀 기다리게 해야겠군요.

허허,
이래서 내 주모를 좋아하는 것 아니오.
그 대신 빈대떡이라는 말이
어떻게 나오게 되었는지
이야기를 들려주리다.

차림 · 5

빈대떡

본의 아니게 빈민들의 떡이 되다

빈대떡이 가난한 사람들의 떡이었던 걸까?

빈대떡 이름의 유래에는 여러 가지 설이 있습니다. 필자가 빈대떡을 신분과 관련한 장에 넣은 것은 '가난한 자들을 위한 떡'으로 빈대떡을 인식하고 있는 데에서 착안한 것입니다. 조선 시대에 흉년이 들면 세도가들이 남대문 밖의 빈자들이 모여 있는 곳에 종자를 보내어 떡을 던져 주었다고 합니다. 이와 관련하여 조선일보에 이규태 코너를 연재했던 이규태 씨는 일제강점기에 친일을 한 통도사 초대 주지인 김구하 승려(1872~1965)가 걸승으로 방랑하던 시절의 일화를 소개하고 있습니다. 한양에 당도한 그는 당시 불교를 배척하여 승려의 성안 출입을 금지했던 것 때문에 할 수 없이 남대문 밖에 있게 되었는데, 마침 그곳에는 흉년이 들어 시골에서 올라온 유랑민 수백 세대가 노숙을 하고 있었다고 합니다. 이때 종들이 소달구지에 빈대떡을 실어와 종을 흔들면서 "북촌 여흥 민씨의 적선이요!", "광통방 중인 천령 현씨의 적선이요!" 라고 외치며 나눠주는 것을 얻어먹었다는 이야기입니다. 김구하 승려가 13세 때인 1884년에 정식 승려가 됐다는 사실을 참고한다면 이 이야기는 1880년대 초반의 일화라고 볼 수 있습니다. 물론 이때 던져 주었던 빈대떡은 고기 등이 들어간 것이 아닌 녹두 분말을 묽게 하여 파나 미나리 정도만 넣고 부친 것일 가능성이 높습니다.

빈대떡이 가난한 사람들의 음식이라는 생각은 해방 이후에 더욱 고착화되었습니다. 일제 강점기가 끝나고 징병 갔던 사람, 징용 갔던 사람, 고국에서 핍박 받으며 살기 어려워 만주나 간도 연해주로 갔던 사람, 북한에서 공산 정권에 시달리다 내려온 사람들로 서울 거리가 부산했는데,

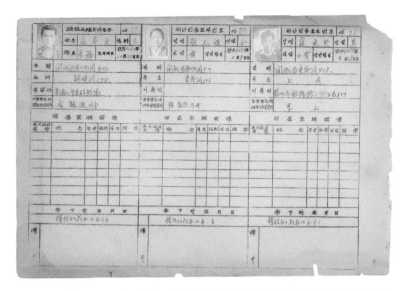

피난민증 6.25 전쟁 중에 피난민임을 증명하는 문서이다. 앞면에는 피난민 3명의 사진과 성명, 직업, 생년월일, 본적, 주소 등의 정보가 써 있다.
출처: 국립민속박물관

이 사람들이 가장 쉽게 돈을 벌 수 있는 먹거리 장사가 자본이 얼마 들지 않는 빈대떡 장사였습니다. 당시는 녹두 값이 쌌기 때문입니다. 또 6.25 전쟁이 터져 부산으로 피난을 갔던 사람들이 손쉽게 팔 수 있었던 음식 역시 빈대떡이었고, 반대로 피난에서 서울로 돌아온 후 별 자본 없이 길거리에 앉아 팔 수 있는 음식 또한 빈대떡이었습니다. 이러한 시대를 거치며 빈대떡은 '빈자들의 음식' 또는 '가난한 사람들의 떡'이라는 고정관념이 생겨나게 되었습니다. 옛날 신문 기사를 검색해 보면 해방 이후에 빈대떡 집들과 막걸리 집들이 많이 늘어났다는 사실을 찾아볼 수 있을 뿐 아니라, 1952년 3월 22일 기사에는 6.25 전쟁 당시에 영국 적십자 총재인 마운트 배튼 여사가 전쟁의 실상을 알리기 위해 한국에 왔다가 하꼬방 대청동 시장에서 부산 피난민들이 파는 빈대떡 맛이 좋아 신문지에 싸 간 일도 보도되어 있습니다.

그런데 빈대떡으로 불리게 된 데에 이와 정반대의 내용도 전해집니다. 고려 초에 가난한 사람의 집에 고귀한 사람이 오자 납작한 떡을 만들어 대접해서 '손님 빈(賓)'자에 '접대할 대(待)'자를 써서 '빈대떡(賓待떡)'이라고 불린다는 것입니다. 그런가 하면 생긴 모양 때문에 빈대떡으로 불리게 되었다는 설도 있습니다. 정동에 가난한 집들이 많아서 빈대가 우글거려 빈대골이라고 불렸는데, 이 사람들이 많이 팔던 떡이 꼭 납작한 빈대 같이 생겼다고 하여 빈대떡이라고 부르게 되었다는 것입니다. 이외에도 1870년에 한의사인 황필수가 지은『명물기략(名物紀略)』에는 "중국의 밀가루 떡인 알병(餲餅)의 '알(餲)'자가 빈대를 가리키는 '갈(蝎, 전갈 갈)'자로 잘못 알려져 빈대떡이 되었다." 는 글이 있습니다. 한자를 잘못 읽어서 빈대떡이 되었다는 재미있는 사연입니다. 그런가 하면 녹두 같은 것을 지지기 위해 번철 위에 떠 놓은 모양새가 빈대 같다하여 '갈자(蝎子)'라 불렀다는 설도 있습니다.

'빙져'가 '빈대떡'이 되기까지

연구자들이 가장 주목하는 빈대떡의 어원은 중국어에서 유래했다는 설입니다. 조금이라도 공부한 식자들은 이 설이 빈대떡 어원에 가장 가깝다고 주장합니다. 그 단초를 제공하는 책을 찾아낸 연구자는 해방 직후 서울 문리대 학장을 역임했던 국어학자 방종현(1905~1952)입니다. 그는 조선 시대 통역관들을 담당하는 사역원(司譯院)에서 1677년(숙종 3년) 최세진에 의해 간행된 중국어 교본의 우리말 해석본인 『박통사언해(朴通事諺解)』에서 '병식자(餠食者)'의 중국식 발음인 '빙져'가 등장한다는 사실에 주목했습니다. '빙져'는 녹두를 맷돌에 갈아 지져 먹는 떡을 의미합니다. 즉 이것은 빈대떡이 우리 고유 음식이 아니라 중국에서 이름과 함께 직수입된 음식임을 의미합니다. 이 '빙져'라는 단어가 17세기에는 '빙쟈'로 변했고, '빙쟈'는 19세기 말 문헌에서 '빈쟈떡'으로 바뀌었다고 합니다. 이것을 뒷받침할 수 있는 것으로 『음식디미방』에 녹두빈대떡 붙이는 방법이 실려 있는데 그 이름을 '빈쟈법'이라고 적고 있습니다. 또한 '빈쟈떡'을 다루고 있는 19세기 말 문헌은 바로 빙허각 이씨의 『규합총서』입니다. 이 책에서는 빈대떡을 '빙자떡'으로 쓰고 있습니다. 그 만드는 방법은 다음과 같습니다. "녹두를 되게 갈아 즉시 번철에 기름이 몸 잠길 만큼 붓고 녹두즙을 숟가락으로 떠 놓고 그 위에 밤꿀 버무린 소를 놓고 녹두즙으로 위를 덮어 숟가락으로 강하게 눌러가며 작은 꽃전 모양 같이 만들고 그런 후 위에 잣을 박고 대추를 전면으로 박아 지지느니라. 녹두 갈은 것을 오래두면 삭아서 못 쓰게 되느니라." 여기에서도 현재와 같은 빈대떡보다는 오히려 화전을 만드는 것처럼 느껴집니다. 또한 꿀과 잣, 대추 등의 귀한 재료가 들어가는 음식이기에 19세기까지는 빈대떡과 가난한 사람들을 위한 떡은 어떤 상관관계도 없어 보입니다.

이렇게 19세기 말 문헌에서 '빈쟈떡'으로 사용되던 것이 20세기 초 문헌들에는 드디어 '빈자떡', '빈자떡' 등으로 표기되기 시작합니다. 이런 어원의 변천 속에서 20세기에 이르러 '빈자떡'의 발음이 '가난한 사람'을 말하는 '빈자(貧者)'와 같아 빈대떡을 '가난한 사람들이 먹는 떡'으로 인식하게 된 것으로 추정됩니다. 이와 관련하여 1924년에 이용기가 저술한 『조선무쌍신식요리제법(朝鮮無雙新式料理製法)』에서는 현재 우리가 생각하고 있는 조리 방법과 함께 가난한 자들을 위한 떡이라며 빈대떡을 소개하고 있습니다. "녹두의 껍질을 벗기고 찹쌀과 함께 물에 담갔다가 맷돌에 간 다음 달걀을 깨뜨려 넣고 휘저어 고루 섞는다. 전병과 같이 부치되 기름을 많이 치고 부쳐야 맛이 좋으며 달걀을 많이 넣어야 서벅서벅하여 좋으니라. (중략) 떡 이름은 가난한 사람이 먹는다 하여 빈자병이라 하지만 나라 제사에도 쓰였느니라. 가난한 사람이 먹는 것이라면 어찌 이렇게 여러 가지를 넣을 수 있겠느냐? 그것은 녹두에 미나리나 파를 썰어 넣고 만든 것을 말하느니라. 찹쌀이나 멥쌀을 넣고 함께 갈아 만들기도 하나 이 떡은 원래 버석버석하고 배틀한 맛에 먹는 것으로 쌀을 넣으면 밀전병처럼 끈적끈적하여 오히려 좋지 못하니라. 달걀을 많이 넣고 소다를 조금 친 다음 많이 저어서 녹두 간 것과 섞어 즉시 부쳐 먹으면 아주 좋으니라."

사실 궁궐에서는 제의를 할 때 각종 적을 올려놓기 전에 고배 제일 밑바닥에 놓는 용도로 빈대떡을 만들기도 했습니다. 그러면서 녹두전 위에 올린 각종 음식들의 맛깔 나는 기름과 양념이 배어들어 녹두 빈대떡 자체로 훌륭한 음식이 되었습니다.

빈대떡은 지방마다 부르는 말이 다양합니다. 전라도에서는 '부꾸미', '허드레떡'이라고 부릅니다. 황해도에서는 '막부치'라 부르고, 평안도에서는 '녹두지짐' 혹은 '지짐이'나 '부침'이라고 부르며, 이외에도 '빈자법'이나 '빈자병', '녹두전병', '녹두적'이라고도 불렀습니다. 고기가 들어가고 숙주나물이 들어간 현대의 빈대떡은 북한에서 전래된 것일 수도 있습니다. 평안도의 빈대떡은 각종 고물이 다채롭게 들어가면서 서울의 빈대떡보다 3배가량 크고 2배가량 두껍기 때문입니다.

　음식사를 써 가며 필자는 그동안 회자되었던 음식에 대해 일반 사람들이 알던 내용들이 사실은 역사 속에 있었던 일이 아니라, 시대가 만들어 낸 전설이 진실인 것처럼 포장된 사실들을 많이 발견했습니다. 조선 시대에는 그렇지 않았는데 개화기와 일제강점기를 거쳐 현대에 이르러 마치 조선 시대부터 그러했던 것처럼 여겨지고 있다는 사실 말입니다. 빈대떡도 그러합니다. 빈대떡과 관련된 내용 속에 다양한 시대상이 숨어 있어 글을 쓰면서도 매우 흥미로웠습니다.

빈대골이라 불린 정동에 얽힌 왕후의 비극

'빈대골'이라는 불명예스러운 이름으로 불린 정동의 지명은 어디에서 온 것일까요? 2003년~2005년에 있었던 청계천 복원공사 과정에서 조선 시대에 광통교를 받치고 있던 고풍스럽고 아름다운 조선 초기 석물이 발견되었습니다. 그런데 아무리 보아도 무슨 모양인지 알 수가 없었습니다. 자세히 조사해 보니 왕릉의 병풍석을 거꾸로 하여 광통교를 받치게 해 놓은 것임이 밝혀졌습니다. 이와 관련하여 『조선왕조실록』에는 태종 10년 1410년, 큰 비만 오면 광통교의 흙다리가 무너져서 돌다리로 바꾸었는데 이때 정릉의 석재를 가져다 사용했다고 기록하고 있습니다. 그렇다면 정릉은 누구의 능이길래 왕릉의 석물을 백성들이 밟고 다니는 다리의 석재로 사용했을까요? 그 내막은 이렇습니다.

이성계에게는 고향인 함경도에 두고 온 향처(鄕妻)인 신의왕후 한씨(1337~1391)와 개경에서 혼인한 후 많은 도움을 받은 경처(京妻)인 신덕왕후 강씨(?~1396)가 있었습니다. 함경도의 변변치 못한 집안 출신인 이성계에게 고려의 권문세족인 신덕왕후 강씨와의 혼인은 출세에 큰 도움이 되었습니다. 신덕왕후는 조신하여 향처의 자식들을 잘 대우했고, 조선이 건국되기 전까지는 큰 갈등이 없었습니다. 하지만 신의왕후 한씨가 조선이 건국되기 한 해 전에 세상을 떠나고 신덕왕후가 조선의 첫 번째 왕비가 되면서부터 갈등이 시작되었습니다. 신덕왕후 소생의 고작 11세인 막내 이방석이 7명의 형들을 제치고 왕세자에 책봉된 것입니다. 이때부터 이방원은 신덕왕후에게 원한을 품기 시작했습니다. 1396년에 신덕왕후가 눈을 감자 태조 이성계는 눈물을 흘리며 4대문 안에는 왕릉을 만드는 예가 없었음에도 그 안에 왕비의 릉을 조성하고 이를 '정릉(貞陵)'이라고 했습니다. 하지만 1398년에 제1차 왕자의 난을 일으킨 이방원은 정도전과 배다른 동생들을 죽이고, 이성계가 눈을 감자마자 복수혈전에 나섭니다. 우선 그녀를 계비가 아닌 후궁으로 격하시켜 종묘에서 내치고, 4대문 안에 왕릉을 둘 수 없다는 구실을 내세워 신덕왕후의 릉을 경기도 양주군 성북면 사한리로 이건해 버렸습니다.

기존의 정릉은 깎아 평지로 만들고 거기에 쓰였던 것들을 모두 해체시켜 버렸습니다. 그러다가 1410년에 광통교의 다리를 돌다리로 만들면서 버려두었던 정릉의 병풍석을 거꾸로 쳐 넣어 다리를 만들고 백성들이 수없이 그 위를 밟고 지나가게 만들었습니다. 오늘날 덕수궁 주변을 정동(貞洞)이라고 부르는 것은 신덕왕후의 정릉(貞陵)이 있었기 때문입니다.

서울 정릉 태조 이성계의 두 번째 부인인 신덕왕후 강씨(?~1396)의 무덤이다. 조선왕조 최초로 만들어진 왕비의 무덤이기도 하다.　　　　　　　　　　　　　　출처: 문화재청

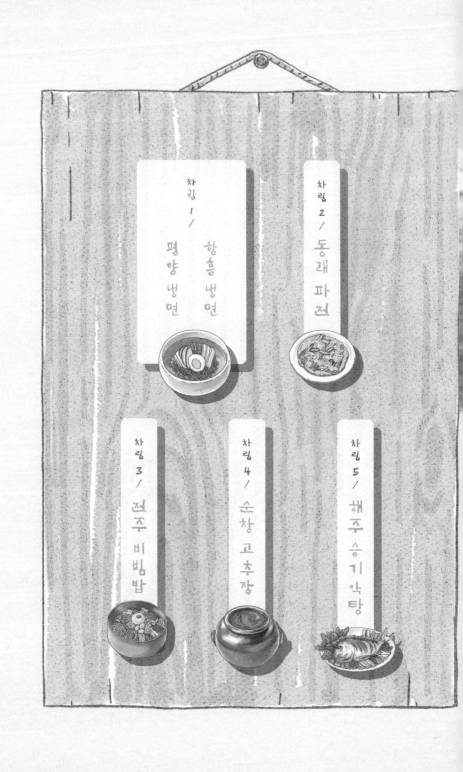

차림 1 / 평양냉면 함흥냉면

차림 2 / 동래파전

차림 3 / 전주비빔밥

차림 4 / 순창 고추장

차림 5 / 해주 승기악탕

- 제 **5** 장 -

향토사가 요리한 음식

저마다의 역사가 모여 조선이 되다

그 곳에서 먹어야 맛있는 음식들

주모,
오늘은 시원한 음식이
당구기는 구려.

시원한 음식이요?
어떤 음식 말인가요?

주모는 만들지
못하는 음식이라오.

제가 만들지 못하는 음식이
어디 있나요?

있지.
혹시 냉면이라고
들어보았소?

아, 냉면이요?
그게 그렇게 시원한가요?

비록
냉면을 먹지는 못하겠으나,
얼마나 잘 만든 음식인지
이야기해 보리다.

차림 · 1

함흥냉면

평양냉면

북한 지역의 겨울 입맛을 돋운
메밀의 변신

북한 지역에서 겨울을 날 때 만들어 먹었던 냉면

보통 냉면하면 평양 냉면과 함흥 냉면을 떠올리곤 합니다. 북한에서 내려온 사람들의 고향에 대한 향수가 평양 냉면의 시원한 육수와 함흥 냉면의 얼큰한 양념 속에 듬뿍 묻어납니다. 냉면은 북한 사람들의 자부심이자 창의력의 결집으로 만들어낸 우리 고유 전통 음식입니다. 평양의 옥류관 냉면은 김일성이 그 맛을 길이 보존하라고 당부했을 정도로 평양 제일의 맛을 자랑했습니다.

냉면의 국수는 메밀을 뽑아서 만드는데, 메밀이 처음 문헌에 나타나는 것은 당나라 때입니다. 이후 송나라 때 널리 재배되었으며 우리나라에도 오래전에 들어와 재배되었을 것으로 추정됩니다. 메밀은 서늘하고 건조한 땅에서 잘 자랍니다. 가뭄에 강하고 생육기간도 60~100일 정도로 짧기 때문에 남부 지방보다는 토양이 척박하고 비교적 날씨가 서늘한 북한 지역이나 평창과 같은 고위 평탄면에서 재배되었습니다. 메밀로 국수를 만들어 먹은 이유는 메밀의 약효 성분을 경험으로 깨달은 선조들의 지혜 덕분입니다. 메밀에 대해 『동의보감』에는 비위장의 습기와 열기를 없애주며 소화가 잘되게 하는 효능이 있어 1년 동안 쌓인 체기가 있어도 메밀을 먹으면 체기가 내려간다고 기록되어 있습니다. 조선 시대에, 그것도 북한 지방에서 의원을 만나는 것은 쉬운 일이 아니었기 때문에 이렇게 메밀을 이용한 음식을 개발해서 건강을 위해 먹어둔 것입니다. 요즘은 여름에 냉면이 불티나게 팔리지만 원래 냉면은 겨울에 먹는 음식이었습니다. 『동국세시기』에도 11월조에 냉면과 관련한 기록이 있습니다.

"메밀 국수를 무 김치와 배추 김치에 말고 돼지고기를 썰어 넣은 것을 냉면이라고 한다. 또 잡채와 배 밤 쇠고기 돼지고기 등을 썰어 넣고 기름 간장을 쳐서 메밀 국수에 비빈 것을 골동면, 비빔냉면이라고 한다. 관서 지역 냉면이 제일이다." 이 기록을 보면 현재 우리가 즐겨 먹는 냉면과의 다른 점이 보입니다. 현재 우리가 먹는 냉면에 올리는 고기는 모두 소고기인데 19세기의 기록인 『동국세시기』에는 돼지고기를 넣었다고 기록되어 있는 점입니다. 그만큼 조선 시대에는 소고기를 구하는 것이 쉬운 일이 아니었다는 것을 알 수 있습니다. 북한 지역에서는 추운 겨울날에 동치미에 메밀로 뽑아낸 면발을 넣어 냉면을 만들어 먹었으며, 특히 술을 마신 후에 해장국 대신 속을 풀어 주기 위해 먹었다고 합니다.

조선 시대엔 무척 어려운 작업이었던 면발 뽑기

조선 시대 선비들은 5언시나 7언시를 즐겼는데 그 중에는 냉면과 관련한 시도 있습니다. 다산 정약용이 해주에 수안 군수와 함께 방문하여 고시관(考試官)을 하고 돌아가면서 서흥 도호 부사에게 장난삼아 지어 주었다는 시에는 겨울철에 먹는 냉면의 서늘한 맛이 잘 나타나 있습니다.

서흥의 도호는 너무나 어리석어 / 瑞興都護太憨生

조롱에 새 키우듯 방에 기생 가둬두고 / 曲房銷妓如籠鸚

금실 같은 담배와 반죽설대 담뱃대로 / 金絲煙葉斑竹袋

.기생 시켜 태워 올리라 그것이 멋이라네 / 倩妓燒進作風情

시월 들어 서관에 한 자 되게 눈 쌓이면 / 西關十月雪盈尺
이중 휘장 폭신한 담요로 손님을 잡아두고는 / 複帳軟氈留欵客
갓 모양의 냄비에 노루고기 전골하고 / 笠樣溫銚鹿臠紅
무김치 냉면에다 송채무침 곁들인다네 / 拉條冷麪菘葅碧...

노루 고기로 전골을 만들었고 냉면에는 동치미가 더해진 것을 알 수
있습니다. 면과 노루가 시에 나왔으니 최영과 이성계의 우정을 강조한
『조선왕조실록』의 기사를 소개하는 것도 흥미로울 것 같습니다. 우왕 때
최영 앞에서 사람들이 이성계를 모함하는 말을 하면 최영은 노하여 이를
꾸짖었다고 합니다. 그리고 두 사람은 아래와 같은 돈독한 우정을 보였
다는 것입니다.

　... 매양 빈객(賓客)을 연회하려 할 적엔 최영이 반드시 태조에게 이
　르기를,
　"나는 면찬(麪饌)을 준비할 것이니 공은 육찬(肉饌)을 준비하시오."
　하니, 태조는 말하기를,
　"좋습니다."
　하였다. 어느날 태조는 이 일 때문에 휘하의 군사를 거느리고 사냥
　을 하는데, 노루 한 마리가 높은 고개에서 뛰어 내려왔으나, 지세가
　가파르고 낭떠러지인지라, 여러 군사들이 모두 내려갈 수가 없으므
　로, 산밑으로 비스듬히 따라 돌아서 달려가 모였는데, 갑자기 대초
　명적(大哨鳴鏑 전쟁 때에 쓰던 화살의 하나)의 소리가 위에서 내려

음을 듣고 위로 쳐다보니, 곧 태조가 고개 위에서 바로 달려 내려오
는데, 그 기세가 빠른 번개와 같았다. 노루와의 거리가 매우 먼데도
이를 쏘아 바로 맞혀서 죽였다. ...그 사실을 최영에게 말하니, 최영
이 감탄하여 칭찬하기를 한참 동안이나 하였다.

- 태조실록 1권, 총서 73번째 기사

이 기사를 보면 자급자족의 시대였던 만큼 밥상에 올라오는 반찬을 직접 사냥을 해 구했다는 것을 잘 알 수 있습니다. 최영이 뽑아온 국수 면발에 올라간 방금 잡아 온 노루의 쫄깃쫄깃한 살로 만든 고기 편육은 현대에는 정말 먹기 어려운 음식입니다. 여기에서 최영이 국수를 준비한다고 했는데 그가 준비한 국수가 냉면인지는 알 수 없지만, 조선 시대에 냉면을 만들기 위해 메밀 반죽에서 가는 면발을 뽑는 것은 정말 어려운 일이었습니다. 실보다 약간 도톰한 냉면 면발을 뽑기 위해서는 '면자기(麵榨機)'가 필요했습니다. 서유구가 지은 백과전서식 박물학서인『임원경제지』에 이 면자기와 관련한 다음과 같은 기록이 있습니다. "큰 통나무의 중간에 지름 4~5치의 둥근 구멍을 뚫고, 구멍 안을 무쇠로 싸서 바닥에 작은 구멍을 무수하게 뚫는다. 이 국수틀을 큰 무쇠 솥 위에 고정해놓고 국수 반죽을 넣어 지렛대를 누르면 가는 국수발이 물이 끓고 있는 솥으로 줄을 이어 흘러내린다."

면자기에서 면을 뽑는 것은 매우 고된 노동이었습니다. 개화 이후 풍물을 다양한 풍속도로 남긴 기산 김준근의 그림 중에 〈국수 누르는 모양〉이라는 그림이 있습니다. 가는 면발의 국수를 내리기 위한 인간의 중노동의 강도를 한눈에 볼 수 있는 그림입니다. 한 남자가 사다리를 타고 올라가 기를 쓰고 힘을 주어야 국수 반죽이 눌려지면서 기계 속으로 들어갈 면

국수틀 일제강점기에 만들어진 소나무로 된 국수틀로, 몸통과 공이로 이루어져 있다. 국수반죽을 넣는 원통 홈 밑면에 작은 구멍이 뚫린 철판이 달려 있다.   출처: 국립중앙박물관

발의 국수가 탄생할 수 있었습니다. 훗날 1932년에 함경남도 함주군의 금강 철공소 주임이었던 김규홍이 기계식 면자기를 개발하면서 냉면의 대중화에 기여했습니다.

함흥에는 없는 함흥 냉면의 기원은 회국수?

앞서 『동국세시기』를 쓴 홍석모도 관서지방에서 만들어 먹은 평양 냉면을 제일로 쳐 주었습니다. 그런데 어디를 보아도 관북 지방의 냉면, 즉 함흥 냉면에 대한 기록은 없습니다. 중국에 자장면이 없듯이 놀랍게도 함흥에는 함흥 냉면이 존재하지 않습니다. 현재 함흥을 가보아도 함흥 냉면 파는 곳을 찾아볼 수 없지요. 사실은 이러합니다. 함흥에서 감자로 국수를 뽑아서 먹었던 농마국수를 6.25 전쟁 이후 속초에 모여 살던 함흥 지역 실향민이 함흥 냉면이라는 이름으로 개발했던 것입니다. 이 냉

면이 함흥 실향민들이 건어물을 공급하던 오장동 중부 시장을 거쳐 전국
으로 퍼져 나가게 되었습니다. 함흥에는 바다에서 많이 잡히는 가자미
회를 넣어 먹는 국수도 있었는데, 이를 그냥 회국수라고 했지 함흥 냉면
이라고 하지는 않았습니다. 실향민들은 함흥에서 농마국수를 뽑아 먹던
감자 전분으로 면을 뽑아, 메밀로 만든 평양 냉면보다 더 쫄깃한 면발에
회국수의 추억을 가미한 고춧가루 양념으로 회의 비린내를 없앤 매콤한
비빔냉면을 개발했습니다. 처음 이름은 그냥 회냉면이었는데 평양 냉면
과 대비하여 함흥 실향민들이 개발한 음식이라는 뜻에서 함흥 냉면이라
부르게 되었습니다. 그들이 해 먹던 회국수는 해안가에서 잡아들인 싱싱
한 가자미를 회로 떠서 양념과 함께 비벼 먹는 것이었는데, 얼큰한 양념
맛과 함께 오돌돌한 생선뼈가 씹히는 회 맛이 일품이었습니다. 남한에서
농마국수를 재현한 이후 점차 감자 녹말 대신에 제주도 등지에서 많이
생산되는 고구마 녹말로 면을 뽑게 되었고, 회국수에 얹어 먹던 가자미
대신에 남쪽에서 풍부하게 잡히는 홍어를 얹어 먹는 식이 되었지만 북한
에서 먹던 국수보다 더 맛깔 나는 풍미를 자랑하게 되었습니다.

순조와 고종의 사랑을 받았던 냉면

　조선 역대 임금들도 냉면을 즐겨 먹었는데 냉면과 관련한 일화를 남긴
임금으로 순조와 고종이 있습니다. 고종 때 영의정을 지냈던 이유원의
문집인 『임하필기』 중 「춘명일사편(春明逸史編)」에는 순조가 냉면과 관련

하여 남긴 일화를 전하고 있습니다. 그 내용을 축약해 보면 순조는 군직과 선전관과 함께 달을 감상하곤 했는데, 어느 날 밤에 냉면을 함께 먹자며 두 사람에게 면을 사오게 했다고 합니다. 그런데 한 명은 돼지고기를 사와서 순조가 어디에 쓰려고 사왔느냐고 물으니 냉면에 넣기 위한 것이라고 답했습니다. 그러자 순조는 냉면을 나누어 줄 때에 다른 사람들에게만 냉면을 나누어 주고 돼지고기를 사온 사람에게는 냉면을 주지 않으면서 "그는 따로 먹을 물건이 있을 것이다."라고 말했다고 합니다. 이 기록을 통해 순조도 냉면을 즐겨 먹었다는 사실과 함께 냉면 위에 돼지고기를 얹어 먹었다는 사실을 알 수 있을 뿐 아니라, 신하의 사람됨을 판단하는 순조의 기준도 살펴볼 수 있습니다.

한편 고종이 별식으로 냉면을 즐겼다는 이야기는 잘 알려져 있습니다. 고종의 8명의 후궁 중 한 명이었던 삼축당 김씨가 털어놓은 이야기 중에 고종이 즐겨 먹던 냉면에 대한 술회가 있습니다. 고종이 즐겨 들던 냉면은 배를 많이 넣어 담근 시원한 동치미 국물이 특징이었으며 편육과 배, 잣을 가득 덮어 장식했다고 합니다. 대한제국 마지막 황후인 순정효황후 윤씨를 옆에서 모시던 지밀상궁인 김명길 상궁은 말년에 펴낸 『낙선재 주변』이라는 책에서 고종이 좋아하던 냉면에 대해 설명하고 있습니다. 그녀에 의하면 고종이 먹던 냉면의 꾸미 한가운데는 열십자로 편육을 얹고 나머지 빈 곳에는 빼곡히 배와 잣을 덮었으며, 배는 반드시 수저를 이용하여 얇게 떠서 초승달 모양으로 만들어 올렸다고 합니다.

궁궐에 큰 잔치가 있으면 빠지지 않고 올라가는 음식에 국수가 있었는데 대부분 온면이었습니다. 그러나 연구자들이 『진찬의궤』와 『진작의궤』 등의 기록을 살펴본 결과, 1848년 헌종 14년에 진행된 진연 때와 1873

년에 강령전 화재로 소실된 경복궁을 재건하며 베푼 축하 잔치 때 냉면을 올린 기록을 확인할 수 있었습니다. 연구자들의 조사에 의하면 1848년의 냉면에는 메밀면, 양지머리, 돼지 사태, 배추 김치, 배, 꿀, 잣이 사용된 반면, 1873년의 냉면에는 메밀면, 돼지 사태, 침채, 배, 고춧가루, 잣이 사용되었다고 합니다. 이를 통해 보통 궁궐에서 먹는 냉면은 평양식 냉면이었는데 1873년에는 여기에 고춧가루를 뿌려서 매콤하게 먹었다는 사실을 알 수 있습니다. 이 외에도 『시의전서』에서 설명하는 냉면은 고종이 먹었던 냉면과 흡사합니다. "청신한 나박김치나 좋은 동치미국에 말되 꿀은 타고 위에는 양지머리, 배, 좋은 배추 통김치 3가지 모두 채쳐서 얹고 고춧가루와 잣을 흩어 써라." 다만 돼지고기 대신 양지머리가 들어갔습니다.

냉면이 대중화되기 시작하면서 냉면에 올라가는 고기는 제육, 즉 돼지고기로 바뀌었습니다. 1910년에 대한제국의 국권이 빼앗긴 후 궁궐에서 내보내진 궁인들과 숙수들이 궁궐에서 조리하던 방식을 바탕으로 한 음식점을 열었는데, 대표적인 음식점이 명월관입니다. 그 명월관에서 차려내던 냉면을 『부인필지』에서 간단하게 소개하고 있습니다. "동치미국에 국수를 만 다음 무, 배, 유자를 얇게 저며 넣고 제육을 썰고 계란을 부쳐 채쳐 넣은 다음 후추, 배, 잣을 넣은 것이 '명월관 냉면'이라 하니라." 이 기록에서 알 수 있듯이 대중화된 냉면에는 제육이 사용되었습니다.

일제강점기 기록에도 냉면에 대한 기록은 무수하게 많이 나옵니다. 또 1910년대 이후엔 일본인이 개발한 조미료인 '아지노모도(味の素)'가 평양 냉면의 맛을 돋우게 되었습니다. 이 시기에는 여름 냉면과 겨울 냉면으로 구분되어 각각의 조리법이 소개될 정도였습니다.

명월관 사진 엽서 조선요릿집 명월관 본점 전경을 담은 사진 엽서다. 뒷면에는 우표 부착란과 주소 기입란, 내용 기입란이 있으며 연필로 '30,000'이라고 적혀 있다. 출처: 국립민속박물관

냉면 한 가지 만을 다룬 두툼한 서적들이 나오는 만큼, 제한된 지면에 냉면과 관련된 모든 이야기를 싣기는 어렵습니다. 간략히 정리해 보자면 냉면은 평양 냉면이 그 원조로, 조선 시대에도 임금부터 서민에 이르기까지 즐겨 먹었던 우리 고유의 전통 음식이라는 것입니다.

대한제국 마지막 황후, 순정효황후

고종은 명성황후 외에도 8명의 후궁 사이에서 여러 자녀를 낳았지만, 생존한 자녀는 대한제국 마지막 황제인 순종과 후궁 장빈의 몸에서 난 의친왕 이강, 엄귀비 몸에서 난 영친왕 이은, 그리고 양귀인의 몸에서 난 덕혜옹주였습니다. 순종은 헤이그 특사 사건으로 일제에 의해 대리청정을 하다가 8월 27일(음7월 19일)에 경운궁(덕수궁)에서 조선 제27대 마지막 황제 자리에 올랐습니다. 순종은 비록 일본에 의해 강제로 황제가 되었지만 매우 효자였습니다.

순종은 황태자 때 순명효황후 민씨를 맞아들였지만 그녀는 순종이 즉위하기 전인 광무 8년(1904년)에 33세로 눈을 감았고, 그로부터 2년 후인 1906년에 순종의 계비로 순정효황후 윤씨가 들어오게 됩니다. 13살의 나이에 20살이나 연상인 순종과 혼인한 순정효황후 윤씨는 대한제국의 마지막 국모로서 기품 있고 강건한 일모를 가지고 있었습니다. 순정효황후 윤씨가 왕비가 된 후 아버지인 해풍 부원군 윤택영이 궁궐에 들어오자 그를 위해 은기로 12첩 반상을 차려냅니다. 그런데 은상기의 뚜껑을 여니 밥그릇과 찬기가 모두 비어있었습니다. 대한제국의 실상이 어떠한지를 친일의 길로 가고 있던 부친에게 보여주며 무언의 항의를 한 것입니다. 또한 1910년 국권강탈 당시 이완용 등이 순종

순정효황후 순종의 비인 순정효황후(1894~1966)의 사진이다.   출처: 국립고궁박물관

에게 합병조약에 서명할 것을 강요하자 병풍 뒤에서 몰래 듣고 있던 그녀가 어새를 치마 속에 감추어 이완용을 당황시켰고, 3시간여를 뒤지다가 이완용이 친일파의 주구인 윤비의 백부 윤덕영을 들여보내 겨우 어새를 빼앗아갔다는 일화는 유명합니다. 순정효황후 윤씨는 순종만큼 고종에 대한 효성이 매우 지극했습니다.

1919년에 고종이 뜻하지 않은 죽음을 맞이하고 1926년에 순종마저 세상을 떠났지만, 그녀는 눈을 감는 그날까지 황후로서의 위상과 체통을 잊지 않았던 대한제국 황실의 마지막 산 증인이었습니다. 이후 6.25 전쟁이 일어나자 부산으로 피난을 떠났던 윤비는 경남 도지사 관사에 들었지만 곧이어 내려온 이승만 대통령에게 관사를 빼앗겼습니다. 그후 부산의 한 포교당에서 방 한 칸을 빌려 살았지만 피난 온 시동생인 영친왕에게 그 방을 내어 주고 묘지기 방을 전전해야 했습니다. 서울 수복 후 창덕궁으로 돌아왔으나 이승만 정권은 창덕궁이 국유재산이 되었으니 궁궐에 속해있는 낙선재에서 나가 달라고 통보를 했고, 윤비는 할 수 없이 정릉의 수선재로 내쫓겨서 하루하루 어려운 생활을 이어갔습니다. 제2공화국 정부가 들어서서 겨우 낙선재로 돌아왔지만, 순종이 승하한 지 꼭 40년 만인 1966년 2월 3일에 72세로 한 많았던 일생을 마쳤습니다.

주모,
얼른 동동주와 안주로
파전 좀 부쳐 주시오.

어쩌나,
파전 부칠 거리가
마땅치 않은데요.

주모 파전 부치는 솜씨가
동래 파전 뺨쳐서
내 그것을 먹으려고 한숨에
달려왔는데 안 된단 말이오?

고뿔에 걸려 장터에
나가지를 못했읍지요.
그런데 동래 파전이
그렇게 맛있나요?

맛있다마다.
동래 파전 이야기를 해 줄 테니
다른 안주라도 내와 보소.

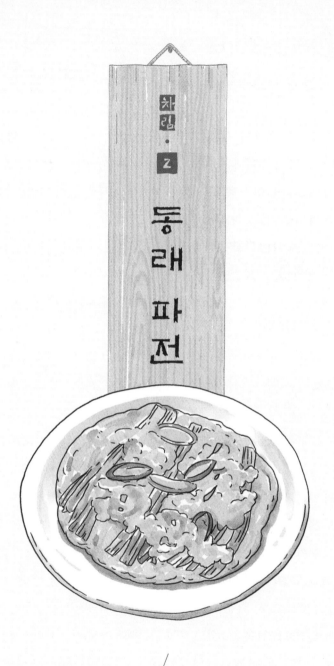

차림 · Z

동래파전

비옥한 들과 풍성한 바다를 모두 갖춘
지역의 명물

조선 후기 대일본 외교의 유일한 창구였던 동래

부산에 있는 동래의 지명은 8세기 중엽 신라 경덕왕 때 탄생했습니다. 동래는 조선 시대에 '동래도호부(東萊都護府)'로 외교 군사적으로 중요한 곳이었으며, 이 동래도호부에는 좌수영과 부산진영이 설치되어 있어 조선의 남동 해안을 지키는 방어선이 구축되어 있는 전략 요충지였습니다. 이 곳에 있는 동래 읍성은 동래부를 지키는 조선의 대표적인 읍성입니다. 임진왜란이 발발했을 때 동래 부사 송상현이 순절하면서 왜군의 손에 파괴되기도 했지만, 조선 시대 내내 개축 과정을 거쳐 탄탄한 읍성의 모습을 자랑했습니다. 뿐만 아니라 동래 온천도 있어 사람들이 자주 찾는 곳이기도 했습니다. 더구나 임진왜란 이후에 일본 사람들의 출입이 왜관으로 국한되었기 때문에 왜관이 있는 동래는 조선 후기 대일본 외교의 유일한 창구였습니다. 왜관에는 500~600명의 일본인이 거주했고 매년 약 50여 척의 무역선이 출입했습니다. 일본에서 조선으로 오는 외교사절에는 주로 대마도주가 파견하는 연례적인 사신인 '송사(送使)'와, 외교현안이 있을 때에만 파견되는 '차왜(差倭)'가 있었습니다. 이들을 맞아들여 접대와 외교 업무가 이루어지던 곳이 바로 동래입니다. 동래에서는 국가사이에 행해지는 공적인 무역인 왜관 개시도 열렸습니다. 동래가 외교 군사적 요충지이다 보니 이곳에는 일본을 다녀온 통신사부터 한양에서 내려온 높은 벼슬을 가진 '접위관(接慰官)'들까지 찾아와 머물렀습니다. 앞서 고구마를 처음 조선에 가져왔던 조엄도 동래를 통해 일본에 갔다가 다시 동래로 돌아와 고구마 재배를 실험했다는 이야기를 한 적이 있습니다.

동래읍성지 북문 전경 고려말에서 조선초에 만들어진 부산 동래의 읍성이다. 왜적 방어의 제1관문으로 임진왜란이 일어났을 때 부산 진성과 함께 왜적과 치열한 전투가 벌어졌던 장소이다.

출처: 문화재청

질 좋은 채소와 해산물의 절묘한 조화, 동래 파전

동래의 유서 깊은 전통 음식이 바로 동래 파전입니다. 동래 파전을 언급한 조선 시대 문헌은 발견되지 않았지만, 동래가 외교적으로 중요한 곳이기 때문에 수시로 이곳에 내려오는 조정 대신들을 접대하기 위해 만들어진 음식이 동래 파전이라는 설이 있습니다. 동래 파전은 워낙 맛이 좋아서 삼짇날(음력 3월 3일)이 되면 동래 부사가 임금님께 진상하여 올린 음식이었다고 합니다. 또 일설에 의하면 동래 읍성을 쌓을 때 일꾼들에게 제공하던 밥이 부족하자 대신 부쳐주던 파전에서 유래되었다고도 합니다. 그런가 하면 궁궐에서 파전을 부치던 방법이 민간에 전파되었다는 설도 있습니다. 그러나 동래 파전을 시중에 파는 음식으로 전환시킨 것은 1930년대 동래부 관기들에 의한 것이라는 설이 가장 유력합니다. 당시 동래의 관기들은 기생조합까지 만들 정도였는데, 그녀들의 술집 중 한 곳인 '진주관'에서 동래 파전을 손님 접대용 술안주로 올리기 시작했다는 것입니다. 그러나 그 가격이 너무 비싸서 부유한 고관대작이 아니면 사 먹기가 어려웠습니다. 그랬던 동래 파전을 5일 마다 열리는 동래 장터에서 솜씨 좋은 아낙들이 서민이 사 먹을 수 있을 정도의 가격으로 만들어 팔기 시작하면서 인기가 많아졌습니다. 당시 동래 장터는 전국적으로 알려진 큰 장으로, 왜관 개시가 열릴 때 사무역으로 열리는 왜관 후시를 장악한 '내상(萊商)'들의 활동 본거지였습니다. 동래 장터에 중심 상권이 형성되면서 덩달아 동래 파전의 명성도 높아지기 시작했습니다. 장이 열리는 날이면 장돌뱅이로 불리는 보부상들이 맛있는 동래파전을 먹을 욕심에 발걸음을 재촉할 정도였습니다. 심지어 '파전 먹는 재미로 동래장 간다'는 말까지 나오게 되었습니다.

동래장의 최고 명물이 된 동래 파전은 봄을 알리는 대표적인 음식이었습니다. 기장에서 재배된 조선 쪽파를 놓고 언양에서 재배한 미나리와 다진 쇠고기, 기장 바닷가에서 갓 잡아 올린 싱싱한 해물을 얹은 후, 찹쌀과 멥쌀을 갈아 질게 만든 쌀가루 반죽을 넣고 달걀을 흰자와 노른자가 섞이지 않을 정도로 풀어 얹은 다음 뚜껑을 덮어 익혀 내면 보기만 해도 군침이 도는 파전이 완성됩니다. 동래 파전의 가장 큰 특징은 오징어가 들어가지 않는다는 것인데 흔하지 않은, 비교적 귀한 해산물들을 넣으려고 했기 때문입니다. 예를 들면 대합, 굴, 새우, 바지락, 키조개 등이 들어갔습니다. 또 쌀가루 반죽을 할 때도 물 대신 파뿌리와 갖가지 재료를 우려내어 만든 육수를 넣었고, 재래식으로 달인 간장으로 양념을 했습니다. 이렇듯 동래 파전이 맛있는 것은 땅에서 나는 윤기 가득한 채소와 바다에서 잡힌 싱싱한 해산물이 묘한 조화를 이루기 때문입니다. 동래와 같은 지역 조건을 갖춘 곳이 아니면 결코 흉내 낼 수 없는 동래의 대표적인 향토 음식입니다.

동래장이 열리는 날이 돌아오면 사람들은 살 물건이 없어도 파전을 먹는 재미에 장터에 몰려들어 동래 파전을 파는 상점마다 긴 줄이 늘어섰습니다. 그 중에는 4대째 동래 파전을 파는 제일 식당의 동래할매파전이 가장 유명했습니다. 이들이 두툼한 동래 파전을 굽는 기술도 보통 파전을 부치는 기술과 달라서 일반 사람은 흉내 내기가 어려웠습니다. 동래 사람들은 동래 파전이 멋과 풍류, 맛과 가락, 그리고 흥이 있는 음식이라는 자부심을 갖고 있습니다. 동래 사람들의 동래 파전에 대한 열정으로 2004년부터 '동래파전연구회'가 발족하여 활발한 활동을 펼치고 있으며, 동래읍성역사축제(東萊邑城歷史祝祭) 때는 동래파전 부쳐 보기 행사가 진행되고 있습니다.

왜군에 맞서 용감히 싸우다 순절한 동래부사 송상현

　조선 시대에 동래 부사는 정3품 당상관이 임명되었는데, 1592년에는 송상현이 동래 부사로 있었습니다. 영조 때 동래부 화원 변박계의 〈동래부순절도〉는 임진왜란 때 송상현이 순절할 만큼 치열하게 전개되었던 동래성 싸움을 그린 그림입니다. 1658년 (효종 9년)에 동래부사였던 민정중(1628~1692)이 임진왜란 당시 동래성 전투를 지켜보았던 노인의 말을 토대로 그린 것으로, 1709년 숙종 35년에 모사되었고 이것이 다시 영조 36년(1760년)에 동래부사 홍명한에 의해 동래부 소속 화원 변박의 그림으로 재모사되었습니다. 이 외에 송상현 종가 소장본과 가장 후대에 그려진 변곤의 그림이 있는데, 변곤의 그림에는 명확한 제작시기와 제작자를 제시해 주는 화기가 기록되어 있을 뿐만 아니라 주요 인물명과 증직명, 중요 산수명도 명기되어 있습니다.

　1592년 4월 14일, 고니시 유키나가가 이끄는 18,000명의 왜군 1군은 부산진성을 함락시키고는 이내 동래성을 공격해 오기 시작했습니다. 당시 동래 부사인 송상현은 임진왜란이 일어나기 1년 전에 부임한 이래로, 혹시 모를 일본의 침입을 막기 위한 경계 태세를 하고 있었습니다. 송상현 부사는 적이 쳐들어오면 경상좌도 병사(병마절도사를 말함)의 군사와 힘을 합쳐 막을 생각이었습니다. 그런데 부산진이 함락되었다는 소식을 듣고 경상좌도 병마절도사 이각은 두려움에 도망쳐 버렸습니다. 또 부산 해역에 대한 방어 책임을 지고 있던 경상좌수영의 수사(수군절도사를 말함) 박홍은 부산포에 적의 대군이 밀어닥치자 성을 버리고 역시 도망쳐 버렸습니다. 부산진이 함락된 다음 동래성에는 오직 송상현 부사와 그가 지휘하는 군사만이 있을 뿐이었습니다.

　왜군은 먼저 '싸우려면 싸우고 싸우지 않으려면 길을 내놓아라(戰則戰矣 不戰則假道)'라고 쓴 목패를 보이며 동래 읍성 군민에게 항복을 촉구했습니다. 이에 송상현은 '싸워서 죽기는 쉬워도 길을 내주기는 어렵다(死易假道難)'는 글을 쓴 목패를 적진에 던지며 항전하겠다는 태세를 보였습니다. 결사 항전으로 싸웠으나 조총으로 공격해 들어오는 적을 막아낼 수 없자, 그는 임금의 전패(殿牌)가 모셔진 객사 앞으로 달려갔습니다. 갑옷 위에 관복을 차려입은 송상현은 임금이 계신 북쪽을 향해 4번 절한 뒤 부채에 부친에게 보내는 편지글을 써내려갔습니다. 그러고는 왜군과 싸우다 순절했습니다.

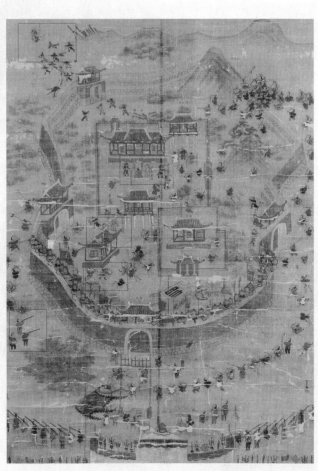

<동래부순절도(東萊府殉節圖)> 1592년 4월 15일에 동래성에서 왜군과 싸우다 순절한 송상현과 군민들의 항전 내용을 담은 기록화이다. 1834년 4월에 동래부 천총이었던 변곤이 그린 것으로 <동래부순절도>는 변박의 작품과 송상현 종가 소장본, 두 작품이 더 있지만 명확한 제작시기와 제작자를 제시하는 것은 이 작품뿐이다.

출처: 문화재청

주모, 내 떠날 일이 급하오.
주막에서 가장 빨리 나올 수 있는
식사가 무엇이 있소?

어지간히 급하신 모양이군요.
갖은 나물을 올려 비빔밥을 해
드릴 수 있는데 어떠세요?

그것 좋소.
내 제사를 지낸 것은 아니지만
골고루 나물들을 올려주시오.

비빔밥을 드린다고 했는데
제사 이야기는 왜 하시나요?

아, 그야 비빔밥이
제사 때문에 생겨났으니
하는 말이오.

정말이요? 저는 금시초문입니다요.

그럼 준비하는 동안
귀동냥으로 비빔밥 유래를
들어보시오.

차림 · 3

콩나물국밥
전주 비빔밥

제대로 섞어 더 고급스러운 전주의 맛

골동반이라고도 불린 비빔밥

골동은 내 아무리 먹어도 좋은데 / 骨董吾無厭

창자를 채우기로는 국밥이 제일일세 / 塡腸澆饡佳

목에서 삼키면 바로 내 뱃속에 있으니 / 下嚥惟己分

배를 두드리며 사는 태평한 생애로세 / 鼓腹是生涯

이것은 18세기 실학의 중조로 받들어지는 성호 이익이 지은 오언시 중의 일부입니다. 성호 이익이 스스로 좋아한다고 밝힌 '골동'은 무엇일까요? 바로 오늘날의 비빔밥입니다. 홍석모는 『동국세시기』에서 골동의 유래가 중국으로부터 온 것이라고 소개했습니다. "강남(양쯔강) 사람들은 '반유반(盤遊飯)'이란 음식을 잘 만든다. 젓, 포, 회, 구운 고기 등을 밥에 넣은 것으로 이것이 곧 밥의 '골동(骨董)'이다. 예부터 있던 음식이다."

성호가 표현하듯이 조선 시대에는 비빔밥을 '골동반(汨董飯, 骨董飯)'이라고 했습니다. 한자의 뜻을 풀어보면 '골(汨)'은 '어지러울 골'이고 '동(董)'은 '감독할 동'인데, 동에 뜻을 나타내는 초두머리(艹, 풀)가 들어가 있으니 여러 가지 채소 등을 넣어 어지러울 정도로 골고루 섞어 먹는 밥이라는 뜻입니다. 『동국세시기』11월조에서도 '골동면(骨董麪)'을 설명하면서 골동은 여러 가지를 섞는다는 뜻이라고 했습니다. 또 섣달 그믐날 저녁이 되면 그 전해에 먹던 음식을 남기지 않기 위해 민간은 물론 궁중에서도 비빔밥을 해 먹었다고 합니다. 문헌상 가장 먼저 비빔밥이 등장하는 책은 『시의전서』입니다. 상에 비빔밥을 잡탕국과 함께 놓았다고 적고 있습니다. "밥을 잘 짓고 고기는 재웠다가 볶아 넣고 전도 부쳐 썰어 넣으며 각색 나물도 볶아 넣고 좋은 다시마도 튀겨 부숴 넣고 고춧가루, 깨소금, 기름을 많이 넣고 비벼 그릇에 담느니라. 위에는 잡탕거리처럼 달걀을 부쳐 골패만 하게 썰어 얹고 완자는 고기를 곱게 다져서 잘 재워 구슬만 하게 빚은 다음 밀가루를 약간 묻히고 달걀을 씌워 부쳐 얹느니라. 비빔밥 상에 장국을 잡탕국으로 하여 놓나니라." 여기에서 잡탕이란 갈빗살과 소의 내장을 함께 끓인 국을 말합니다.

연구자들은 이미 삼국 시대부터 산신제나 동제, 시제(時祭) 등을 지내면서 '신인공식(神人共食)', 즉 제사에 제물로 올린 음식을 신과 인간이 함께 먹는 전통에 따라 참가한 사람들이 함께 음복을 하며 비빔밥이 탄생했을 것으로 추정합니다. 산이나 동네 어귀에서 제사를 지내고 상을 펼치기에는 장소도 알맞지 않을 뿐더러 그릇도 넉넉하지 않아, 그릇 하나에 나물과 적 등을 함께 담은 것으로 음복하면서 비빔밥이 시작되었다는 것입니다.

한편 『조선무쌍신식요리제법(朝鮮無雙新式料理製法)』에는 골동품과 골동을 뜻하는 비빔밥을 함께 생각해 보는 글이 적혀 있어 흥미롭습니다. 둘 사이에 어떤 공통점이 있다고 했을까요? "부빔이란 곧 골동을 뜻하니, 오래되고, 파상 난 것과 헌 넝마 등을 벌여 놓고 팔고 사는 데를 골동가게라 하는 것을 보아 부빔밥도 여러 가지를 섞은 음식임을 알 수 있나니라. 가게도 신선하고 아담한 물건을 정결하게 차려 놓아야 보기에도 깨끗하니 골동 물건을 잡되게 벌여 놓으면 부빔밥 좋아하는 사람처럼 골동파는 사람도 그와 같이 탁해 보이니라." 골동품 가게 물건을 잡되게 벌여놓는 것이 안 좋다는 내용인데, 이것이 비빔밥을 좋아하는 사람과 같다고 했으니 아마도 이 책의 저자인 이용기는 음식을 단정하게 차리지 않고 여러 가지를 한꺼번에 섞어 놓는 방식을 탐탁지 않게 여긴 것 같습니다. 이 외에도 조선 시대 문헌 곳곳에 비빔밥을 먹었다는 기록이 있습니다. 인조 때 형조판서와 의금부 판사 등을 지낸 문신 박동량(1569~1635)의 문집인『기재잡기』에는 생선과 채소를 함께 섞어 비빔밥을 먹었다는 기록이 있고, 고종 때 1891년부터 1911년까지의 개인 일기를 남긴 중인 지규식의『하재일기』에는 초청 받은 이웃 노인 대여섯 명이 남산 기슭 솔숲에서 대접받은 음식 중에 비빔밥이 있었다는 기록도 있습니다. 또한 이덕무의『청장관전서』에는 친척의 제사에 참석하여 비빔밥을 먹었다가 탈이 나서 화장실을 예닐곱 번 드나들었다는 기록이 남아있습니다. 그렇다면 조선 시대에 비빔밥의 가격은 얼마였을까요? 이가환의 조카이며 다산 정약용과도 교류했던 문신 이학규(1770~1835)의『낙하생집(洛下生藁)』에 그 가격이 나와 있는데 상당히 고가입니다. "허리띠의 값이 부자가 여름에 먹는 골동반 한 그릇과 같은 가격으로 값이 600전에 이른다."

전주에서 만들어낸 고급 음식 비빔밥, 그리고 콩나물 국밥

600전인 허리띠의 값과 골동반의 값이 같다는 것을 보니, 당시 비빔밥이 고급 음식이었다는 것을 가늠해 볼 수 있습니다. 이런 고급 음식을 향토음식으로 내놓는 곳 역시 범상치 않은 곳일 것입니다. 우리나라에서 비빔밥을 대표적인 향토 요리로 내놓는 곳이 바로 현재 전라북도의 도

청소재지이자 조선의 감영 소재지였던, 동학 농민군에 의해 함락된 적이 있는 전주입니다. 전주 비빔밥은 평양 냉면, 개성 탕반과 함께 조선의 3대 음식 중 하나로 손꼽혔습니다.

전주 비빔밥이 나오게 된 유래에는 몇 가지 설이 있습니다. 첫 번째 설은 음복 음식이 전주 비빔밥으로 발전했다는 설입니다. 전주는 견훤이 후백제의 수도를 완산주로 정한 이래로, 왕도로서의 품격과 역사와 전통을 가진 곳이 되었습니다. 이성계 일가가 함경도로 이주하기 전에 그의 선조들이 살던 곳 역시 전주로, 전주 이씨는 조선 왕실의 본관입니다. 지금도 전주 이씨 대동종약원이 전주에 있고 여기에는 태조의 어진이 모셔져 있습니다. 그만큼 일 년에 기제사가 수도 없이 열렸고, 기제사에 참석하는 사람도 어마어마했습니다. 그 많은 사람들에게 상차림을 해 줄 수 없었기 때문에 음복 문화가 발전하는 과정에서 왕실 법도에 맞는 격조 있는 비빔밥이 만들어졌다는 설입니다. 두 번째 설은 녹두장군 전봉준이 동학농민운동을 일으킬 당시, 전쟁을 수행하는 동안 많은 군사가 한 끼 먹을 그릇은 물론 식량도 부족했기 때문에 비빔밥을 만들어 군용 식단으로 이용했다는 설입니다. 세 번째 설은 농번기에 먹던 새참이 비빔밥으로 발전했다는 설입니다. 전주는 사방이 들판인 풍요로운 지역으로, 농사를 짓기에 알맞은 평야가 널리 펼쳐져 있는 곳입니다. 농번기가 되면 아낙들이 광주리에 새참을 들고 와 들녘에서 비빔밥을 만들어 먹었다는 것입니다. 마지막으로 네 번째 설은 임금님이 종친과 낮것상의 수라를 드실 때 비빔 수라를 만들어 먹은 것이 전해졌다는 설입니다. 전주가 왕실의 본관이기 때문에 왕실의 비빔 수라가 대중화되었다는 주장입니다.

보통 전주가 아닌 다른 곳에서 비빔밥을 시키면 스테인리스 그릇이나 사기 그릇, 혹은 돌솥에 담아주지만 전주에서는 고급스러운 방자 유기에

유기 제품 유기란 놋쇠로 만든 그릇을 말한다. 유기는 제작기법에 따라 방자와 주물, 반방자가 있는데 그 중에서도 방자유기가 가장 질이 좋다.

출처: 문화재청

비빔밥을 담아내었습니다. 우리가 흔히 먹는 돌솥 비빔밥도 30여 년 전, 전주의 중앙 식당에서 곱돌기(돌솥)를 사용한 것이 전국으로 전파된 것입니다. 전주는 전라도 각 지역에서 생산된 산물이 모여드는 곳이기 때문에 비빔밥에 들어가는 재료도 갖가지 채소와 나물을 포함하여 다양하고 풍부했습니다. 비빔밥에 들어가는 밥을 지을 때도 육수로 밥을 짓고 갖가지 양념과 묵은 장으로 나물들을 무쳤는데, 비빔밥 한 그릇에 무려 20여 가지의 채소와 나물, 고기 등이 들어갑니다. 전주에서는 비빔밥과 함께 먹을 장국으로 속이 풀리는 시원한 콩나물국을 끓여 냈습니다. 전주의 남천(전주천)과 서천(삼천천)은 전국에서 물맛이 좋기로 유명했는데, 이 물을 이용해 키운 작고 오동통한 콩나물로 국을 끓여 낸 것입니다. 전주시는 전주 비빔밥을 향토의 자산으로 여겨 매년 전주비빔밥 축제를 열고 있는데, 축제에 참여한 전국의 관광객과 외국인들에게 한식의 맛과 멋, 품격과 풍미의 아름다움을 알리고 있습니다.

자신을 '간서치(看書癡)'로 자칭한 이덕무

규장각 4검서관 중 한 사람인 이덕무(李德懋, 1741~1793)는 자신을 스스로 책만 보는 바보라 하여 '간서치(看書癡)'라고 했습니다. 이러한 이덕무를 아끼고 사랑한 정조는 그가 관직에 있던 15년 동안 무려 520여 차례나 그를 위한 하사품을 내렸습니다. 또 그가 죽은 후 특별히 그의 아들 이규경을 검서관에 특용하면서 국가 예산으로 이덕무의 유고집인 『청장관서』를 내게 했습니다.

18세기의 대표적인 지식인이었던 이덕무는 소위 '백탑파' 중 한 사람입니다. 원각사지 10층 석탑을 백탑이라 했는데, 그 근처의 같은 동네에 살면서 같은 생각을 가지고 살았던 지식인을 일컫는 말이 백탑파입니다. 그들 중에 연배가 높은 스승 격인 사람들이 바로 담헌 홍대용과 연암 박지원이고, 이덕무는 중진이었으며, 후학으로는 초정 박제가, 영재 유득공과 척재 이서구, 그리고 야뇌 백동수 등이 있었습니다. 이들은 역사, 지리, 문화, 풍속, 인물은 물론 음악에 이르기까지 방대한 지식을 공유하고 같이 풍류를 즐겼습니다. 특히 청을 다녀온 후 청나라 문물에 심취한 홍대용, 박지원, 박제가는 청 문물 도입과 상공업의 진흥을 주장하여, 이들을 초정 박제가의 저서 『북학의』의 이름을 따라 '북학파'라고도 했습니다.

책을 무척이나 사랑했던 이덕무가 읽은 책은 2만여 권에 달한다고 합니다. 이 숫자는 매일 1권씩 읽는다고 해도 54년이 걸리는 엄청난 분량입니다. 서얼 집안이었던 그의 집은 뼈에 사무치게 가난했습니다. 오랜 굶주림을 견딜 수 없어 마지막까지 간직하고 있던 『맹자』 7권을 200전에 내다 팔아 식구들 끼니를 먹일 정도였습니다. 그러자 그 말을 들은 유득공은 아끼던 『좌씨전』을 내다 팔아 친구에게 막걸리를 받아다 주며 자신들을 스스로 위로하기도 했습니다. 그럼에도 독서광인 그는 동상에 걸려 손가락 끝에 피가 터질 지경인데도 책을 빌려 읽었습니다. 돈이 없어 종이를 아끼기 위해 파리 머리 만한 작은 글자로 필사한 책이 수 백 권에 달했는데, 그 자획 하나 하나가 바르고 정성스러웠습니다. 사람들은 이덕무의 눈을 거치지 않은 책은 책의 가치가 없다하여 서로 앞을 다투어 그에게 책을 빌려주었다고 합니다.

주모, 나물들이 입맛을 더해주니
고추장 좀 주시오.
비벼 먹으면 맛있을 것 같구려.

달라는 것도 많으십니다요.
돈푼도 내지 않으시면서...
여기 있습니다요.

이야,
손가락으로 살짝 찍어 먹었는데도
꼭 순창 고추장 맛 같구려.
최고요.

거, 입맛 한번 대단하십니다.
순창 고추장은 전국 최고지요.
직접 고추장을 담고 싶지만
그럴 새가 없어서 순창 고추장을
사 왔지요.

어쩐지,
솥뚜껑 같은 주모 손으로
어찌 이 맛을 내겠소.
순창 고추장 이야기를 듣고
한번 담그는 법을 배워보시오.

차림·4

순창
고추장

오직 순창에서만 만들 수 있는 명품 장

명품 고추장으로 유명한 순창 고추장의 탄생

순창하면 붉은 빛이 눈부신 순창 고추장이 생각납니다. 순창 고추장을 생산하는 곳은 전라북도 순창군의 각 가정과 순창읍 백산리의 순창 전통 고추장 민속 마을입니다. 순창 고추장은 특히 찹쌀고추장으로 유명하며, 그 빛깔이 붉고 아름답습니다. 이곳에서는 찹쌀고추장 외에도 멥쌀고추장과 매실고추장, 보리고추장, 수수고추장, 마늘고추장을 생산하고 있습니다.

순창 고추장의 연원은 고려 말에 이성계의 스승 무학 대사가 이성계의 등극을 기원하며 만 일 동안 기도를 했다는 만일사의 비석을 통해 전해지고 있습니다. 비석에 새겨진 내용을 살펴보면, 무학 대사가 순창군 구림면의 만일사를 찾아가다가 어느 농가에 들러 점심을 맛있게 얻어먹었다고 합니다. 농가에서 내온 장맛이 너무 좋아 무학 대사는 조선이 건국된 뒤에 순창 고추장을 특산품으로 진상하도록 주청했고, 이후 순창 고추장은 임금님이 잡수시는 고추장이 되어 유명해졌다는 것입니다. 하지만 고추가 들어온 것은 임진왜란 이후이고 고추장을 만들기 시작한 것은 18세기 이후이므로, 조선이 건국될 때 순창 고추장을 진상품으로 올렸다는 것은 말이 되지 않습니다. 다만 이러한 전승을 통해 순창 고추장의 전통이 조선 시대까지 거슬러 올라갈 정도로 오래되었다는 것을 생각해 볼 수 있습니다.

순창 고추장의 빛깔이 아름답고 맛이 일품인 것은 우연이 아닙니다. 다른 곳에서 이런 고추장이 나올 수 없는 것은 순창이 고추장을 담그기에 꼭 알맞은 천혜의 자연조건을 가지고 있기 때문입니다. 순창에는 섬

진강의 맑은 물이 흐를 뿐만 아니라 강천산에 둘러싸인 분지형 기후는 고추장 발효에 적합하여 미생물을 최고 수준으로 성장하게 해줍니다. 연평균 기온은 13.5℃에 습도가 평균 약 73%이며 안개가 끼는 날이 연간 77일로, 이러한 자연 조건은 고추장을 만드는 데에 꼭 필요한 메주에 피어나는 곰팡이인 아르페르길루스 오리제(Aspergillus Oryzae)의 작용을 활발하게 합니다. 뿐만 아니라 단백질과 전분을 분해시켜 주는 프로테아제(Protease)와 아밀라아제(Amylase)를 풍부하게 생성함으로써 유리당과 아미노산의 함량을 증가시켜 순창 고추장만의 독특한 향미와 맛을 생성하게 합니다. 또한 일조량이 좋아 햇볕에 잘 말려진 태양초 고추를 사용함으로써 고추장을 뜰 때마다 독특한 매콤한 향기와 적당한 점유질을 보여줍니다. 이러한 것들이 모두 잘 조화되어 여전히 품질 좋은 고추장을 만들어 내고 있습니다.

고추장 만들기에 대해 가장 먼저 기록한 문헌은 경종의 어의였던 이시필(1657~1724) 혹은 역관이었던 이표(1680~?)가 지었다고 전해지는 『소문사설(謏聞事說)』입니다. 이 책의 「식치방(食治方)」에 지방 명산물로 순창 고추장이 소개되어 있습니다. 연구자들은 이 책의 찬술 연대를 영조 때인 1720년경 혹은 1740년경으로 추정하고 있습니다. 『소문사설』의 고추장 만드는 방법은 매우 상세합니다. "콩을 메주로 쑤어놓은 것 2말과 백설기떡 5되를 합하여 짓찧어 고운 가루로 만들어 빈 가마니에 넣고 띄우는데 음력 1~2월에는 7일정도 띄워서 이것을 꺼내어 햇볕에 말려 좋은 고춧가루 6되를 섞고 또 엿기름 1되와 찹쌀 1되와 합하여 가루로 만들어 되직하게 죽을 쑤어 재빨리 식힌 후에 감장을 적당히 넣으면서 모두 항아리에 담는다."

그런데 흥미로운 것은 고추장에 썬 전복과 큰 새우, 홍합을 함께 넣고 생강도 편으로 썰어서 넣어둔 후 15일 정도 삭혔다가 찬 곳에 두고 먹으라는 내용도 함께 기록되어 있는 점입니다. 이를 통해 조선 시대에는 고추장 속에 해산물을 넣어 두었다가 삭혀 먹기도 했다는 것을 알 수 있습니다. 또 위의 만드는 방법은 『소문사설』의 필자가 직접 저술한 것이 아니라 어느 책에 실린 내용을 옮겨온 것인데, 저자의 생각에는 여기에 꿀이 반드시 들어가야 할 텐데 들어있지 않아서 조리법에 빠져있는 것 같다는 소견도 밝혀두고 있습니다. 이 외에도 1766년(영조 42년)에 출간된 유중림의 『증보산림경제』에 고추장을 만드는 방법이 상세하게 나와 있습니다. "콩으로 담근 말장(末醬)가루 한 말에 고춧가루 세 홉, 찹쌀가루 한 되의 세 가지 맛을 취하여 좋은 청장(재래식 간장)으로 침장한 뒤 햇볕에 숙성시킨다."

조리 전문가들은 이 방법이 현대의 고추장 만드는 방법과 유사하지만, 고춧가루 함량이 적고 메주가루가 주성분으로 되어 있어서 아마도 막장과 같은 모습으로 만들어졌을 것이라 추측합니다. 또한 소금이 아니라 간장으로 하는 것도 현대와는 차이가 있다고 말합니다. 『증보산림경제』보다 50여 년의 후에 나온 빙허각 이씨의 『규합총서』에도 순창 고추장과 천안 고추장이 팔도의 명물이라 소개하며 고추장 만드는 방법을 소개하고 있는데, 세월이 흐른 만큼 고춧가루를 더 많이 넣고 메주를 만들 때부터 쌀을 보충한다고 하여 현대의 제조 방법에 더 가까워졌음을 확인할 수 있습니다. 『규합총서』보다 50여 년 후에 저술된 김형수의 『월여농가』에서는 고추장을 '번초장'이라고 하면서 이런 방법을 제시합니다. "콩으로 담근 밀장가루 한 말에 고춧가루 세 홉, 찹쌀가루 한 되의 세 가지 맛을 취하여 좋은 청장으로 침장한 뒤에 햇볕에 숙성시킨다."

순창 만의 천혜의 자연과 정성으로 빚어내다

한편 1931년에 동아일보는 1년 동안 연재된 〈주부의 수첩〉 중 '꼭 알아둘 이달 료리법'에서 고추장 만드는 방법을 소개했습니다. 그러면서 순창 고추장에 별다른 비법이 있는 것이 아니라 넓은 그릇에 담가 자주 저어가며 익히는 고추장이라고 했으며, 처음 담글 때에 메주나 고추를 곱게 갈고 엿기름은 많이 넣어 또 걸러서 담그는 것이며 날고기를 얇게 저며서 넣기도 한다고 소개하고 있습니다. 또한 순창 고추장은 심심하게 담그는 것이라 잘 쉬기 때문에 자주 저으면서 먹어야 한다고 알려주고 있습니다.

하지만 순창 사람이 다른 곳에 가서 순창 식으로 고추장을 담가도 순창 고추장의 그 맛이 나지 않는다고 합니다. 이것은 순창의 득유의 물맛과 태양빛으로 영근 고추, 퇴비로 경작한 콩, 그리고 고추장을 담그는 시기와 방법이 그 비법이기 때문입니다. 순창의 물은 다른 지역의 물보다 철분이 많고, 고추와 메주콩에는 당분이 많습니다. 무엇보다 순창 고추장 맛의 비법은 음력 7월 처서를 전후해서 묵은 콩으로 쑤는 도넛 모양의 메주에 있습니다. 만든 메주를 바람이 잘 통하는 그늘에 1개월 간 매달아 둡니다. 가을철에 볕이 아주 좋을 때 햇 고추 중에서 맵고 색이 고운 고추를 골라 씨를 모두 털어낸 다음 곱게 빻아 햇 고춧가루를 준비합니다. 마침내 음력 동짓달 중순에서 섣달 중순이 되면 메주를 꺼내어 가을에 마련해 두었던 햇 고춧가루로 정성스럽게 담급니다. 그리고 볕이 잘 드는 곳에 고추장 항아리를 둔 다음 항아리에 버선본을 거꾸로 해서 붙여 둡니다. 조선 사람들은 식구들의 발 크기에 맞는 버선을 만들기 위해 버

장독대와 버선본 석남 송석하 선생의 현지조사 사진으로, 장독에 버선 말리는 풍속이라는 설명이 붙어 있다. 한지로 만든 버선본을 장독에 거꾸로 붙여 놓은 모습이다.

출처: 국립민속박물관

선본을 만들어 두었는데 그 버선본을 순창에서는 고추장 항아리에, 그것도 거꾸로 붙여 두었습니다. 이렇게 버선본을 거꾸로 붙여 두면 나쁜 귀신들이 버선 속에 빠져서 고추장 맛을 지킬 수 있다고 믿었기 때문입니다. 이렇듯 순창 고추장은 천혜의 환경과 함께 시기를 맞춰 정성스럽게 담그는 장, 그리고 버선본까지 붙이며 장이 잘 되기를 바라는 마음이 합쳐져 전국적으로 유명한 명물로 탄생할 수 있었습니다.

무학 대사와 정도전의 한양 천도 중심축 논쟁

충남 서산시 부석면 간월도리에 가면 작은 바위섬 위에 자리 잡은 간월암이 있습니다. 이 작은 암자는 고려 말 무학 대사가 창건한 암자라고 전해지는데, 무학 대사가 이곳에서 수도하던 중에 달을 보고 깨달았다고 하여 암자 이름을 '간월암(看月庵)'이라고 지었다고 합니다. 무학 대사는 풍수의 대가였던 도선 국사를 이었다고 할 정도로 풍수지리에 밝아, 이성계의 스승이자 왕사로 받들어졌습니다. 때문에 이성계는 조선의 새로운 수도를 정할 때도 무학 대사를 먼저 고려 이래로 남경으로 불리던 서울에 보내 도성 자리를 알아보게 했습니다. 이때 무학 대사의 일화로 왕십리와 답십리라는 지명이 탄생했다고 합니다.

그러나 무학 대사는 실세가 아니었기 때문에 삼봉 정도전과 벌인 한양의 중심축 논쟁에서 밀리고 말았습니다. 한양을 둘러싼 내사산으로 북쪽에는 북악산(혹은 백악산), 동쪽에는 낙타산(낙산), 서쪽에는 인왕산, 남쪽에는 목멱산(남산)이 자리 잡고 있습니다. 정도전은 이 중에서 북악을 조선의 법궁인 경복궁의 주산으로 잡았는데, 제왕은 남쪽을 향해 앉아 통치를 해야 한다는 생각 때문이었습니다. 반면 무학 대사는 경복궁의 주산을 인왕으로 잡고 북악과 목멱산을 좌청룡, 우백호로 삼아야 한다고 주장했습니다. 그 이유는 북악산과 한양의 외사산인 관악산이 불의 산이고 목멱산(木覓山)에는 '나무 목'자가 들어 있어서 불이 나면 큰 재앙이 조선을 덮칠 것으로 보았기 때문입니다. 그가 예언하기를, 북악을 주산으로 하면 5대를 잇기 전에 왕위 찬탈의 비극이 생기고 200년 안에 큰 변고가 일어날 것이라고 했습니다. 그런데 정말 놀랍게도 그 예언은 현실이 되었습니다. 이방원이 일으킨 두 차례의 왕자의 난뿐만 아니라 수양대군은 계유정난을 일으켜 조카 단종의 자리를 빼앗아 세조로 등극했습니다. 그리고 조선 건국 200년 후인 1592년에 임진왜란이 일어나 한양이 잿더미가 되면서 경복궁도 불타버렸습니다. 사실 정도전 역시 무학 대사의 말을 완전히 무시하지는 못했습니다. 때문에 불을 막을 수 있는 장치를 해 두었습니다. 광화문 앞에는 불을 먹고 산다는 상상 속 동물 해태 두 마리를 세워 두었고, 숭례문 앞에는 '남지(南池)'라는 연못을 팠으며, 관악산의 불기운을 막기 위해 숭례문 현판은 세로로 세우기도 했습니다.

숭례문 현판(2015년) 조선 시대 한양 도성의 정문인 숭례문(남대문)의 현판으로, 『지봉유설』의 기록에는 양녕대군이 썼다고 되어 있다.
출처: 문화재청

주모, 생선이 당기는데
생선 음식 좀 해 줄 수 있소?

이런 촌구석이 생선이
있을 수가 있나요?

하긴, 생선이 있을 턱이 없지.
그렇다 해도 말이라도
곱게 해 주구려.
해주 사람들은 조선 팔도에 없는
음식도 고마운 분을 위해
만들어냈다 하지 않소?

평생 여기를 떠나지 못하고
술과 음식을 팔고 있는데
해주에서 하는 음식을
어찌 알겠습니까요?

못 들었다면 지금부터
내 이야기를 잘 들어보시오.
그 음식을
승기악탕이라고 한다오.

차림 · 5

해주 승기악탕

해주를 지켜낸 귀한 손님을 위한 고급 음식

야인들을 물리쳐준 귀인을 위한 해주 사람들의 보은

황해도는 고려 시대 몽골 침입기에 원의 지배기구인 동녕부가 세워졌던 곳입니다. 원은 서북면병마사인 기관, 최탄 등이 투항하자 이곳에 동녕부를 두었습니다. 다행히 1290년 충렬왕 때에 원나라에게서 돌려받았습니다. 조선 시대에 들어서는 1395년 태조 4년에 풍천과 해주의 이름을 따서 풍해도로 불리다가, 1417년 태종 18년에 황주와 해주의 이름을 따서 황해도가 되었습니다. 이후 해주는 황해도의 관찰사가 머무르는 감영 소재지가 되었습니다. 이 해주의 대표적인 향토 음식이 조선 최고의 궁중 음식으로 손꼽히는 '승기악탕(勝妓樂湯)'입니다. 음식 이름에 탕이 붙는 것으로 보아서 국물이 있는 음식인 것 같은데 왜 이런 이상한 이름을 붙인 것일까요? 여기에는 깊은 사연이 있습니다.

조선 초기만 해도 함경도와 평안도 일대에는 야인으로 불리는 여진족들이 자꾸만 말을 타고 군사를 일으켜 쳐들어와서 골치를 아프게 했습니다. 세종 때 최윤덕과 김종서로 하여금 4군과 6진을 설치하게 하고 남쪽의 주민을 이주시켜 평안도와 함경도에 살게 했지만 야인들은 계속 국경을 넘어 소란을 피웠습니다. 그러자 1460년 세조 6년, 세조는 신숙주를 파견하여 두만강 건너의 야인들을 소탕하게 했고 명의 요청으로 건주여진을 치기 위해 윤필상이 이끄는 북벌군에 남이, 강순, 어유소를 함께 보내 이들을 소탕하기도 했습니다. 그리고 정벌한 곳에는 사민정책을 행하여 남쪽의 주민을 이주시켜 살도록 했습니다. 그런데 성종 때가 되자 야인들이 다시 틈만 나면 군사를 일으켜 쳐들어오기 시작했습니다. 이에 성종은 허종을 파견하여 야인들을 막아내게 했지요. 성종 때 허종이 야인들을 막아낸 것에 대한 기록은 여러 번 있습니다. 1460년에 야인들이 침입했을 때 평안도 병마절제사도사로 출정한 기록과, 1465년 이후 평안·황해·강원·함길도체찰사 한명회의 종사관이 되어 북벌에 공헌한 기록, 1477년에 건주위의 여진족이 침입하자 평안도 순찰사로 파견된 기록이 그것입니다. 승기악탕은 바로 1460년에서 1477년 사이에 허종이 대접받은 음식에 붙여진 이름으로 추정됩니다.

홍선표가 1940년에 저술한 『조선요리학』에는 허종이 왜 대접받은 음식에 승기악탕이라는 이름을 붙였는지에 대한 내력이 기록되어 있습니다. 그가 야인들을 막아내기 위해 의주에 도착하자, 백성들이 허종을 환영하는 뜻에서 진기한 도미에 갖가지 양념을 한 특이한 음식을 대접했다는 것입니다. 한양에서 임금을 모시며 여러 가지 귀한 궁중요리를 먹어 본 허종이지만, 도미를 재료로 한 이런 요리는 처음 먹어 보는데나가 너무 맛이 훌륭하여 감동했습니다. 그래서 백성들에게 음식의 이름을 물어 보았으나 백성들은 허종을 위해 처음 준비한 음식이라 아직 이름이 없다고 했습니다. 허종은 크게 기뻐하며 풍악을 울리며 노래를 부르고 춤을 추는 기녀와 술보다 이 음식이 더 낫다고 하여 '기생과 음악을 능가하는 탕'이라는 뜻으로 '승기악탕(勝妓樂湯)'이라는 이름을 지었다고 합니다. 승기악탕은 일명 '노래와 기생을 능가하는 탕'이라 하여 '승가기탕(勝歌妓湯, 노래와 기생을 능가하는 탕)'이라고 불리기도 하고 '기생을 능가하는 절묘한 탕'이라 하여 '승가기탕(勝佳妓湯)'이라고도 했는데, 이는 궁중에서 진찬 등이 벌어질 때나 반가에서 경사가 있을 때 차려지는 최고급 음식이었습니다. 조선 후기 문신 최영년(1856~1935)은 그의 한시집 『해동죽지(海東竹枝)』에서 승가기탕이야말로 해주의 명물이라고 노래하고 있습니다.

기생과 음악이 부럽지 않은 맛의 도미면

승기악탕의 주재료인 도미는 '바다의 여왕'으로 불리는 최고의 생선입니다. 도미는 겨우내 잠을 자다가 날이 따뜻해지고 얼음이 녹으면 깨어나 알을 낳습니다. 산란기의 알을 품은 도미는 살색이 희고 육질이 연할 뿐 아니라 그 맛이 매우 좋으며 영양도 풍부합니다. 그래서 도미를 '봄의 전령사'라고도 하는데, 농사 시작을 알리는 중요한 절기인 곡우나 단오에 먹으면 더 맛있는 제철 음식이기도 합니다. 하지만 『증보산림경제』를 지은 유중림은 "도미가 '어두일미(魚頭一味)', 즉 머리 부분이 가장 맛이 있으며 봄·여름보다 가을에 순채를 넣어 국으로 먹으면 좋다."고 하기도 했습니다.

처음으로 승기악탕에 대해 기록하고 있는 책은 1809년에 출간된 『규합총서』입니다. 하지만 『규합총서』에 언급된 승기악탕은 기생을 능가하는 탕이라고 하면서 도미가 아니라 닭으로 만드는 조리법으로 소개되어 있습니다. "살찐 묵은 닭의 두 발을 잘라 없애고, 내장을 꺼내 버린 뒤, 그 속에 술 1잔, 기름 1잔, 좋은 초 1잔을 쳐서 대꼬챙이로 찔러 박오가리, 표고버섯, 파, 돼지고기 기름기를 썰어 많이 넣고 수란을 까 넣어 국 끓이듯 하니, 이것은 왜관 음식으로 '기생이나 음악보다 낫다'는 말이니라." 여기에서 왜관 음식이라 함은 일본 사람들이 주로 먹는 음식이 왜관을 통해 우리나라에 들어왔다는 뜻입니다. 이에 비해 1913년에 방신영이 저술한 『조선요리제법』과 1924년에 나온 『조선무쌍신식요리제법』에는 닭 대신 숭어를 이용한 승기악탕이 나오며 만드는 방법은 규합총서와 같습니다. 고종 때 궁중음식으로 잔칫상에 올린 것의 이름을 '승기아탕(勝

只雅湯)'이라고 했는데, 이것 역시 도미가 아닌 숭어를 이용해 만든 것입니다. 한편 앞의 전주 비빔밥 부분에서 언급했던『낙하생집』을 남긴 이학규는 신유박해 때 경남 김해로 유배를 간 후 그곳의 풍속과 향토사를 기록한『금관죽지사(金官竹枝詞)』를 썼는데, 여기에서 '승가기'라는 고깃국은 신선로로 끓여 먹으며 일본에서 전래된 것이라고 했습니다. 그러나 최남선은『조선상식문답』에서 일본의 스키야키는 승기악탕이라는 우리나라 음식이 일본에 전해진 후 발전하여 스키야키가 되었고 이것이 다시 우리나라로 들어왔다고 했습니다.

이처럼 여러 책에서 승기악탕의 주재료가 다르게 언급되었지만 해주에서 만든 승기악탕은 말할 것도 없이 도미를 이용해 만드는 도미면입니다. 도미면이라는 말 그대로 도미 한 마리를 전으로 부쳐 그릇에 담고 삶은 고기와 표고버섯, 숙주나물, 황화채, 미나리, 목이버섯 등 여러 야채와 달걀 역시 지단으로 썰어 빙 둘러 배열합니다. 그리고 갖은 양념을 한 고기와 육수를 넣고 그 위에 삶은 달걀을 예쁜 모양으로 만들어 얹은 후 국수를 넣어 끓이면 완성되었습니다. 이렇게 만들어진 승기악탕은 색깔이 아름다워 보는 이의 눈을 즐겁게 하고 맛과 풍미가 천하제일로 궁중 주악상의 꽃과 같던 음식이었습니다.

잘 나가던 남이 장군이 비참한 죽음을 당한 이유

한국사에서 억울하게 죽은 명장을 꼽자면 대표적으로 최영 장군과 남이 장군을 들수 있습니다. 최영 장군은 무속인들에 의해 국사당의 신으로 모셔지고 있고, 남이 장군도 억울하게 죽음을 당했기 때문에 매년 서울 용두동에서 대규모 당제가 행해지고 있습니다. 남이는 유자광에 의해 고변을 당한 지 단 3일 만에 거열형으로 찢겨 죽임을 당했습니다. 그의 나이는 고작 28살이었습니다. 또 그의 어머니에게는 상중에 고기를 먹고 아들과 간통을 했다는 누명을 씌워 역시 능지처사시켰습니다. 그렇다면 남이는 도대체 무슨 죄로 이런 비참한 죽음을 당한 것일까요?

남이장군묘 조선 초기의 무신인 충무공 남이 장군(1441~1468)의 묘소이다. 묘의 좌우에 문인석과 망주석이 한 쌍씩 서 있다.
출처: 문화재청

남이의 가족은 그야말로 화려했습니다. 남이의 할아버지는 의산군 남휘이고 할머니는 태종의 넷째 딸인 정선공주로, 남이는 곧 태종의 외증손입니다. 또한 그의 장인은 개국공신 권근의 손자이자 좌의정으로 정난 및 좌익 1등 공신에 오른 권람입니다. 남이 역시 19세에 급제하여 승승장구했는데, 특히 이시애의 난에 크게 공을 세워 적개공신 1등이 되고 세조의 사랑을 한 몸에 받았습니다. 『조선왕조실록』에는 남이에 대한 무용담이 기록되어 있는데, 그는 몸에 네다섯 개의 화살을 맞아도 태연한 낯빛으로 싸워 적을 쓰러트렸다고 합니다. 세조는 그런 남이를 사랑하면서도 항상 그에게 자만하는 마음을 갖지 말라고 타일렀으나, 남이는 호탕하고 술을 잘 마셨으며 무사를 멸시한다는 평을 받았습니다. 남이는 공조판서와 지금의 육군참모총장과 같은 오위도총부 도총관을 겸한 후, 고작 28살에 병조판서에 올랐습니다. 그러나 세조가 승하하고 평상시 남이를 시기하고 있던 예종은 왕위에 오르자마자 바로 남이를 병조판서에서 종2품인 '겸사복장(兼司僕將)'으로 좌천시켰습니다. 그리고 그해 10월 24일, 혜성이 나타난 것을 보고 남이가 "묵은 것을 없애고 새 것을 나타나게 하려는 징조"라고 했다는 병조참지 유자광의 고변을 받아 그를 국문한 끝에 반역죄로 능지처사의 거열형을 내렸던 것입니다. 남이는 1818년 순조 18년에 이르러서야 우의정 남공철의 청으로 관작이 복구되고 '충무'라는 시호가 내려졌습니다.

참고문헌

원사료

김부식, 『삼국사기 三國史記』

김종서, 정인지, 『고려사 高麗史』

이규보, 『동국이상국집 東國李相國集』

『조선왕조실록 朝鮮王朝實錄』

『승정원일기 承政院日記』

정조, 『일성록 日省錄』

허준, 『동의보감 東醫寶鑑』

김유, 『수운잡방 需雲雜方』

장계향, 『음식디미방 飮食知味方』

작자미상, 『요록 要錄』

최세진, 『훈몽자회 訓蒙字會』

신유한, 『해유록 海游錄』

조재삼, 『송남잡지 松南雜識』

김매순, 『열양세시기 洌陽歲時記』

홍석모, 『동국세시기 東國歲時記』

서영모 등 『만기요람 萬機要覽』

서유구, 『임원경제지 林園經濟志』

빙허각 이씨 『규합총서 閨閤叢書』

심양관, 시강원 『심양장계』

이유원, 『임하필기 林下筆記』

『원행을묘정리의궤 園幸乙卯整理儀軌』

혜경궁 홍씨, 『한중록 閑中錄』

이행 등, 『신증동국여지승람 新增東國輿地勝覽』

작자미상, 『재물보 才物譜』

박동량, 『기재잡기 寄齋雜記』

지규식,『하재일기 荷齋日記』

김안국,『구급벽온 救急辟瘟』

김안국,『모재집 慕齋集』

작자미상,『벽온방 辟瘟方』

허균,『도문대작 屠門大嚼』

장선징,『계곡선생집 谿谷先生集』

이수광,『지봉유설 芝峯類說』

홍만선,『산림경제 山林經濟』

김창업,『연행일기 燕行日記』

이해응 추정,『계산기정 薊山紀程』

유중림,『증보산림경제 增補山林經濟』

작자미상,『주방문 酒方文』

강필리,『감저보 甘藷譜』

서유구,『임원십육지 林園十六志』

서유구,『난호어목지 蘭湖漁牧志』

서유구『옹희잡지 饔饎雜誌』

김장순,『감저신보 甘藷新譜』

김창한,『원저보 圓藷譜』

박제가,『북학의 北學議』

조엄,『해사일기 海槎日記』

이규경,『오주연문장전산고 五洲衍文長箋散稿』

오기준,『식물명실도고 植物名實圖考』

최한기,『농정회요 農政會要』

전순의,『식료찬요 食療纂要』

유중림,『증보산림경제 增補山林經濟』

유득공,『경도잡지 京都雜志』

작자미상,『시의전서 是議全書』

황필수,『명물기략 名物紀略』

이이,『석담일기 石潭日記』

권용정,『세시잡영 歲時雜詠』

김려,『담정유고 潭庭遺藁』

유만공,『세시풍요 歲時風謠』

최영년,『해동죽지 海東竹枝』

작자미상,『규곤요람 閨壼要覽』

정동유,『주영편 晝永編』

이표 추정,『소문사설 謏聞事說』

빙허각 이씨,『규합총서 閨閤叢書』

이학규,『낙하생집 洛下生藁』

이학규,『금관죽지사 金官竹枝詞』

정약전,『자산어보 玆山魚譜』

작자미상『역주방문 歷酒方文』

「농가월령가 農家月令歌」

작자미상,『부인필지 婦人必知』

『진찬의궤 進饌儀軌』

『진연의궤 進宴儀軌』

『진작 의궤 進爵儀軌』

『영접도감의궤 迎接都監儀軌』

『원행을묘정리의궤 園幸乙卯整理儀軌』

단행본

최남선, 문형렬 편,『조선상식문답』, 2011

강인희, 이경복,『한국 식생활 풍속』, 삼영사, 1984

김상보,『조선 왕조 궁중 음식』, 수학사, 2004

김상보,『한국의 음식 문화』, 가람기획, 2006

방신영,『조선요리제법』, 광익서관, 1921

백두현,『음식디미방 주해』, 글누림, 2015

KBS 한국인의 밥상 제작팀, 황교익,『한국인의 밥상』, 시드페이퍼, 2012

이용기,『조선무쌍신식요리제법朝鮮無雙新式料理製法』, 궁중음식연구원, 2011

오청,『조선의 연중행사(朝鮮の年中行事)』, 민속원, 1992

박종채, 박희병 역,『나의 아버지, 박지원』, 돌베개, 2013

윤덕노,『음식 잡학 사전』, 북로드, 2007

최성자,『한국의 멋, 맛, 소리』, 혜안, 1995

전순의,『식료찬요, 우리나라 최초의 식이요법서』, 예스민, 2006

전순의, 한복려,『다시 보고 배우는 산가요록』, 궁중음식연구원, 2011

주영하,『음식인문학』, 휴머니스트, 2011

주영하,『식탁 위의 한국사』, 휴머니스트, 2013

홍선표,『조선요리학』, 조광사, 1940

한국문화재보호재단 편,『우리 맛, 우리 멋 : 궁중음식 40선』, 한국문화재보호재단, 2006

한국학중앙연구원,『조선 후기 궁중 연향 문화2』, 민속원, 2004

한복진 외『우리 생활 100년 음식』, 현암사, 2001

한복진,『조선 시대 궁중의 식생활 문화』, 서울대출판부, 2005

한복진, 『우리가 알아야 할 우리 음식 백가지 1』, 현암사, 2005

한복진, 『우리가 알아야 할 우리 음식 백가지 2』, 현암사, 2005

김명길 상궁, 『낙선재 주변』, 조선일보/동양방송, 1977

황교익, 『한국음식문화 박물지』, 따비, 2011

세계김치연구소 편, 『한국 종가의 내림 발효 음식 : 종부의 손맛을 기록하다』, 쿠켄, 2015

국립문화재연구소, 『종가의 제례와 음식. 9』, 월인출판사, 2006

한국고문서학회, 『조선시대 생활사 3 - 의식주, 살아있는 조선의 풍경』, 역사비평사, 2006

한국고문서학회, 『조선시대 생활사 2 - 의식주, 살아있는 조선의 풍경』, 역사비평사, 2000

한국역사연구회, 『조선시대 사람들은 어떻게 살았을까 1 - 사회.경제생활』, 청년사, 2005

논문

김기선, 「설렁탕.수라상의 어원적 고찰 한국식생활문화학회지」, 《한국식생활문화학회지》 12-1, 1997

김상보, 「18세기 궁중음식 고 : 원행을묘정리의궤를 중심으로」, 《대한가정학회지》 22-4, 1984

박옥주, 「빙허각 이씨의 규합총서에 대한 문헌학적 연구」, 《한국고전여성문학연구》 1, 2000

신승운, 「조선 초기의 의학서, 식료찬요에 대한 」, 《서지학연구》 40, 2008

이옥남, 「원행을묘정리의궤에 나타난 궁중 연회 상차림 분석」, 경기대 박사 논문, 2011

차경희, 「도문대작을 통해 본 조선 중기 지역별 산출 음식과 향토음식」, 《한국식생활문화학회지》 18-4, 2003

차경희, 「조선 중기 외래 식품의 도입과 그 영향」, 《한국식생활문화학회지》, 20-4. 2005

김희선, 「어업기술의 발전 측면에서 본 음식디미방과 규합총서 속의 어패류 이용 양상의 비교 연구」, 《한국식생활문화학회지》 19-3, 2004

정연형, 「김동율, 임현정, 차웅석, 조선왕가의 식치(食治)에 사용된 인삼속미음(人蔘粟米飮)의 기원 및 의미에 관한 고찰」, 《한국식생활문화학회지》 30-4, 2015

오순덕, 「조선시대 순대의 종류 및 조리방법에 대한 문헌적 고찰」, 《한국식생활문화학회지》 27-4, 2012

알고 먹으면 더 맛있는
음 식 속 조 선 야 사

초판 1쇄 발행 2017년 9월 25일
초판 4쇄 발행 2020년 11월 5일

지은이 송영심
펴낸이 이지은
펴낸곳 팜파스
기획·편집 박주혜
디자인 박진희
마케팅 김민경, 김서희

출판등록 2002년 12월 30일 제10-2536호
주소 서울시 마포구 어울마당로5길 18 팜파스빌딩 2층
대표전화 02-335-3681 **팩스** 02-335-3743
홈페이지 www.pampasbook.com | blog.naver.com/pampasbook
이메일 pampas@pampasbook.com

값 16,800원
ISBN 979-11-7026-176-6 (03910)

이 도서의 국립중앙도서관 출판예정도서목록(CIP)은 서지정보유통지원시스템 홈페이지
(http://seoji.nl.go.kr)와 국가자료공동목록시스템(http://www.nl.go.kr/kolisnet)에서
이용하실 수 있습니다.(CIP제어번호: CIP2017022907)